LAND UND LEUTE

Im südlichsten Mitteleuropa

Kultur und Leben

SLOWENIEN

DUMONT REISE-TASCHENBUCH

Daniela Schetar Friedrich Köthe

SLOWENIEN

UNTERWEGS IN SLOWENIEN

Ljubljana und der Nordosten

Zlatorogs Reich: Die Julischen Alpen

Slowenisches Istrien und der Karst

REISEINFOS VON A BIS Z

SLOWENIEN-ATLAS

Verzeichnis der Karten und Pläne

LAND & LEUTE

Slowenien lädt ein: Von der mediterranen Adriaküste im Westen bis zum östlichen Grenzgebiet mit Ungarn, von den Gebirgsketten der Südalpen im Norden bis zu den tiefen, verschwiegenen Wäldern entlang der kroatischen Grenze im Süden reihen sich landschaftliche und architektonische Höhepunkte aneinander.

Im südlichsten Mitteleuropa

Typische Heuharfen bei Studor

UNBEKANNTES JUWEL IM HERZEN DES KONTINENTS

Slowenien – wo liegt dieses Land? Die Unabhängigkeit vom südslawischen Staatsverbund hat der ehemaligen nördlichsten Republik Jugoslawiens ein Imageproblem beschert: Keiner scheint so recht zu wissen, was dieses Slowenien eigentlich ist und wo es liegt. Häufig wird es mit der Slowakei verwechselt – bedauerlich, aber nicht unbedingt negativ! Schlimmer ist die Namensähnlichkeit mit Slawonien, einer der kriegsgeplagtesten Regionen des ehemaligen Jugoslawien. Doch weder mit der ehemaligen Tschechoslowakei noch mit dem Osten Kroatiens hat Slowenien mehr gemeinsam als die ethnischen Wurzeln im großen Volksverband der Slawen – vielleicht haben die Slowenen gerade deshalb ein besonders friedliches und biederes Symbol für ihre Heimat aus der Taufe gehoben. Slowenien, so schreiben sie, sei die »Glucke« im Herzen Europas. Wem könnte ein Huhn schon etwas anhaben! Tatsächlich ähnelt Slowenien in seinen Umrissen auf der Landkarte einem Hühnchen – Kopf und Schnabel blicken nach Osten in die Pannonische Tiefebene, den Hals bildet das Weinland Štajerska, Bela Krajina reckt im flotten Lauf ein Beinchen nach Südosten, während das zweite als Küstenland Primorska nach Südwesten gestreckt ist. Gorenjska und das nördliche Primorska sind der Pürzel.

Vom westlichen, mediterranen Randstreifen an der Adria bis zum östlichen Grenzgebiet mit Ungarn, von den Gebirgsketten der Südalpen im Norden zu den tiefen, verschwiegenen Wäldern entlang der kroatischen Grenze im Süden reihen sich landschaftliche und architektonische Höhepunkte aneinander. Fast überall fühlt man sich in Slowenien in eine Puppenstubenwelt versetzt – sogar in den Stadtzentren der beiden Metropolen Ljubljana und Maribor. Immer geht's gemütlich zu, nichts ist unübersichtlich oder gar erdrückend. Selbst die Zackengipfel der Julier wirken im weichen, südlichen Licht ihrer felsigen Schärfe beraubt.

Die freundlich-biedere Fassade des Landes birgt ein wahres Freizeitparadies. Sloweniens Jugend lässt keinen Trend aus, den die Funsportindustrie gerade reitet. In Neoprenanzügen hangeln sich Aktivisten durch schmale Schluchten und Wildbäche, mit bunten Paraseglern springen sie von Hochebenen und Gipfeln, in Schlauchbooten und Kajaks manövrieren sie die reißenden Flüsse hinunter, mit Stirnlampe und Seilen gesichert durchstreifen sie Tropfsteinhöhlen – und dies sind nur einige der spektakulären Hobbies, denen die Slowenen frönen. Ruhigere Naturen verbringen ihre Wochenenden auf einem der herrlich angelegten Golfplätze oder entspannen in den vielen Thermalbädern – kein anderes Land Europas bietet sport- und erholungssüchtigen Urlaubern ein derart vielfältiges Angebot auf so engem Raum wie Slowenien.

STECKBRIEF

Lage und Größe: Slowenien ist die nördlichste der ehemaligen jugoslawischen Teilrepubliken und wird von Österreich, Ungarn, Italien und Kroatien begrenzt. Mit 20 273 km^2 ist es knapp so groß wie Hessen.
Stadt und Land: Hauptstadt Sloweniens ist Ljubljana (Laibach), das mit etwa 300 000 Einwohnern zugleich die größte Stadt des Landes ist. Das traditionelle Industriezentrum Maribor (Marburg/Drava) zählt etwas über 100 000 Einwohner. Die übrigen größeren Orte wie Celje und Kranj haben mit 30 000 bis 50 000 Einwohnern einen eher kleinstädtischen Charakter. Fast zwei Drittel der Slowenen leben in Städten.
Bevölkerung: Mit 2 Mio. Einwohnern ist Slowenien ein Zwerg unter den mitteleuropäischen Staaten, mit 88 % Slowenen weist das Land eine große ethnische Homogenität auf. Italienische und ungarische Minderheiten leben in den Grenzgebieten zu den jeweiligen Nachbarländern. Aus dem ehemaligen jugoslawischen Staatenverbund haben sich Kroaten und Serben in Slowenien niedergelassen, die mit knapp 3 bzw. 2,5 % der Bevölkerung zu Buche schlagen; dazu kommen einige wenige Mazedonier, Montenegriner, Albaner und Roma sowie 2000 Deutschsprachige.
Staat und Verwaltung: Slowenien ist in 148 Gemeinden (občine) unterteilt. Die acht historisch und geographisch gewachsenen Regionen (Gorenjska, Koroška, Štajerska, Prekmurje, Primorska, Notranjska, Dolenjska, Bela Krajina), auf die in diesem Buch immer wieder Bezug genommen wird, spielen in der politischen Verwaltung des Landes keine Rolle.
Wirtschaft: Die Slowenen erwirtschafteten zuletzt ein Bruttosozialprodukt von knapp 11 700 € pro Kopf. Weit über die Hälfte des BSP trägt der Dienstleistungssektor, gefolgt von der Industrie (38 %) und der Landwirtschaft mit verschwindend geringen 3 %. Slowenien erlebte ein respektables Wirtschaftswachstum von knapp 3 %, die Inflationsrate betrug 7,5 %, es wurden 6 % Arbeitslose gezählt.
Politik: Slowenien ist eine Republik mit Zwei-Kammern-System. Die Mitglieder des Državni zbor (Parlament) werden in Wahlen bestimmt, zwei der 90 Parlamentarier werden von den nationalen Minderheiten der Italiener und Ungarn als Vertreter entsandt. Der Staatsrat (Državni svet) hat 40 Mitglieder, davon 22 direkt gewählte, und fungiert als beratendes Gremium. Das Staatsoberhaupt wird alle fünf Jahre direkt gewählt. Seit 2002 hat der bisherige Regierungschef Janez Drnovšek (LDS) dieses Amt inne. Die Parlamentswahlen 2004 brachten einen Rechtsruck: Gewinner war die Slowenische Demokratische Partei SDS, deren Vorsitzender Janez Janša neuer Regierungschef wurde, während die bisher regierenden Liberaldemokraten der LDS 10 % Stimmenverluste hinnehmen mussten. In der Wahl spiegelte sich die in Slowenien weit verbreitete Skepsis gegenüber dem EU-Beitritt 2004 wider.

LANDSCHAFTEN UND NATURRAUM

Alpen, Karst und Thermen

Mit 20 251 km² gehört Slowenien zu den kleinsten Ländern Europas, doch dank seiner geographischen Lage an der Grenze von Alpenraum und Balkanhalbinsel, von Pannonischer Tiefebene und der verkarsteten Küstenregion besitzt es eine erstaunliche landschaftliche Vielfalt. Hohe, wild gezackte Alpengipfel prägen Gorenjska, Koroška und die nördliche Hälfte von Primorska; sanft gewellte Hügellandschaft mit Alpenausläufern wie das Pohorje dominiert nach Osten hin die Štajerska. Das Becken der Pannonischen Tiefebene erstreckt sich mit flachen Feldern und Flussauen von Ungarn bis ins nordöstliche Prekmurje, während Dolenjska und Bela Krajina in Südslowenien mit Hügelland und dichten Wäldern ins benachbarte Kroatien überleiten. Notranjska und Primorska sind von der nach Westen zum Meer hin abfallenden Karstlandschaft geprägt. Innerhalb von zwei Stunden fährt der Besucher Sloweniens vom Triglav-Nationalpark mit seiner majestätischen Alpenkulisse ins venezianische Piran, um in der Adria ein erfrischendes Bad zu nehmen. Nur 180 km sind es vom ländlichen Prekmurje im Nordosten in die mondäne Metropole Ljubljana.

Blitzschnell kann in den Bergen schlechtes Wetter aufziehen (Savinja-Alpen)

Berge, Wälder, Meer

Abgesehen vom äußersten Osten ist das nördliche Drittel Sloweniens von den südlichen Höhenzügen der Kalkalpen geprägt. Im Westen beherrschen die schroffen Zacken der Julier (Julijske Alpe) mit dem höchsten Berg Sloweniens, dem 2863 m hohen Triglav, das Landschaftsbild. Richtung Norden und Osten schließen sich in Gorenjska die Karawanken an, die südlich in die Kamniške Alpe (Steiner Alpen) übergehen und östlich in der mittelgebirgsähnlichen Štajerska (Pohorje-Gebirge) allmählich an Höhe verlieren. Mit dem Karstgebiet von Notranjska und Primorska grenzt das Dinarische Gebirge Slowenien im Süden ab. Es ist in mehrere von Nordwest nach Südost verlaufende Höhenzüge gegliedert, die sich entlang der Balkanhalbinsel bis nach Griechenland erstrecken. Zwischen Alpen und Dinarischem Gebirge liegen die Becken der Flüsse Sava (Save), Mura (Mur) und Drava (Drau), die bereits in prähistorischer Zeit als Durchgangs- und Siedlungsgebiet von Illyrern, Kelten und ab dem 7./8. Jh. schließlich der Slawen dienten.

Sonne, Wind und Wetter

Entsprechend der naturräumlichen Gliederung treffen in Slowenien auch mehrere *Klimazonen* aufeinander. Im gebirgigen Norden herrscht alpines Klima mit kalten Wintern, nicht allzu heißen Sommertagen und häufigen Niederschlägen. Entlang der Adriaküste bestimmen mediterrane Einflüsse das Wetter: Der Sommer beginnt mit hohen Temperaturen bereits im Mai und kann bis in den Oktober reichen; die Wintertage sind nasskalt, doch Schneefälle kommen kaum vor. Eine unangenehme Besonderheit küstennaher Regionen ist der schneidend-kalte Nordostwind Burja (Bora), der in heftigen Stößen vom Land zum Meer bläst und Sturmstärke erreichen kann.

Zwischen Alpen und Meer findet der Besucher das auch in Deutschland vorherrschende Kontinentalklima, doch sind die Übergänge zwischen den Jahreszeiten sanfter. Nicht nur im lieblicheren Klima, auch im weichen Licht macht sich der Süden über der alpenländischen Landschaft deutlich bemerkbar.

Natur pur

Bereits 1924 wurde in den Julischen Alpen Sloweniens erster und bis heute einziger Nationalpark, der Triglavski narodni park, eingerichtet und 1981 erweitert. Mit knapp 85 000 ha bedeckt er 4 % der Landesfläche. Etwa 30 weitere Regionen unterschiedlicher Größe werden als lokale Naturschutzgebiete, bewahrt. Dazu gehören Kleinstareale wie die Salinen von Strunjan bei Piran, aber auch das Tal der Zgornja Idrijca bei der Bergwerksstadt Idrija und die Kolpa bei Kočevje. In Ljubljana werden Pläne diskutiert, vier weitere Regionalparks (Kamniške Alpe, Pohorje, Kras, Notranjska) auszuweisen. Anfang des 21. Jh. standen etwa 8 % von Sloweniens Fläche unter Naturschutz.

Seidelbast, Ferkelkraut und Zlatorog

Den Naturlandschaften folgend unterscheiden sich auch *Flora und Fauna* der drei großen Naturräume Alpen, Karst und Tiefebene. Die alpine Flora Sloweniens zählt über 60 endemische Arten, darunter den Blagay-Seidelbast (Daphne blagayana), um dessentwillen Sachsens König Friedrich August II. – nur um diese Blume zu sehen – im Jahre 1834 eine anstrengende Kutschfahrt von Dresden bis nach Ljubljana unternahm. Das Einköpfige Ferkelkraut mag alleine schon mit seinem Namen Wanderer in die Bergwelt der südlichen Karawanken locken. Nur in den Juliern wächst das Dolomiten-Fingerkraut (Potentilla nitida), dem die Menschen geheimnisvolle Heilkräfte zuschreiben. Im Frühjahr überziehen die zierlichen blauen Blütenköpfe der Zois-Glockenblume (Campanula zoysii) die Hänge mit zartem Blau, und etwas später im Jahr steht der Julische Mohn auf den Bergwiesen in strahlendem Weiß. In seltener Fülle sind auch die aus unseren Alpenregionen bekannten Arten wie Aurikel, Enzian und Edelweiß vertreten.

Auch in Slowenien verbreitet: Edelweiß

Neben den endemischen Besonderheiten gedeiht eine Vielzahl essbarer Beeren und Pilze, darunter Pfifferling (lisička) und Steinpilz (jurček).

Sloweniens Steinbock (Capra hircus ibex) nennt der Volksmund ›Zlatorog‹. Viele schöne Legenden wurden dem Tier angedichtet. Die Liebe zu dem stolzen Tier konnte allerdings nicht verhindern, dass die Steinböcke früher wegen des schmackhaften Fleisches, mehr noch wegen ihres Horns gejagt wurden, das zu Pulver zerrieben als Aphrodisiakum galt. Im 17. Jh. waren die Steinböcke in den Juliern ausgerottet; erst 1964 wurden wieder einige Exemplare ausgesetzt. Heute steht der Steinbock unter strengem Naturschutz. Besonders im Triglav-Nationalpark kann man beim Wandern diese herrlichen Tiere beobachten. Auch Gämsen und Murmeltieren begegnet der Wanderer in den höheren Berglagen recht häufig.

Neben etwa 500 Braunbären streifen auch Wölfe durch Slowenien, daneben kleine Räuber wie Luchse und Wildkatzen. Vor allem Luchse haben sich so vermehrt, dass sie bejagt werden müssen. In den Flüssen kann man Fischotter bei ihren Raubzügen beobachten, und nachts hallt der Ruf des Uhus durch

Ungetrübte Ferienfreuden in Bohinj, Triglav-Nationalpark

die tiefer gelegenen Waldgebiete. Scheu und nur schwer zu erspähen sind die Steinadler, die über den Juliern und den Karawanken ihre Kreise ziehen.

Der Karst leitet von der alpenländischen Natur hinüber in den Mittelmeerraum. Steineichen, Olivenbäume und Wacholderbüsche wachsen auf den erodierten Hängen des grauen Gesteins, Macchia überzieht die Niederungen vor allem in der Nähe der Küste. Hier leben zahlreiche Kriechtiere – bunte Eidechsen, aber auch Skorpione und Schlangen, darunter giftige Arten wie die Kreuzotter. Sogar Gänsegeier haben im dünn besiedelten Karst eine Heimat gefunden. Eine ganz besondere Tierart liebt unterirdische Gewässer- und Höhlensysteme: der Grottenolm (Proteus anguinus). Bereits in der ersten Enzyklopädie Sloweniens wird das urzeitliche Tier erwähnt: Der slowenische Universalgelehrte Johann Weichard Valvasor kann sich in seiner Beschreibung aus dem Jahre 1689 allerdings nicht zu einer wissenschaftlichen Zuordnung des Olms durchringen; er bezeichnet das Tier als »Drachenbrut«.

Einen eigenen Naturraum bildet der Osten Sloweniens mit Flussauen und Tiefebenen. Das Prekmurje ist das Land der Störche. Auch Graureiher sind in den Flussniederungen Ostsloweniens beheimatet. Auenwälder mit Birken, Buchen und Eichen geben der Landschaft ein freundliches, lichtes Gepräge. Hier finden sich die bekanntesten Thermalquellen wie Radenci, Moravske toplice und Lendava, die heute zu modernen Thermalbädern ausgebaut sind.

DIE WELT DER THERMEN

Die Tradition, die warmen, überall aus der Erde heraussprudelnden Wässer Sloweniens zu nutzen, besteht schon lange. Mit Sicherheit haben bereits die Römer um seine Heilkraft gewusst, und die Überreste ihrer Thermen zeugen von der antiken Badekultur im heutigen Slowenien. Urkundlich verbrieft ist das Wissen um die Heilkraft der Quellen seit 1147.

Aber die eigentliche Blüte der Heilbäder Sloweniens begann in der Zeit der bunten Uniformen, als es sich die österreichisch-ungarische Monarchie im Leben gut gehen ließ. Ein Bad nach dem anderen wurde gegründet und beehrt mit dem Besuch illustrer Gestalten aus Adel, Handel oder Schwerindustrie: So entstanden Bad Radkersburg (Radgona), Rohitsch Sauerbrunn (Rogaška Slatina), Tschatesch (Čatež) und Bad Tüffer (Laško). Man füllte das Mineralwasser Radenska in Flaschen ab, trank es vor Ort, lieferte aber auch nach Wien. Hotelpaläste wurden errichtet, Villen im Wald versteckt, die Tage verbrachte man sein Wasser schlürfend beim Kurkonzert, die Abende im Ballsaal beim Walzer. Mit dem Ersten Weltkrieg war die Ballsaison zu Ende, nur mühselig rappelte man sich zwischen den Kriegen auf die Beine. Und unter Tito wurde der Thermentourismus schließlich eine Angelegenheit sozialistischer Arbeitsbrigaden, die hier, belohnt für herausragende Leistungen auf dem Gebiet der politischen Bildung, ihren Urlaub buchen durften; lauwarmer Malzkaffee aus riesigen Kannen, genormtes Essen auf dem Rollwagen und missmutiges Personal hielten Einzug in die Paläste der K.-u.-k-Zeit. Zusehends verfiel die Bausubstanz einer ganzen Epoche, man baute lieber neu und beton-ehrlich. Doch irgendwann besann man sich auf sein Erbe, der Auseinanderfall des sozialistischen Jugoslawiens kam hinzu und heute wird viel Geld für Restaurationen investiert. Slowenien ist heute mehr als nur Thermenland, die Wellness hat Einzug gehalten. Großzügige Badelandschaften, Saunadörfer, eine hervorragende medizinische Betreuung, Massagen, Beauty-Aufenthalte – alles, was es gibt, wurde ins Repertoire der slowenischen Thermen aufgenommen.

So haben Orte wie Dolenjske Toplice, Dobrna, Zreče und Lendava im Landesinneren wieder eine sonnige Zukunft vor sich. Die alten Hotelpaläste von Rogaška Slatina wurden aufwändig luxussaniert, und nun können Nostalgiker auch hier wieder elegant kuren. Portorož, der ›Rosenhafen‹ an der Küste, wurde wieder zu einem beliebten Seebad mit Heilwasserbehandlung und allen Aktivitäten, die zu einem erfolgreichen Sommerurlaub für Jung und Alt nötig sind. Die Thalassotherapie mit Heilschlamm aus dem Meer gehört zum Standard der Thermen von Portorož, und wer mag, kann sich auch auf fernöstliche Art verwöhnen lassen.

Und so bilden diese Oasen, die der Konkurrenz aus Mitteleuropa stolz Paroli bieten, eine perfekte Basis zur Erholung von den Strapazen einer anstrengenden Wanderung oder zur Fortsetzung eines entspannenden Spaziergangs.

Die Bären sind los

Etwa 500 Braunbären sollen heute in Slowenien leben, die meisten in der Bärenkernregion im slowenischen Karst, die eine Fläche von 5000 km^2 umfasst. Da männliche Jungbären aber sehr wanderfreudig sind, kann man durchaus auch anderswo in Slowenien auf Meister Petz treffen. Zwischen den Karstrücken des Dinarischen Gebirges und den Südalpen existiert ein richtiger Bärenkorridor, durch den die Tiere von Süd nach Nord (und umgekehrt) ziehen. Bären stehen in Slowenien seit 1992 unter strengem Naturschutz; nur im Bärenkerngebiet wird jährlich eine Abschussquote festgelegt, die eine Überpopulation verhindern soll.

Sloweniens Bären stehen mittlerweile im Blickpunkt des internationalen Interesses, lässt sich an ihrem Beispiel doch einiges über das mögliche Zusammenleben von Bär und Mensch erfahren: Bären lieben zwar die Abgeschiedenheit der Wälder und meiden menschliche Nähe – doch können sie die Begegnung mit Menschen im dicht besiedelten Slowenien nicht immer vermeiden. Zudem liegt ein Teil des Bärenkerngebiets nur 20 km von der Hauptstadt Ljubljana entfernt und ist ein beliebtes Naherholungsziel für die Städter – Störungen der Bärenreviere durch Spaziergänger oder Pilze- und Beerensammler sind folglich an der Tagesordnung.

Wie sich die Bären unter diesen, nicht gerade idealen Bedingungen verhalten und sich ihnen anpassen, wurde von einer Forschungsgruppe untersucht, die von der Münchner Wildbiologischen Gesellschaft, dem slowenischen Jägerverband und dem Wiener Institut für Wildbiologie betreut wurde.

Das ›Projekt medved‹ arbeitete in zwei Richtungen: Zum einen beobachten die Forscher Verhalten und Wanderbewegungen der Bären, zum anderen versuchen sie, durch Informationsveranstaltungen und Ausstellungen Verständnis für die Bären zu wecken. Vor allem die Sensibilisierung der ländlichen Bevölkerung für die Verhaltensmuster der räuberischen Nachbarn ist wichtig. Wer weiß, wie er sich bei einer (seltenen) Begegnung mit Meister Petz verhalten muss und wie er seine Schafe oder Bienenstöcke vor ihnen schützen kann, braucht sich vor Bären nicht zu fürchten. Die slowenischen Erkenntnisse über eine spannungsarme Koexistenz von Mensch und Bär sollen langfristig dazu führen, dass Braunbären auch wieder in den Alpen ausgewildert werden können. In die Pyrenäen werden slowenische Bären bereits exportiert.

Für große Empörung unter Tierschützern sorgte 2002 die Entscheidung Sloweniens, 100 Bären zum Abschuss freizugeben. Die Verdoppelung der bisherigen jährlichen Abschussquoten wurde mit der Überpopulation und dem dadurch angerichteten Schaden begründet. Daraufhin griff die EU-Kommission ein: Sie verhängte ein Importverbot für slowenische Bärentrophäen und verhinderte so, dass den Jägern im Winter 2003/04 weitere 120 Tiere zum Opfer fielen.

WIRTSCHAFT, POLITIK UND UMWELT

Wirtschaftswunder

Slowenien hat wirtschaftlich geradezu Vorbildliches geleistet. Von der Talfahrt mit 110 % Inflation im ersten Jahr der Unabhängigkeit 1991 haben es die slowenischen Politiker und Ökonomen geschafft, das Land zum EU-Beitritt mit knapp 3 % Wachstum und einer knapp achtprozentigen Inflationsrate EU-kompatibel zu präsentieren. Slowenien ist das reichste der neuen Beitrittsländer und strebt bereits für 2007 die Euro-Einführung an.

Slowenien war zu jugoslawischen Zeiten die am stärksten industrialisierte Teilrepublik, das produzierende Gewerbe erwirtschaftete fast die Hälfte des BSP. Von 1988 bis 1994 fiel dieser Anteil von 47 auf 35 %, ein deutlicher Indikator für den Strukturwandel, den Slowenien im letzten Jahrzehnt des 20. Jh. erleben musste. Die Lücke wurde durch den stark expandierenden Dienstleistungssektor gefüllt. Ähnlich entwickelte sich auch die Beschäftigungssituation, traditionelle Industriestädte verzeichneten einen besonders hohen Anstieg der Arbeitslosenzahlen.

Unter den ehemaligen sozialistischen Staaten Europas ist Slowenien ein wahrer Musterschüler, was den Übergang von der Plan- zur Marktwirtschaft angeht. Auf die Wachstumsraten schauen nicht nur arme Länder mit Neid, auch die Bundesrepublik Deutschland kann am Beginn des dritten Jahrtausends damit nicht konkurrieren. Etwas schlechter stehen die Slowenen mit ihrem durchschnittlichen Bruttosozialprodukt pro Person da: Dieses beträgt ebenso viel wie die Vergleichszahlen der ärmsten EU-Mitglieder Portugal und Griechenland – aber mehr als doppelt soviel, wie Kroatien vorweisen kann. Die hohe Arbeitslosigkeit nach der Loslösung von Jugoslawien wurde deutlich gesenkt.

Am Ende des Zweiten Weltkriegs war fast die Hälfte der Slowenen in der Land- und Forstwirtschaft tätig; Anfang des 21. Jh. verzeichnen die Statistiken gerade noch etwas über 10 %. Damit einher ging auch ein Rückgang der genutzten Agrarflächen. Heute wird Landwirtschaft hauptsächlich als Nebenjob betrieben. Die Menschen arbeiten wochentags in der nächsten Stadt oder im nächsten Industriebetrieb und widmen sich nur in ihrer Freizeit den Äckern oder Weinbergen. So wird der recht geringe Anteil der Landwirtschaft am Wirtschaftsaufkommen verständlich. Knapp 3 % entfallen darauf, obwohl immer noch über 40 % der Landesfläche agrarisch genutzt werden.

Natürliches Kapital

Slowenien ist das einzige Land Europas mit einem wachsenden Waldbestand – eine Folge der Wiederaufforstung von Flächen, die früher landwirtschaftlich genutzt wurden. Rund 60 % des slowenischen Staatsgebiets, 11 000 km², ist von Wäldern bestanden; der größte zusammenhängende Wald befindet sich am dinarischen Höhenzug des Kočevski Rog zwischen Kočevje und Novo Mesto. Hier sind auch noch Areale mit urwaldähnlichem Bewuchs erhalten. 63 % der Waldflächen stehen unter Naturschutz.

Nach wissenschaftlichen Berechnungen produziert diese riesige grüne Lunge Sauerstoff für 100 Mio. Menschen. Und auch wenn man die Schadstoffbelastung durch Autos, Kraftwerke und Industrie abzieht, setzen Sloweniens Wälder immer noch genug frische Luft frei, um die Gesundheit von 40 Mio. Menschen sicherzustellen. Wie wenig die Wälder selbst den Schadstoffemissionen entgegensetzen können, zeigt das Waldsterben: Über die Hälfte des Baumbe-

Moderne Hafenanlagen säumen die Bucht von Koper

Landwirtschaft ist meist Nebenerwerb

standes ist krank. Hauptverursacher der Luftverschmutzung sind der Verkehr und die Kohlekraftwerke, deren Emissionen vor allem Nadelbäumen den Garaus gemacht haben. Abwässer wurden lange Zeit unkontrolliert in Flüsse und Seen geleitet. Erst nach der Unabhängigkeit Sloweniens fasste der Umweltschutzgedanke auch in der Politik Fuß. Seitdem wurde sehr viel für die Verbesserung der Umwelt getan: Den ohnehin unrentablen Uranbergbau stellte man 1991 ein, die Kohlekraftwerke von Šoštanj, Trbovlje und Ljubljana wurden mit besseren Filteranlagen ausgestattet. Über die Stillegung von Sloweniens einzigem Kernkraftwerk in Krško unweit der kroatischen Grenze sollte 1992 ein Referendum stattfinden. Doch mangels alternativer Energiequellen (das Kraftwerk liefert 20 % des slowenischen Strombedarfs) und weil Krško ein slowenisch-kroatisches Gemeinschaftsprojekt ist, wurde die Entscheidung über die Zukunft der Kernenergie auf unbestimmte Zeit verschoben. Umweltschützern ist dies natürlich ein Dorn im Auge. Sie argumentieren, dass der US-amerikanische Reaktor völlig veraltet sei und zudem in einer Verwerfungszone mit hoher Erdbebengefahr errichtet wurde. Im Zuge der EU-Beitrittsverhandlungen wurde vereinbart, dass Krško bis spätestens 2023 stillgelegt werden soll.

POLITISCHE SCHARADEN

1990 wurdenin Slowenien die ersten freien Wahlen abgehalten, aus denen das bürgerliche Bündnis DEMOS mit 55 % der Stimmen als Sieger hervorging und die Kommunistische Partei (17,3 %) um ein Vielfaches überrundete. Zum Staatspräsidenten bestimmte das Volk Milan Kučan, der als liberaler Reformkommunist galt; Ministerpräsident wurde der Christdemokrat Lojze Peterle. Bereits 1992 zerbrach das aus acht Parteien bestehende DEMOS-Bündnis und führte zur völligen Zersplitterung der Parteienlandschaft. Bis heute gestaltet sich die Regierungsarbeit so sehr schwierig.

Slowenien ist eine Republik mit Zwei-Kammern-System. Die Mitglieder des Državni zbor (Parlament) werden in Wahlen bestimmt, zwei der 90 Parlamentarier werden von den nationalen Minderheiten der Italiener und Ungarn als Vertreter entsandt. Der Staatsrat (Državni svet) hat 40 Mitglieder und fungiert als beratendes Gremium. Das Staatsoberhaupt wird alle fünf Jahre direkt gewählt. 1990 bis 2002 hatte Milan Kučan dieses Amt inne, Regierungschef war seit 1992, mit kurzer Unterbrechung im Sommer 2000, Janez Drnovšek, der 2002 schließlich Milan Kučan als Staatspräsident ablöste.

Da es in den ersten zehn Jahren der Unabhängigkeit keine Prozenthürde gab, waren neben den drei größeren Parteien, den Liberaldemokraten (LDS), der rechts von der Mitte angesiedelten demokratischen Partei (SDS) und den Sozialdemokraten (ZLSD) zahlreiche Splittergruppen im Parlament vertreten.

Das Miteinander so vieler Gruppierungen birgt Probleme, denn so mancher schwenkt sein Fähnchen mal in diese, mal in jene Richtung. Ein solcher Wackelkandidat ist die Rentnerpartei DeSus. Bis 2004 stand sie zusammen mit den Liberaldemokraten in der Regierungsverantwortung; bei den Wahlen musste sie dann um ihren Einzug ins Parlament fürchten, der ihr mit 4 % schließlich knapp gelang. Gerade noch mit Linksliberalen und Sozialdemokraten liiert, stellt sie nun zusammen mit der konservativen SDS, der christlichen NSI und der stark rechtslastigen SLS die neue Regierung.

Die neue Führungsriege ist nicht unumstritten, denn die Wahlen haben Slowenien einen satten Ruck nach rechts beschert: Die Partei, die im Wahlkampf mit deutlich ausländerfeindlichen und rassistischen Parolen auf Stimmenfang ging, die SLS, gelangte durch die Koalitionsvereinbarung nun auch noch ans Ruder.

Nach guter demokratischer Tradition wird in den Medien nicht mit Kritik an der Regierung gespart. Jede neue Regierungsbildung gibt Anlass zu Spekulationen über gekaufte Stimmen. Großes Aufsehen erregten auch mehrere von der Presse aufgedeckte Korruptionsaffären, in die auch Regierungsmitglieder verwickelt gewesen sein sollen. Dabei hatten die Slowenen geglaubt, die demokratische Verfassung würde sie endlich von der Vetternwirtschaft befreien, die in den letzten Jahren des kommunistischen Regimes fast alle Bereiche der Gesellschaft beherrscht hatte.

GESCHICHTE IM ÜBERBLICK

Vor- und Frühgeschichte

250 000 v.Chr. Aus dieser Zeit stammen die ältesten von Hominiden gefertigten Steinwerkzeuge in Slowenien in der Loza-Höhle unweit des Höhlensystems der Postojnska jama.

150 000 v. Chr. Feuerstellen, Knochenreste und Werkzeuge aus der Altsteinzeit belegen, dass die Karstlandschaft der älteste Siedlungsraum Sloweniens ist.

35 000 v. Chr. Jungsteinzeitliche Jäger hinterlassen ihre Spuren in einer Höhle unterhalb des Karawankengipfels Olševa: Unter den Fundstücken befindet sich auch eine aus einem Knochen gefertigte Nähnadel mit Öhr, die älteste bislang entdeckte ihrer Art.

2000 v. Chr. An Seeufern und Flüssen errichten Menschen der Bronzezeit Pfahlbausiedlungen. Sie beginnen, Wälder zu roden und legen Felder an. Die spektakulärsten Zeugnisse dieser ersten wirklich sesshaften Bewohner Sloweniens wurden in einem Moorgebiet in der Nähe Ljubljanas entdeckt. Um 1300 v. Chr. wird diese Kultur wahrscheinlich durch fremde Eroberer zerstört.

1200 v. Chr. Siedlungen auf Hügelkuppen, umgeben von Ringwällen, lösen die Pfahlbauten ab. Sie werden der Hallstatt- und La Tène-Kultur der ausgehenden Bronze- und beginnenden Eisenzeit zugerechnet und wurden wahrscheinlich von den Illyrern errichtet. Der Einfall fremder Völker, möglicherweise der Kelten, setzt dem selbstbestimmten Dasein der Ringwallbauer um das 3. Jh. v. Chr. ein Ende.

ca. 3. Jh. v. Chr. Griechische Kaufleute gründen auf einer dem Festland vorgelagerten Insel im Golf von Triest die Niederlassung Aegida, das heutige Koper.

In römischer Zeit

1. Jh. v. Chr. Durch Eisenförderung zu Wohlstand gekommen, etabliert sich das keltisch-illyrische Reich Noricum auf slowenischem Territorium. Wichtige Handelswege wie die Bernsteinstraße durchqueren die Region zwischen Alpen, Pannonischer Tiefebene und der Küste. Von Aquilea am heutigen Golf von Triest aus beginnen die Römer zunächst entlang der östlichen Adriaküste ihren Eroberungszug nach Südosten.

44 v. Chr. bricht Octavian, der spätere Kaiser Augustus, den keltisch-illyrischen Widerstand. 9 v. Chr. werden die letzten Aufstände im ehemaligen Noricum niedergeschlagen und Slowenien dem römischen Reich einverleibt.

2. Jh. Slowenien ist befriedet und in die römischen Provinzen Noricum, Pannonia und Histria unterteilt. Anstelle der alten illyrischen Siedlungen werden römische Städte gegründet: Emona (Ljubljana), Piranum (Piran), Claudia Celeia (Celje), Poetovio (Ptuj). Die neuen Herren fördern die Kupfer- und Eisenindustrie der Alteingesessenen, bauen ein umfassendes Straßennetz aus und nutzen die heilende Kraft der vielen Thermalquellen. Allmählich wird die Bevölkerung romanisiert.

3. Jh. Mit der ersten Welle der Völkerwanderung gelangen germanische Stämme an die Grenzen des römischen Slowenien; der Einfall der Hunnen unter Attila beendet im 5. Jh. die Friedensperiode. Von Ungarn her durchqueren die Hunnen über Ptuj, Celje und Ljubljana slowenisches Territorium und nehmen 452 Aquilea ein. Die romanisierte Bevölkerung wird unterworfen oder zieht sich in unwegsame Bergtäler zurück. Ortsnamen mit dem Präfix laško oder lahko dokumentieren noch heute die Existenz latinischer Enklaven in Slowenien.

Einwanderung der Slowenen

Mitte des 6. Jh. bringt die Völkerwanderung das südslawische Volk der Slowenen vom Dnjepr kommend über die Bernsteinstraße auf slowenisches Territorium. Um 568 ist ihre Ankunft in Pannonien verbrieft, 590 erreichen sie die Adriaküste des römischen Noricum mediterraneum. Im 7. Jh. gründen die Slowenen das Fürstentum Karantanien mit der Hauptstadt Krnski grad, Karnburg (in der Nähe von Klagenfurt).

788 erobert Karl der Große Karantanien und gliedert es dem Herzogtum Bayern ein. Feudale Reichsstrukturen verdrängen die traditionell egalitäre Gesellschaftsordnung der Slowenen. Aus dem Namen ihres neuen Herrschers Karl bilden die Unterworfenen das slowenische Wort kralj, König. Ausgehend von den Diözesen Salzburg und Aquilea wird Slowenien christianisiert.

Ende des 9. Jh. zerbricht das karolingische Reich. Erstmals fordern die Slowenen das Recht auf eine von Salzburg unabhängige Kirche; der Papst ernennt Method zum Erzbischof von Sirmium (Pannonien).

Mitte–Ende des 10. Jh. verbreiten Einfälle der Ungarn Unsicherheit in der Region. König Otto I. stoppt mit slowenischer Hilfe den ungarischen Vormarsch 955 vor Augsburg. 976 wird Karantanien als Vasallenstaat dem deutschen Reich eingegliedert und bleibt in den folgenden Jahrhunderten die meiste Zeit unter der Oberhoheit des Herzogtums Kärnten.

Unter den Habsburgern

11.–13. Jh. In dieser Epoche beginnt die systematische deutsche Kolonisation Karantaniens, die sowohl von den lokalen Feudalherren als auch von den Klöstern gefördert wird. Die germanischen Einwanderer gründen neue Dörfer (nova vas) neben den alten Siedlungen (stara vas) der Autochtonen. Karantanien wird in Grafschaften, die Marken, unterteilt. Beherrscht von einflussreichen deutschen Adelsgeschlechtern entwickeln sich Städte wie Maribor und Kranj zu wichtigen Handels- und Handwerkszentren.

14.–15. Jh. Im 15. Jh. gerät der größte Teil Karantaniens durch Verträge und Allianzen in die Hände der Habsburger, unter deren Herrschaft Slowenien bis zum Ende des Ersten Weltkrieges verbleibt. Zugleich mehren sich die Einfälle der osmanischen Türken, die in Slowenien plündern und brandschatzen. Immer häufiger erschüttern auch Bauernaufstände die innere Sicherheit Karantaniens.

16. Jh. Der Höhepunkt der Bauernaufstände und das zeitgleiche Vordringen der Reformation bilden den Grundstein für das Erwachen einer neuen slowenischen Identität. Während der Protestantismus unter der armen, landlosen Bevölkerung kaum Wurzeln fassen kann, nimmt die städtische Mittelschicht den neuen Glauben an. Als die ersten kirchlichen Schriften in slowenischer Übersetzung erscheinen (1550 slowenischer Katechismus von Primož Trubar, kurz darauf auch die erste slowenische Grammatik), erweist sich die Reformation als Förderer einer eigenständigen slowenischen Kultur. Diese wichtige Phase der slowenischen Ethnogenese findet mit der Gegenreformation und der Verbrennung der kirchlichen Schriften slowenischer Sprache ab 1600 ein jähes Ende.

18. Jh. Nach einer Phase wirtschaftlicher Stagnation erlebt Slowenien besonders in der Regierungszeit von Kaiserin Maria Theresia (1740–80) einen ökonomischen Aufschwung. Verwaltung und Besteuerung werden reformiert, die Verkehrswege ausgebaut, und ab 1774 gilt in Slowenien die allgemeine Schulpflicht mit slowenischem Unterricht in den ersten Klassen. Ihr Sohn Joseph II. geht mit seinen Reformen noch weiter: Abschaffung der Leibeigenschaft (1782), Recht auf freie Religionsausübung und Auflösung der fast allmächtigen Klöster schaffen ein liberales Klima, in dem sich Handwerk, Handel und Künste entwickeln können. 1797 erscheint die erste slowenische Zeitung, Ljubljanske Novice.

Das Nationalbewusstsein erwacht

1809–13 Teile Sloweniens werden Napoleons Illyrischen Provinzen einverleibt, Ljubljana avanciert zu deren Hauptstadt. Die nur vier Jahre dauernde napoleonische Ära hinterlässt in Slowenien tiefe Spuren: Die nun geltende Gleichheit aller, die Erweiterung des slowenischsprachigen Unterrichts auch für die Sekundarschulen sowie der Gebrauch des

Slowenischen in den Ämtern schaffen ein Klima, in dem die kulturelle Identität der Slowenen erstmals auch in politischen Forderungen ihren Ausdruck findet.

Mitte des 19. Jh. spürt auch Slowenien die Auswirkungen der Industriellen Revolution. Vor allem der Bergbau und die Textilindustrie prosperieren, und 1849 erreicht die Eisenbahntrasse von Wien her Ljubljana. 1857 ist die Verbindung bis Triest hergestellt.

1848 Die deutsche Revolution bewegt auch die slowenischen Intellektuellen. Erste Forderungen nach einem selbstverwalteten Slowenien werden laut; der Dichter France Prešeren formuliert die Sehnsucht nach Selbstbestimmung in seinen literarischen Arbeiten. Zwischen 1868 und 1871 entstehen die tabori genannten Volksversammlungen als Keimzellen des politischen Bewusstseins. In der zweiten Hälfte des 19. Jh. findet die Forderung nach einem Zusammenschluss aller südslawischen Völker in einer Föderation immer mehr Anhänger. Der Schriftsteller Ivan Cankar und der kroatische Bischof Josip Strossmayer sind deren bekannteste Protagonisten.

Zwei Weltkriege und Tito

1914–41 Den Ersten Weltkrieg erleben die Slowenen an der Seite der Habsburger, in deren Reich sie sich nach wie vor eine halbautonome Zukunft erhoffen. Nach Kriegsende dieser Perspektive beraubt, schließen sich Slowenen, Kroaten und Serben zu einem eigenständigen Königreich zusammen, dessen konstitutionelle Verfassung unter König Alexander in eine absolutistische Monarchie umgewandelt wird. Große Gebiete Sloweniens fallen in den Verträgen von Rapallo und Paris anderen Staaten zu: Prekmurje im Osten gehört zu Ungarn, Primorska und das slowenische Istrien zu Italien und Koroška zu Österreich. 1937 wird die Kommunistische Partei Sloweniens als Ableger der von Josip Broz-Tito gegründeten Mutterpartei ins Leben gerufen.

1941 Der serbische Kronprinz Paul unterzeichnet ein Abkommen mit den Achsenmächten; kurz darauf wird Jugoslawien von Deutschland und Italien besetzt. Slowenien wird zweigeteilt: der Osten (Štajerska, Gorenjska und Koroška) gerät unter deutsche Oberhoheit, der Westen (Ljubljana, Primorska, Notranjska, Dolenjska und Bela Krajina) wird italienischer Verwaltung unterstellt, Prekmurje an der ungarischen Grenze geht an Ungarn. Im Gefolge der Besetzung werden Volksdeutsche in Slowenien angesiedelt.

1942–45 Unter Führung der Kommunistischen Partei Jugoslawiens wird der Widerstand gegen die Besatzungsmächte organisiert. In Slowenien formiert sich die Befreiungsbewegung Osvobodilna Fronta, in der

SLOWENIEN UNTER DEUTSCHER BESATZUNG

Die Slowenen haben die Besatzungszeit durch die Achsenmächte ganz unterschiedlich erfahren. Die östliche Hälfte wurde als ›Untersteiermark‹ deutscher Verwaltung unterstellt, während die Italiener den Westen übernahmen und der äußerste Osten an Ungarn fiel. Zur Hauptstadt der Untersteiermark wurde Maribor erkoren.

Bereits vor dem deutschen Einmarsch Anfang April 1941 war Maribor das Zentrum deutscher Nazipropaganda. Fast das gesamte Wirtschaftsleben, vor allem aber die Industriebetriebe waren traditionell in deutschen Händen. Die Unternehmer und Deutschstämmigen hatten sich im ›Kulturbund« zusammengeschlossen, der ideologische und praktische Vorarbeiten für die Eingliederung ins Reich leistete. Während die Slowenen noch gegen den Vertrag ihres Königs mit den Achsenmächten in den Straßen Maribors demonstrierten, wurden in den Räumen des Kulturbundes bereits Listen vorbereitet, auf denen die Namen all jener standen, die nach der deutschen Machtübernahme verhaftet werden sollten. Tage bevor deutsches Militär in Maribor einmarschierte, übernahmen Mitglieder des Kulturbundes die Kontrolle über Polizei und Rathaus und hissten die Hakenkreuzfahnen. Die Besatzer wurden mit offenen Armen empfangen und erhielten ein gut vorbereitetes Instrumentarium der Repression. Eine Woche nach der Besetzung wurden am 15. April die ersten 300 Mariborer Slowenen verhaftet; Ende September waren etwa 12 000 Slowenen aus dem deutschen Gebiet deportiert, insgesamt mussten in den Besatzungsjahren 60 000 Slowenen ihre Heimat verlassen. Die meisten wurden nach Kroatien, Bosnien und Serbien gebracht. Vorrangiges Ziel war die ›Eindeutschung‹ der Untersteiermark. Innerhalb von drei Jahren sollte die Bevölkerung deutsch sprechen lernen. Die slowenische Sprache verschwand aus den Ämtern und Schulen. Die Menschen mussten dem neugegründeten Steirischen Heimatbund beitreten. 95 % der untersteirischen Slowenen waren darin organisiert und nahmen dort an ideologischen Schulungen, vor allem aber am Deutschunterricht teil. Als potentielle Keimzelle antideutschen Wirkens wurde die katholische Geistlichkeit unter Druck gesetzt; viele Priester wurden verhaftet und zu Zwangsarbeiten eingesetzt. Industriebetriebe und Handelshäuser wurden deutscher Verwaltung unterstellt.

Obwohl das Kontrollnetz in der Untersteiermark optimal funktionierte, wurden immer wieder Zellen des bewaffneten Widerstandes gebildet. Jede dieser Initiativen endete durch Verrat. Viel mehr als im italienisch besetzten Teil Sloweniens stellte sich in der Untersteiermark nach Kriegsende die Frage nach potentiellen Kollaborateuren. Nachdem in Maribor und Ostslowenien vier Jahre nur Deutsch gesprochen worden war, galt nun jedes unbedachte deutsche Wort als Beweis für die Komplizenschaft mit dem ehemaligen Besatzer. Die letzten verbliebenen Deutschstämmigen wurden vertrieben. Etwa 10 000 Slowenen, die als ›Weiße Garden‹ mit den Besatzern gemeinsame Sache gemacht hatten, exekutierte man am Kočevski Rog.

neben Kommunisten auch bürgerliche und christliche Parteien vertreten sind. Die jugoslawischen Partisanen befreien Slowenien mit Unterstützung der Alliierten im Mai 1945 und besetzen kurz darauf auch Triest. Slowenien wird Teilrepublik Volksrepublik Jugoslawien unter Führung des Partisanengenerals Tito.

1946 wird die Küstenregion vertraglich zwischen Italien und Jugoslawien aufgeteilt: Zone A (Triest und Umgebung) wird unter anglo-amerikanische Verwaltung gestellt, Zone B (Koper und Teile Istriens bis Buje) fällt an Jugoslawien. Als Zone A 1954 schließlich Italien zugesprochen wird, zementiert dies ein Konfliktpotential, das lange das Verhältnis zwischen Slowenien und Italien trübt.

1947–53 Tito experimentiert mit dem Ostblock-Sozialismus; Grund und Boden werden verstaatlicht. Diese Bestimmung wird aber bereits 1953 wieder rückgängig gemacht. Lingua Franca im Vielvölkerstaat Jugoslawien wird das Serbokroatische.

1953–80 Tito findet zu einem jugoslawischen Modell der Arbeiterselbstverwaltung und gestattet den Bauern Privatbesitz von bis zu 20 ha Land. Als nördlichste und am meisten industrialisierte der jugoslawischen Teilrepubliken trägt Slowenien einen wesentlichen Anteil an der Entstehung des gesamtjugoslawischen BIP.

1980 Josip Broz-Tito stirbt und hinterlässt ein wirtschaftlich schwer angeschlagenes Land, das sich in ethnischen Konflikten aufreibt.

Weg in die Unabhängigkeit

1987 werden in einem Artikel der slowenischen Nova Revija Richtlinien für eine eigenständige slowenische Politik mit Mehrparteiensystem, demokratischen Wahlen und nationaler Autonomie formuliert. Die ersten Parteien werden gegründet.

1988 reagieren die Slowenen mit Massendemonstrationen auf die Verhaftung von vier prominenten, regimekritischen Journalisten. Der serbische Druck auf die nach Unabhängigkeit strebende Republik wird härter.

1989 verhängen alle von Serbien angeführten Teilrepubliken, außer Kroatien, ein Handelsembargo gegen Slowenien. Ein Jahr später verlassen die slowenischen Delegierten aus Protest gegen den serbischen Zentralismus den Kongress der jugoslawischen Kommunistischen Partei.

1990 Im April werden in Slowenien die ersten freien Wahlen abgehalten. Das Bündnis DEMOS gewinnt 55% der Stimmen. Im Dezember 1990 sprechen sich 89% der Slowenen bei einer Volksabstimmung für die Unabhängigkeit aus.

1991 Am 26. Juni wird Sloweniens Unabhängigkeit proklamiert, einen Tag später marschieren jugoslawische Streitkräfte auf slowenischem Ter-

PROTOKOLL EINER KRISE
WIE SLOWENIEN UNABHÄNGIG WURDE

Sloweniens Weg in die Unabhängigkeit begann im Grunde mit dem Tod des jugoslawischen Staatspräsidenten Josip Broz-Tito im Jahre 1980. Jenseits aller politischen und ethnischen Differenzen im Land war Tito eine Integrationsgestalt für alle Jugoslawen gewesen. Ein adäquater Nachfolger war nicht in Sicht, und schon bald mehrten sich die Anzeichen, dass Serbien im nun entstandenen politischen Vakuum eine Vorreiterrolle in Jugoslawien beanspruchte. Deutlicher Ausdruck dieser Bestrebung war die serbische Initiative zur Vereinheitlichung der schulischen Ausbildung in Jugoslawien nach serbischem Vorbild im Jahre 1984. Sloweniens Intellektuelle liefen dagegen Sturm. Drei Jahre später druckte die Zeitschrift Nova Revija einen Artikel, in dem die Grundzüge für eine autonome slowenische Verfassung skizziert wurden. Belgrad reagierte auf diesen ersten Ruf nach Demokratie mit der Verhaftung von slowenischen Journalisten – das Volk ging auf die Straße und demonstrierte für demokratische Reformen. 1989 wurden die ersten Oppositionsparteien gegründet, und im Mai desselben Jahres in der Majniška deklaracija zum ersten Mal die Unabhängigkeit Sloweniens gefordert. Im April 1990 gelang dem Oppositionsbündnis DEMOS ein überragender Wahlsieg, im Dezember 1990 stimmten 89 % der Slowenen für die Unabhängigkeit von Jugoslawien, die am 25. Juni 1991 schriftlich proklamiert wurde.

Belgrad hatte sich bis dahin von den ehemaligen sozialistischen Brüdern im Norden einiges bieten lassen; nun aber sollten Waffen sprechen. Am 26. Juni 1991 rückten jugoslawische Verbände auf slowenisches Territorium vor. Entgegen allen Erwartungen stießen sie dort auf den erbitterten Widerstand der slowenischen Polizeikräfte, der Territorialverteidigung und der Bevölkerung. Mit Jagdgewehren, Heugabeln oder einfach mit Stöcken bewaffnet gingen sie gegen die Eindringlinge vor. Müllwagen, Linienbusse und LKW wurden zu Straßensperren umfunktioniert. Jugoslawische Militärflugzeuge kreisten über Industrieanlagen und Städten. Mehrmals gab es in Ljubljana Bombenalarm, doch das angedrohte Bombardement der Hauptstadt blieb glücklicherweise aus. Allerdings wurde der Flughafen mit Raketen beschossen. Nach zehn Tagen, in denen vor allem um die Kontrolle über die Grenzübergänge zu den Nachbarländern gekämpft wurde, gab die Bundesarmee auf – sicherlich nicht nur wegen der unerwarteten Gegenwehr der Slowenen: Viele slowenische Angehörige der Bundesarmee verweigerten den Einsatz gegen die eigenen Landsleute und liefen zur slowenischen Territorialarmee über. Kroatische Einheiten behinderten den Nachschub aus Belgrad. Damit war an einen leichten und schnellen Sieg nicht zu denken. Im Oktober 1991 verließen die letzten jugoslawischen Militärs das nun tatsächlich unabhängige Slowenien.

ritorium. Der als 10-Tage-Krieg in die Geschichte eingegangene Konflikt kostet 66 Menschenleben. Dank der völlig unerwarteten heftigen Gegenwehr der Slowenen ziehen die jugoslawischen Panzer schließlich ab; im Dezember verlassen die verbliebenen Kontingente der jugoslawischen Restarmee das Land.

1992 erkennt die EG Slowenien an, das Land wird Mitglied der UN.

1996 wird ein Assoziationsabkommen mit der EU unterzeichnet.

1998 Die Beitrittsverhandlungen mit der EU werden aufgenommen. Bei einer Umfrage äußern 38,7 % der Befragten, dass sie sich vom EU-Beitritt eine Verbesserung der wirtschaftlichen Lage versprechen, 12 % befürchten einen wirtschaftlichen Einbruch.

2000 Vorgezogene Parlamentswahlen im Herbst bringen Drnovšeks LDS 36,2 % der Stimmen. Regierungsbündnis mit ZLSD, DESUS und SLS/SKD.

2002 Slowenien besitzt unter den Beitrittskandidaten zur EU die besten wirtschaftlichen Zahlen und erreicht die notwenigen Schwellenwerte für die Aufnahme. Die Präsidentschaftswahlen im November gewinnt der bisherige Regierungschef Janez Drnovšek. Sein Nachfolger im Amt wird Anton Rop.

2003 Slowenien entscheidet sich bei einer Volksabstimmung für den Beitritt zu EU.

2004 EU-Beitritt. Bei den Parlamentswahlen wird die Mitte-Links-Koalition durch ein rechtes Parteienbündnis abgelöst.

ARCHIDUCI
CAROLO.
MDCCCXLII.
CIVITAS.

Kultur und Leben

Ljubljana, Tromostovje - Drei Brücken
über die Ljubljanica

SLOWENISCHE LEBENSART

Viele Einflüsse, ein Slowenien

Sloweniens Bevölkerung ist auch heute noch von den beiden benachbarten Sprach- und Kulturzonen Österreich und Italien geprägt. In den Grenzregionen zu Österreich, in Štajerska, Koroška und teils auch in Gorenjska, sprechen die meisten Menschen neben dem Slowenischen fließend deutsch. Das Brauchtum mit seinen Volksliedern, Tänzen, Schützen- und Weinfesten erinnert an alpenländische Traditionen, allerdings verfremdet mit einem Schuss slawischer Melancholie. In Notranjska und Primorska dagegen wird italienisch parliert, gehören Cappuccino und Prosecco zum genießerischen Alltag. Begierig wird das Songfestival von San Remo verfolgt, und Berichte über italienische Stars und Sternchen füllen die Klatschspalten der slowenische Zeitungen und Fernsehsender aus Koper.

Die Sprache der Bauern

Das Slowenische gehört zu den südslawischen Sprachen und ist in eine erstaunliche Vielzahl von Dialekten unterteilt: Sieben Hauptgruppen mit insgesamt 46 Unterdialekten werden von den nur 2 Mio. Slowenen gesprochen. Die Zersplitterung führen Linguisten auf die geographische Isoliertheit der ländlichen Bevölkerungsgruppen und auf die erst spät entstandene Schriftsprache zurück. Sie ist eine Synthese der Dialekte, die in Gorenjska und Dolenjska (Ober- und Unterkrain) gesprochen werden. Die Slowenen benutzen seit der ersten Aufzeichnung eines slowenischen Dokumentes in den Freisinger Denkmälern (s. S. 44f.) die lateinische Schrift, die für die Buchstaben č, š und ž mit diakritischen Zeichen ergänzt wurde. Durch die politische wie kulturelle Vorherrschaft des Deutschen fand die slowenische Sprache erst Mitte des 19. Jh. auch unter den Intellektuellen eine größere Verbreitung.

Sprache und Identität

Ab dem 8. Jh. war Slowenien kulturell zweigeteilt: in die weltliche und kirchliche Oberschicht deutscher Provenienz und in die einfache slowenische Bevölkerung. Wer den Herren dienen wollte – sei es als Sekretär, als Zimmermädchen oder als Köchin –, musste die deutsche Sprache beherrschen. Slawische und die älteren illyrisch-keltischen Ortsnamen wurden germanisiert. Viele Städte und Regionen Sloweniens tragen heute noch ihren slowenischen und den deutschen Namen; besonders in Österreich ist es gang und gäbe, Maribor als Marburg oder Ljubljana als Laibach zu bezeichnen. Der Großteil der Bevölkerung war sprach- und schriftlos, bis unter dem Einfluss der Reformation die ersten im Slowenischen aufgeschriebenen Bücher erschienen. Kein Wunder, dass sie als Zeugnisse einer eigenen, von den Deutschen unabhängigen Kultur aufgenommen und von den Herrschenden verbissen bekämpft wurden. Ihnen lag nicht nur der Sprengstoff reformatorischen Gedankenguts inne, sondern vor allem der einer drohenden slowenischen Identitätsfindung.

Die Entwicklung in den von Venedig beherrschten Küstenstädten verlief ähnlich: Italienisch war die Sprache der Oberschicht, und nach dem slawischen Intermezzo im Königreich der Slowenen, Kroaten und Serben kehrte es mit der Okkupation 1941 unter Mussolini mit voller Gewalt zurück. Dennoch sind an den Gebrauch der italienischen Sprache nie dieselben Ressentiments gebunden gewesen wie an das Deutsche. Noch heute leben im slowenischen Teil Istriens viele ältere Menschen, die das Slowenische nie gelernt haben und beim Einkaufen oder bei Behördengängen ganz selbstverständlich italienisch sprechen.

Nationale Minderheiten

Trotz der wechselhaften Geschichte besitzt Slowenien eine erstaunlich homogene Bevölkerung: Fast 90 % der knapp zwei Mio. Einwohner sind slowenischer Herkunft. Die restlichen Einwohner kommen aus Kroatien, Serbien, Bosnien, Montenegro und Albanien oder sind ungarischer und italienischer Abstammung. Außerdem leben etwa 7000 Roma auf slowenischem Staatsgebiet.

Als nationale Minderheit anerkannt werden Ungarn und Italiener; die Verfassung garantiert ihnen das Recht, in ihren Heimatregionen in der eigenen Sprache unterrichtet zu werden und sich ihrer auch auf Ämtern und Behörden zu bedienen. Im Parlament sind Italiener und Ungarn durch einen gewählten Abgeordneten der jeweiligen Volksgruppe vertreten.

Die Roma dagegen werden nicht als nationale Minderheit mit Sonderstatus betrachtet. Obwohl viele der Familien bereits im 14. Jh. auf slowenischem Gebiet heimisch wurden, stehen sie auf der untersten Sprosse der sozialen Stufenleiter. Armut, hohe Säuglingssterblichkeit, großer Anteil an Analphabeten sind kennzeichnend für die Roma-Gemeinschaft, die vor allem entlang den Grenzen zu Ungarn und Kroatien lebt. Die slowenische Bevölkerung begegnet den cigani (Zigeuner) mit Ablehnung. »Holt die Wäsche von der Leine, die Zigeuner kommen« ist nur eines der vielen Sprichwörter, die negativ auf Roma Bezug nehmen.

Slowenische Minderheiten leben in den Nachbarländern Österreich (Kärnten) und Italien (um Triest). Die Kärntner Slowenen haben einiges zum Erhalt und zur Verbreitung slowenischer Literatur im deutschen Sprachraum beigetragen. Die beiden wichtigsten Verlage, Drava und Hermagoras, beide mit Sitz in Klagenfurt, haben die Werke fast aller bedeutenden slowenischen Autoren in deutscher Sprache publiziert.

Feste, Brauchtum und Religion

Der katholische Glaube ist in Slowenien tief verwurzelt. Dem protestantischen Intermezzo kam weniger reli-

SCHWIERIGE NACHBARN

Die Slowenen stehen ihren südlichen Nachbarn und ehemaligen Landsleuten mit großer Skepsis gegenüber. Die Erfahrungen mit dem serbischen Zentralismus zwischen 1918 und 1941 im Königreich Jugoslawien und zwischen 1945 und 1991 in der Sozialistischen Republik waren nicht dazu angetan, das Vertrauen in die südslawischen Brudervölker zu stärken. Die Slowenen stellten 8 % der Bevölkerung, erwirtschafteten aber 16 % des Bruttosozialprodukts. Mit slowenischen Gewinnen wurden defizitäre Staatsunternehmen im Süden finanziert, slowenische Steuerzahler unterstützten die unterentwickelten Republiken anstatt für den eigenen Wohlstand zu wirtschaften. Der latent schon immer bestehende Nord-Süd-Konflikt zwischen den ›fleißigen‹ Slowenen und den ›Müßiggängern‹ gewann dadurch an Schärfe.

Die kulturelle Hegemonie der Serben war den Slowenen ein besonders großer Dorn im Auge: Durch die Wahl des Serbokroatischen zur Amtssprache konnte man sich plötzlich mit den Kollegen in den Ministerien, mit Beamten und Geschäftsleuten nur noch in einer Sprache verständigen, die dem Slowenischen zwar verwandt, aber durchaus fremd genug ist, dass sie in den Schulen eigens unterrichtet werden musste. Die Gegenreaktion nach der Unabhängigkeit folgte prompt und heftig: Englisch und Deutsch verdrängten das Serbokroatische vom Unterrichtsplan, und mit diebischer Freude ließ so mancher Slowene Touristen aus Zagreb oder Belgrad auflaufen, indem er vorgab, kein Serbokroatisch zu verstehen und zu sprechen.

giöse als kulturelle Bedeutung als Sprachrohr einer eigenständigen slowenischen Identität zu. Noch heute ist der Anteil der Protestanten verschwindend gering. Die katholische Kirche unterstand mit ihren zahlreichen Klöstern den Diözesen Salzburg und Aquilea und war stets ein Hort der deutsch dominierten Kultur in Slowenien.

In der sozialistischen Ära waren wirkliche Repressionen zwar nicht zu erwarten, doch war übergroße Frömmigkeit nicht gern gesehen. Mit der Unabhängigkeit Sloweniens erlebte die katholische Kirche ihr großes Comeback. Nun konnten die Slowenen endlich wieder in Prozessionen und Wallfahrten durchs Land ziehen und ihre kirchlichen Feiertage begehen, die zuvor abgeschafft worden waren. 1996 kam Papst Johannes Paul in die junge Republik und löste einen wahren Freudentaumel aus.

Im Zentrum des Volksglaubens steht die Marienverehrung. Zahllos die Kirchen und Kapellen, die der Muttergottes geweiht sind; fast alle bedeutenden Wallfahrten wie die nach Ptujska gora führen zu einem besonders verehrten Marienbild oder einer -statue.

Marien- und Heiligenfeste

Die großen Volksfeste der Slowenen finden fast ausschließlich an den hohen kirchlichen Feiertagen statt, wobei der Karwoche eine besondere Bedeutung zukommt. Bedeutend sind auch Mariae Himmelfahrt am 15. August und die ›Kreuzerhöhung‹ am 14. September.

Namenstage von Schutzheiligen feiern die Menschen auf dem Land häufig mit einem *sejem,* einer Art Jahrmarkt im Umkreis der Kirche. Die Bevölkerung nutzt die Gelegenheit, sich mit Freunden und Verwandten zu treffen und bei einem *dezi* Wein oder einem Glas Bier neue Kontakte zu knüpfen. Häufig sind bei diesen Gelegenheiten auch Musikkapellen und Volkstanzgruppen anzutreffen. Auf dem Markt gibt es Allerweltswaren zu kaufen, aber auch kunsthandwerkliche Töpfer- oder Flechtarbeiten aus der Region.

Weinlese und Ernte

In den Weinbauregionen finden zur Zeit der Traubenernte Ende September/Anfang Oktober zahlreiche Volksfeste statt. Zusammen mit den Erntehelfern feiert man auf den Weingütern und in Weingenossenschaften den neuen Tropfen. Die Weinernte selbst ist trotz der Strapazen ein beliebter Zeitvertreib. Bekannte und Freunde des Weinbauern kommen zum Helfen und erhalten dafür abends eine deftige Mahlzeit, natürlich immer mit fröhlicher musikalischer Untermalung. Etwa gleichzeitig wird auf den Bauernhöfen geschlachtet; für die Mühen dieses blutrünstigen Tages entschädigen frische Blutwürste, Innereien, Sauerkraut und Wein.

Ländliche Architektur und Tracht

Traditionelles Brauchtum ist in der ländlichen Architektur und in den Trachten lebendig. Die Unterschiede zwischen ungarischem, alpenländisch-deutschem und italienischem Einfluss sind auch hier deutlich auszumachen. In der Pannonischen Tiefebene stehen noch viele Bauernhöfe aus bunt bemaltem Holz und mit Stroh gedeckt. Die weißleinenen Trachten mit den weiten, gefälteten Blusen und die mit Bändern geschmückten Hauben der Frauen sind deutlich ungarischer Herkunft, ebenso die Felljacken oder -westen der Männer. Eine Besonderheit des östlichen Slowenien sind die *klopotci* (sing. *klopotec*). Sie werden im Herbst in den Weinbergen aufgestellt, um die räuberischen Vögel fernzuhalten. Auf einer hohen Stange ist ein hölzernes Windrad montiert, das einen Schlegel an-

Feste und Messen

Viele Events werden in der Sommersaison für Einheimische und Touristen organisiert. Über den aktuellen Festkalender sowie über Messen und andere kulturelle Veranstaltungen informiert das slowenische Fremdenverkehrsamt unter www.slovenia-tourism.si.

hebt und wieder freigibt, so dass er gegen die Stange schlägt. Das dabei entstehende Klappern vertreibt die Vögel, die es auf die reifen Trauben abgesehen haben. Das vielstimmige Geklapper der klopotci zeigt jedem an, dass die Weinlese nicht mehr fern ist.

Die Häuser in Kranjska und Štajerska bestehen zumeist aus fest gemauertem Erdgeschoss und einem aus Holz errichteten ersten Stock, das Dach mit Schindeln gedeckt. Auch ein besonderer ›Scheunen‹-Typ hat sich in der Region erhalten: Die *kozolci* (Sing: *kozolec)* genannten Heuharfen dienen zum Trocknen des frisch gemähten Grases und bestehen aus einem überdachten Holzgestell mit Querstreben, über die das Heu geschichtet wird. Wohlhabende Bauern errichten einen *topler,* einen doppelten *kozolec.* Er hat den Vorteil, dass zwischen den beiden Heuharfen unter dem Schutz des Daches auch noch landwirtschaftliches Gerät Platz findet. Auf dem *kozolec* werden auch Maiskolben getrocknet.

Gegen Westen dominieren Steinhäuser romanischer Prägung, geschmückt mit Oleander und Hibiskus. Viele Dächer bestehen hier aus schweren Steinplatten. Sie müssen der Wucht des Nordostwinds Burja widerstehen, der die Küstenregionen im Herbst und Winter heimsucht. Die Frauen tragen ein weites, gerade geschnittenes langes Hemd und ziehen darüber ein ärmelloses in hundert Falten fallendes und vorne geöffnetes Kleid. Den Kopf ziert eine weiß bestickte Haube, die *peča.*

Beliebte Volkskunst in Teilen Sloweniens: Bienenkorbmalerei

Gebrauchskunst der Imker

Da in Slowenien viele Imker ihrem Beruf oder Hobby nachgehen, haben sich die Menschen seit Jahrhunderten um die Verschönerung ihrer Bienenstöcke bemüht. Die mit naiven Bildern bemalten ›Bienenkorbbrettchen‹ findet man heute allerdings kaum mehr an Ort und Stelle. Als Sammelstücke wurden die hübschen Holzmalereien an Museen und Liebhaber naiver bäurischer Kunst verkauft. Zahlreiche Szenen aus der abergläubischen Geschichtenwelt wurden auf den Bienenkorbbrettchen abgebildet: Der Teufel als schwarze, mit Flügeln und Bocksfuß gezeichnete Gestalt, wie er mit energischen Bäuerinnen verhandelt und schließlich vor den schlagfertigen Weibern fliehen muss, ist ein beliebtes Motiv. Ebenso die Jungmühle, in die alte Weiblein geworfen werden. Nach dem Mahlen werden sie als hübsche junge Mädchen ›wiedergeboren‹. Die Bienenkorbmalerei ist nur in einer eng begrenzten Region Sloweniens, in Gorenjska, Koroška und dem Westen von Štajerska beheimatet.

Vom Teufelsgeiger Tartini zu den Oberkrainern

Wohl kein anderes Ensemble ist so sehr mit der Vorstellung slowenischer Musik verbunden wie die ›Oberkrainer‹ von Slavko Avsenik. Dabei besitzen die Slowenen durchaus eine Musiktradition jenseits medienwirksamer Folklore.

Bienenkorbmalerei

Die schönsten Exponate der Bienenkorbmalerei sind im slowenischen ethnographischen Museum in Ljubljana (s. S. 77) und im Imkermuseum von Radovljica (s. S. 108f.) ausgestellt. Dort kann man nachgemachte Stirnbrettchen auch kaufen.

Tartinis Teufelspakt

Unter den berühmten Geigenvirtuosen des 18. Jh. glänzte der Slowene Giuseppe Tartini. Er wurde 1692 in der Hafenstadt Piran geboren. Vor seiner Familie, die ihn als Geistlichen sehen wollte, flüchtete der musikbesessene junge Mann nach Ancona und fand eine Anstellung als Orchestergeiger. Dank seiner Virtuosität machte er bald Karriere, spielte in berühmten Kirchenorchestern und gründete in Padua eine Musikakademie. Legenden kreisten zu Lebzeiten um seine Fingerfertigkeit, man unterstellte ihm einen Pakt mit

Vlado Kreslin

Der Gitarrist und Sänger Vlado Kreslin stammt aus der ungarisch geprägten Region Ostsloweniens und verbindet in seinen Folksongs die melancholischen Melodien seiner Heimat Prekmurje mit moderner Rockmusik. Seine jüngste CD ›Generacija‹ ist überall zu kaufen.

Oberkrainer-Kapelle aus Begunje

dem Teufel – und der alternde Tartini festigte diesen Aberglauben noch, indem er vorgab, der Beelzebub selbst hätte ihm im Traum seine schönsten Stücke und den berühmten ›Teufelstriller‹ eingegeben. Tartini starb 1770 und hinterließ ein umfangreiches kompositorisches Werk mit über 130 Violinkonzerten.

Die Oberkrainer

Auf ein wesentlich größeres Repertoire können die ›Oberkrainer‹ nach knapp 50 Jahren emsigen Schaffens zurückblicken. Gegründet wurde das Ensemble im Ort Begunje, wo die Eltern von Slavko und Vilko Avsenik eine Dorfkneipe betrieben. Die Brüder spielten für die Gäste und entwickelten dabei einen eigenen, mit Jazz-Instrumenten aufgepeppten Stil. Als der BR-Moderator Fred Rauch 1953 im Österreich-Urlaub zufällig eine Einspielung der Avsenik-Brüder hörte, begann ihr Siegeszug im deutschsprachigen Raum. Rauch holte die Truppe nach München, nannte sie ›Oberkrainer‹, sorgte für Plattenverträge und spielte ihre Musik in seinen Sendungen.

Traditionelle Weisen

Die traditionelle Musikfolklore Sloweniens ist fast völlig in Vergessenheit geraten. Instrumente wie die Panflöte žvegla oder die plonarca, eine Ziehharmonika aus dem Westen Sloweniens, kann heute kaum noch jemand spielen, die alten melancholischen Weisen wurden durch Polka und Walzer verdrängt. Die schönsten traditionellen Lieder gibt es auf einer sehr sorgfältig dokumentierten CD zu hören: ›Der Bleiche Mond‹ – ›bledi mesec‹, erschienen bei Trikont - Unsere Stimme 1991.

KUNST UND KULTUR

Architektur und Plastik

Der Slowenen liebster Architekturstil ist der Barock. Keine andere Phase der europäischen Baugeschichte hat so viele gut erhaltene Monumente hinterlassen. Kirchen und Schlösser aus früheren Epochen wurden fast alle außen wie innen barockisiert.

Im Verborgenen: Romanik und Gotik

Die ältesten romanischen Bauten wie die Kirche Sv. Vid in Dravograd oder die Zisterzienserklosters Stična (1156) sind unter ihrer barocken Fülle heute kaum noch als romanisch zu erkennen. Ähnlich verhält es sich mit Burgen und Schlössern – erst vor kurzem entdeckten Architekten in der Burg von Ptuj romanische Elemente. Im Gegensatz zur Architektur ist die gotische Plastik in unzähligen Heiligen- und Marienstatuen unverfälscht geblieben. Die berühmteste gotische Mariendarstellung, die ›Schutzmantelmadonna‹ ziert den Altar der Wallfahrtskirche in Ptujska gora. Venezianische Gotik hat in den Bürgerhäusern und Repräsentativbauten der Küstenstädte Piran und Koper überdauert.

Siegeszug des Barock

Nachdem ein verheerendes Erdbeben im Jahre 1511 zahlreiche Orte zerstört hatte, schlug die Stunde der Renais-

Koper, venezianischer Prätorenpalast

Kartäuserkloster Žiče

Ein wunderbares, von Efeu überwuchertes gotisches Bau-Ensemble sind die Ruinen des Kartäuserklosters Žiče in der Nähe von Slovenske Konjice nordöstlich von Celje (s. S. 99). In dem 1160 gegründeten und mit einer Wehrmauer gesicherten Bau ist die gotische Kapelle noch nahezu intakt.

sance. Architekten aus dem italienischen Friaul waren maßgeblich am Wiederaufbau beteiligt und schmückten Schlösser und Burgen mit Renaissance-Elementen. Auch diese sind besonders gut in der venezianischen Architektur der Küstenstädte erhalten.

Mit etwas Verspätung, aber dafür mit durchschlagendem Erfolg setzte sich der Barock um die Wende vom 17. zum 18. Jh. durch. Eines der prächtigsten Beispiele der Epoche ist Schloss Dornava bei Ptuj. Aus Maribor stammten der Architekt Janez Fuchs und der Bildhauer Jožef Straub. Letzterer kreierte einen besonderen, steirischen Stil des Barock. In Ljubljana errichtete der Slowene Gregor Maček beispielsweise das Rathaus (1717) und den Dom (1700); der Venezianer Francesco Robba schuf den berühmten ›Brunnen der drei Flüsse‹ am Mestni trg.

Slowenische Literatur

In deutscher Sprache sind bislang nur wenige Werke moderner slowenischer Autoren erschienen. Besonders engagiert in der Verbreitung slowenischer Literatur sind die in Kärnten ansässigen Verlage Drava und Hermagoras.

Slowenischer Jugendstil

Das Erdbeben von 1895 sorgte für eine innovative Architektur. Ljubljana wurde stark zerstört und im Jugendstil neu errichtet. Neben österreichischen Architekten machte sich dabei auch ein Slowene einen Namen: der im Karst geborene Maks Fabiani. Nach dem Ersten Weltkrieg erlebte die slowenische Architektur ihren unbestrittenen Höhepunkt im Schaffen des 1872 geborenen Jože Plečnik. Nach erfolgreichem Wirken in Prag und Wien übernahm der Architekt ab 1922 die Neugestaltung des Ljubljanica-Ufers in Ljubljana, errichtete die Nationalbibliothek und entwarf die Friedhofskirche in Žale. Plečnik schuf eine völlig eigene Formensprache, die aus antiken Traditionen ebenso schöpfte wie aus der Moderne und vor allem durch die unbekümmerte Verwendung unterschiedlichster Baumaterialien eigenwillige Kunstwerke schuf.

Literatur und Film

Schreiben für die slowenische Identität

Das älteste Dokument slowenischer Sprache sind die so genannten Frei-

Schloss Kostanjevica ist ein farbenfrohes Barockensemble

singer Denkmäler, die im 10./11. Jh. aufgeschrieben wurden und Anweisungen für die Abhaltung der Beichte enthalten. 500 Jahre später wurden auf Initiative des Reformators Primož Trubar die ersten kirchlichen Texte ins Slowenische übersetzt und gedruckt. 1584 erschien die erste slowenische Bibelübersetzung.

Erst um die Wende vom 18. zum 19. Jh. bildete sich in Slowenien eine eigenständige Literaturszene um Baron Žiga Zois, der die einheimischen Schriftsteller förderte: Anton Tomaž Linhart (1756–95) schrieb Komödien und war der berühmteste Vertreter dieses literarischen Zirkels. Ihren ersten Höhepunkt erreichte die slowenische Literatur in den Werken des Lyrikers France Prešeren (1800–49). Aus seiner Feder stammt nicht nur das ›Trinklied‹ (Zdravljica), dessen zweite Strophe heute als slowenische Nationalhymne dient. Auch zahlreiche andere Gedichte spiegeln das Erwachen des Nationalgefühls wider.

Die zweite, überragende Persönlichkeit der slowenischen Literatur neben Prešeren war Ivan Cankar (1876–1918). Seine Werke erzählen vor allem von persönlichen Schicksalen, vom Elend der Menschen im ländlichen und städtischen Slowenien. Als »poetische Umdichtung« des Kommunistischen Manifestes wurde seine Erzählung ›Der Knecht Jernej‹ berühmt.

DIE SLOWENISCHE FILMSZENE

Sloweniens Regiestar heißt im Augenblick Igor Šterk. Dem 1968 geborenen Regiesseur gelang das Meisterstück, seinen ersten Spielfilm so erfolgreich zu vermarkten, dass er auch im Ausland (Deutschland, Österreich) in den Verleih kam. ›Express, Express‹ erzählt die Geschichter zweier Eisenbahn-Passagiere, die auf der Fahrt durchs sommerliche Slowenien allerlei eigenartigen und skurilen Gestalten begegnen und dabei auch die Liebe zueinander entdecken - ein sehr poetischer Roadmovie mit Sloweniens wunderschönen Landschaften als Kulisse. ›Express, Express‹ hat mehrere internationale Auszeichnungen gewonnen, und auch Šterks neuer Film ›Ljubljana‹ (2002) scheint ein ähnlicher Erfolg zu werden. Darin erzählt Šterk die Geschichte des Medizinstudenten Mare, der in Ljubljana herumhängt, mit Drogen experimentiert, die angesagten Clubs besucht und zunehmend die Lust am Studium verliert. Thematisiert wird die Situation der Jugend, die weder mit den sozialistischen Parolen einiger gestriger noch mit dem aufkeimenden Nationalismus der heutigen Politiker etwas anfangen kann und zwischen Konsum und Thrill einen Weg zu sich selbst sucht. Šterk liefert ein authentisches Bild der Brüche in der modernen slowenischen Gesellschaft und wirft einen ebenso authentischen Blick hinter die Kulissen der Jugendszene von Ljubljana.

Eine ganz andere und sehr persönliche Geschichte erzählt ›Kruh in mleko‹, Brot und Milch, des Regisseurs Jan Cvitkovic, der für sein Regiedebüt 2001 bei den Filmfestspielen in Venedig den ›Leone del Futuro‹ für den besten Debütfilm bekam. Ivan, der Held, ist Alkoholiker und kehrt nach einer Entziehungskur zu Frau und Sohn zurück. Doch bereits am nächsten Tag beginnt er, wieder zu trinken, denn er erfährt, dass seine Frau ihn betrogen hat. Alkoholismus, ein nicht unwesentliches Problem in Slowenien, sowie das Auseinanderbrechen familiärer Bande werden in diesem Film mit viel Sensibilität und Liebe zu den Figuren thematisiert.

Zuletzt ein Hinweis auf einen noch in jugoslawischer Zeit entstandenen Film: ›Nasvidenje v naslednji vojni‹, Auf Wiedersehen im nächsten Krieg, 1980 von dem angesehenen Autor und Regisseur Živojin Pavlovič gedreht, nimmt die zufällige Begegnung eines Deutschen und eines Slowenen in einer spanischen Stierkampfarena zum Anlass, die Wunden des Zweiten Weltkrieges aufzuarbeiten. Die beiden stellen fest, dass sie im Krieg ja mit großer Wahrscheinlichkeit gegeneinander gekämpft hatten. In der entspannten Urlaubsatmosphäre entwickelt sich eine vorsichtige Männerfreundschaft, die die erfahrenen Gräuel vergessen lässt.

Viele Filme wurden mit englischen oder deutschen Untertiteln versehen und können deshalb auch von Interessierten angesehen werden, die nicht slowenisch sprechen.

Über laufende Filmprojekte slowenischer Produzenten und Regisseure informiert die Filmförderung in Ljubljana auf ihrer Homepage www.film-sklad.si (auch in Englisch abrufbar).

ESSEN UND TRINKEN

Bauernkost für Feinschmecker

Eine deftig-bäuerliche Küche, in die Einflüsse aus den Nachbarländern Ungarn, Österreich, Italien und den südlichen jugoslawischen Republiken hineinspielen, erwartet den Gast in Slowenien. Wiener Schnitzel oder die südjugoslawischen Nationalspeisen Čevapčiči und Ražniči sollten in Slowenien tabu sein – die slowenische Küche hat besseres zu bieten!

Gehaltvoll und köstlich

Über hundert verschiedene Suppen werden in Slowenien aufgetischt. Klare Fleischbrühe mit Fleischeinlage, *obara,* oder mit Hühnchen, *kurja obara,* werden gehaltvoller, wenn Nudeln *(rezanci)* oder die in vielen Variationen beliebten *ajdovi žganci* (s. u.) eingekocht werden. In der Pilzsaison serviert so gut wie jedes Lokal Suppe mit Pfifferlingen *(lisičke)* oder Steinpilzen *(jurčki),* verfeinert mit Sahne. Häufig gibt es auch Kartoffelsuppe *(krompirjeva juha)* oder Bohnensuppe *(fižolova juha).* Der Übergang zum Gemüseeintopf *enolončnica,* in dem alles verkocht wird, was der Küchengarten hergibt, ist fließend. Häufig wird er mit Graupen angedickt. Ein beliebter Eintopf auf den Speisekarten der küstennahen Regionen ist die aus Rauchfleisch, Kraut und Bohnen komponierte *jota.*

Beliebteste kalte Vorspeise ist der in der Burja luftgetrocknete Schinken aus Istrien, *pršut,* serviert mit Oliven. Dazu gibt es in ländlichen Gaststätten deftige Wurst *(klobasa)* aus der hauseigenen Schlachterei und eine riesige Haube *zaseka.* Diese besteht aus gemahlenem rohen Speck, der mit Rauchfleisch eingepökelt wird.

Štruklji, Strudel, fungiert in Slowenien nicht nur als süßer Nachtisch, sondern mit unterschiedlichsten Füllungen auch als Vorspeise oder Beilage zum Hauptgericht. Mit Fleisch, Griebenfett oder *pehtran* (Estragon) verfeinert wird der Strudel gekocht und als Entrée serviert. Der Teig der *ajdovi štruklji* wird aus Buchweizenmehl geknetet und sieht gräulich aus. Lange Zeit war diese Arme-Leute-Speise nicht fein genug für die Gastronomie, heute gilt es fast schon als Gütesiegel, wenn ein Restaurant Buchweizenprodukte auf der Speisekarte führt.

Universelle Beilage

Vielfältig variierbar ist das Nationalgericht schlechthin, die *žganci,* im italienischen Einflussbereich Polenta genannt. Slowenische *žganci* werden aus Weizengries, Buchweizenmehl *(ajdovi žganci)* oder aus Mais *(polenta)* zu einem dicken Brei gekocht, der je nach Tageszeit mit Beilagen und Saucen verfeinert wird: Zum Frühstück isst man *žganci* mit Milch und Zucker, gelegentlich aber auch deftig mit ausgelassenem Griebenschmalz übergossen. Als Beilage werden *žganci* zu Wild- und Fleischgerichten oder zu ei-

Passen gut zusammen: aromatischer Käse und Landwein

ner aromatischen Pilzsause serviert. Auf ›Krainer Art‹ kommen sie mit Sauerkraut und *Kranjska klobasa,* Krainerwurst, auf den Tisch. Neben *žganci* sind Gnocci-ähnliche Klößchen aus Kartoffelteig und die um Idrija heimischen *žlikrofi,* Teigröllchen aus Weizenmehl, beliebte Beilagen.

Wild und Würste

Fleisch gab es früher in ländlichen Regionen nur an Festtagen; heute sind Hauptgerichte vor allem aus Schwein und Geflügel nicht mehr vom heimischen Herd wegzudenken. Schwein, Ferkel, Hühnchen und häufig auch Poularde *(puran)* werden zumeist als Braten serviert, während Rindfleisch nicht selten gekocht als Tafelspitz mit Gemüse und Salz- oder Röstkartoffeln auf den Speisekarten steht. Köstlich schmecken die Rindsrouladen zvitki, die als Spezialität von Gorenjska gelten. Im Herbst bereichert Wild die slowenische Küche. Über 20 slowenische Wurstarten soll es geben, und die heimische Küche kennt über 50 Variationen, Schweinefleisch zu verarbeiten! Obenan auf der Hitliste der Gemüsebeilagen steht Kraut: Im Sommer Weißkraut, *sladko zelje,* im Winter meist Sauerkraut, *kislo zelje.*

Weinbergschnecken, Fisch und Frösche

In den Weinbauregionen kommt manchmal ein tierischer Schädling der Rebenpflanzungen auf den Tisch: Weinbergschnecken. Obwohl sie als Delikatessen gelten, sind sie in Slowenien recht preiswert. Auch Frösche aus den Flussauen im Osten Sloweniens landen gelegentlich auf der Speisekarte, ebenso die inzwischen recht seltenen Flusskrebse.

Sloweniens Seen und Flüsse sind die Heimat von Forellen und Karpfen. Forellen werden meist bleu oder vom Grill und mit viel Knoblauch verfeinert serviert. Die wasserreiche Region um Bled und Bohinj ist ein wahres Forellenparadies. Berechnet werden die Fische nach Gewicht. Die Meeresfauna ist im Vergleich zum Artenreichtum der süßen Gewässer recht arm – kein Wunder bei der Dichte der Besiedlung und der großen Zahl von Häfen. Dafür gedeihen aber Miesmuscheln und Tintenfisch, in Slowenien *kalamari* genannt.

Süße Verführer

Wer nach so viel gehaltvoller Kost noch Platz im Magen hat, kann sich auf eine breite Palette köstlicher Süßspeisen stürzen, deren traditionelle Basis, *štruklji,* bereits beschrieben wurde. Nach den Hauptspeisen kommen sie süß und gefüllt mit Quark *(skuta),* Mohn *(mak),* Äpfeln *(jabolke)* oder Nüssen *(orehi)* auf den Tisch. Ein Hochgenuss ist die *gibanica,* die im Nordwesten beheimatet ist: Der Strudelteig wird in mehreren Lagen übereinander geschichtet und mit all den oben beschriebenen Füllungen bestrichen. Ihr Pendant im übrigen Slowenien ist die *potica,* die meist mit Nüssen gefüllt wird.

Koline

An den Schlachttagen im Herbst verwandeln sich die Bauernhöfe in improvisierte Gasthäuser, zu denen man pilgert, um *koline* zu essen. *Koline* umfasst alle Schlachterzeugnisse, vom Fleisch über Innereien bis zu den vielfältigsten Würsten.

Der Bienenzuchttradition entspringt eine der ältesten slowenischen Süßigkeiten, die man heute aber nur noch selten bekommt: Lebzelten, *medeno pecivo.* Beheimatet sind die meist herzförmig gebackenen Kuchen aus Honigteig, der stark mit Zimt und Pfeffer gewürzt wird, im mittleren Slowenien.

Kaffee und Schnaps

Abschluss eines gehaltvollen Essens bildet der türkische Kaffee *(turška kava),* zu dem man gerne einen Schnaps kippt. Am berühmtesten ist natürlich der aus Pflaumen gebrannte Slivovitz *(slivovka).* Der beste Slivovitz Sloweniens wird angeblich von den Kartäusermönchen des Klosters Pleterje östlich von Novo Mesto gebrannt; sie stellen auch einen herben Birnenschnaps *(Pleterska hruška)* her. Gute Tresterschnäpse, *loza* oder *tropinovec* genannt, kommen aus den Weinbauregionen.

SLOWENISCHE WEINE – KLEINE WEINKUNDE

Vor dem Zweiten Weltkrieg galten Sloweniens Weine, vor allem jene aus der Region Ljutomer/Jeruzalem, als hervorragende Tropfen. In der jugoslawischen Epoche ist vom guten Ruf wenig übrig geblieben, denn die heimischen Trauben wurden mit Trauben aus anderen Republiken Jugoslawiens zu billigem Tafelwein verpanscht. Seit der Unabhängigkeit sind Sloweniens Winzer nun mit aller Kraft bemüht, dem schlechten Ruf ihrer Tropfen entgegenzusteuern. Mit zahlreichen internationalen Auszeichnungen wurden sie für die Mühe belohnt.

Slowenien besitzt drei große Weinbaugebiete: das an Italien und Adria grenzende Karstland Primorska, das südlich der Save in Doljenska gelegene Posavje und die nördlich davon angesiedelte Region Podravje, die im Osten fast bis nach Ungarn reicht. Die meisten Winzer sind in örtlichen Weinbaugenossenschaften zusammengeschlossen (VINAG Koper, VINAG Maribor) und lassen ihre Trauben in den zentralen Weinkellern pressen. Einige große Unternehmer verkaufen edle Sorten unter eigenem Namen und Etikett. Zu diesen Markenweinen gesellen sich unzählige heimische Weine (domače), die von den kleinen Weinbauern für den Eigenbedarf produziert oder an nahe Gaststätten und Restaurants verkauft werden. In den ›Buschenschänken‹, die nach der Traubenernte in den Weinhügeln ihre Pforten öffnen, gibt es jedes Jahr den ersten jungen Wein zu verkosten. Allgemein kann man sich folgende Regel merken: Aus dem Karst kommen hervorragende Rotweine, während weiße Sorten in den östlich von Ljubljana liegenden Regionen gekeltert werden.

Teran, Refošk und Merlot stammen aus den Weinbaugebieten Koper und Kras (Karst, Kellerei in Sežana). Es sind schwere Weine, genährt von der Fruchtbarkeit der roten Erde, die sich hervorragend mit dem Schinken pršut vertragen. Nur im Norden der Primorska werden auch weiße Tropfen wie Rebula, Malvasier und Tokaj gekeltert: Ihr Zentrum ist der Weinkeller von Goriška Brda, wo auch ein hervorragender Pinot blanc und gris der Vollkommenheit entgegenreift. Aus dem Vipava-Tal (Weinkeller Vipava) kommt neben den oben beschriebenen Sorten auch der elegante, weiße Vipavec.

Dolenjska, das ehemalige Unterkrain, produziert hervorragende Weißweine wie Sauvignon, Chardonnay und den weit über die Grenzen der Region berühmten Cviček. Vor allem in den Klöstern wie der Kartause Pleterje widmen sich die Mönche der Pflege dieses stark säurehaltigen Weines. Bela Krajina ganz im Süden der Podsavje-Region hat sich einen guten Namen mit der Aufzucht von Trauben für Eiswein gemacht. Daneben gedeiht auch ein hervorragender Welschriesling (Weinkeller Metlika).

Podravje produziert unbestritten die Spitzenreiter unter den slowenischen Weinen. Im historischen Weinkeller von Maribor werden die edlen Sorten aus dem nordwestlichen Teil der Region gelagert: Welsch- und Rheinriesling, Grüner Sylvaner, Sauvignon, Pinot blanc und gris sind in sehr guten Qualitäten vertreten. Aus mehreren Rebsorten mischt die VINAG Maribor einen der beliebtesten Tafelweine dieser Gegend, den weißen Mariborčan, der leicht und kühl an Sommertagen am besten schmeckt. Ljutomer ist das Weinbauzentrum von Prekmurje und Ormoške gorice: Mit dem Lendavčan besitzt es einen sehr geschätzten Weißwein, Ljutomerčan heißt ein weiterer, angenehmer (weißer) Tropfen aus der Umgebung. Ormož ist mit seiner Weinkellerei der Tempel der slowenischen Winzer, zumindest, was Weißweine betrifft. Preisgekrönt präsentieren sich die meisten der bereits oben beschriebenen Sorten. Eine Spezialität der Ormožer sind Spätlesen, Trockenbeerenauslesen und Eiswein.

Weinstraßen führen in allen Weinbauregionen zu Winzern und Kellereien, in denen der Gast die heimischen Tropfen verkosten kann und dazu einen kleinen Imbiss serviert bekommt. Fast alle Weinkellereien kann man nach Voranmeldung besichtigen, die Weine verkosten und preiswert kaufen. Besonders eindrucksvoll sind die alten Kellergewölbe von Maribor (s. S. 182), wo auch der älteste Weinstock Europas wächst und jeden Herbst zeremoniell vom Bürgermeister der Stadt abgeerntet wird. In vielen Orten haben Weinhandlungen, *vinoteka,* eröffnet, die unabhängig von den großen Kellereien auch Weine gekeltert, die von kleinen, exklusiven Winzern verkauft werden. Dort wird der Kunde natürlich auch umfassender und besser beraten als in den Großkellereien. Die Preise für gute Tropfen aus Slowenien sind wegen der geringen Produktionsmengen gemessen an den Lebenshaltungskosten im Land erstaunlich hoch und das Preis-Leistungs-Verhältnis ist nicht immer gegeben. Umso wichtiger ist es, sich beim Einkauf beraten zu lassen.

Die besten slowenischen Weine kommen aus der Region Podravje

Tipps für Ihren Urlaub

Paragliding – eine der vielen Sportmöglichkeiten in den slowenischen Alpen

URLAUBSZIEL SLOWENIEN

Pauschal oder individuell?

Slowenien ist ein ideales Reiseziel für Individualisten. Die Infrastruktur ist hervorragend, es gibt je nach Wunsch fast überall preiswerte, aber auch teure Komfortunterkünfte und wer in Privatzimmern nächtigt, kommt so auch in intensiven Kontakt mit den Slowenen. In der Hochsaison im Sommer und während der Winterferien (Weihnachten/Neujahr) kann es allerdings zu Engpässen kommen; dann empfiehlt es sich, rechtzeitig zu reservieren oder eines der Pauschalangebote deutscher Veranstalter zu buchen. Diese bieten zumeist Hotels am Meer (Portorož) und in den Wintersportgebieten Bled und Kranjska Gora an.

Vielseitiges Slowenien

Slowenien ist ein kleines Land mit vielseitigem Angebot: Sport und Wandern in den Alpen, Erholung und lange Disconächte am Meer oder an den Alpenseen, faszinierende Kulturdenkmäler in den Metropolen, aber auch in verschlafenen Dörfern, nostalgische Kurbäder und eine vitale Kunstszene – all dies findet der Reisende auf engstem Raum. Langeweile kommt in Slowenien nicht auf – eher schon das Problem, die richtige Entscheidung zu treffen.

Islandponys

In Studor, nahe beim See von Bohinj, kann man auf der Ranch Mrcina auf Islandponys reiten. Die Tiere sind ideal für Anfänger und Kinder. Wer schon sicher im Sattel sitzt, nimmt an einem geführten Reittrekking durch den Triglav-Nationalpark teil (s. S. 102ff.).

Seen und Meer

Sloweniens schönste Strände liegen nicht am Meer sondern an den glasklaren Alpenseen, am Blejsko jezero, dem See von Bled, oder dem nahen See von Bohinj zum Beispiel. Während sich das Wasser des fast kreisrunden Bleder Sees schon im Juni auf angenehme Temperaturen erwärmt, muss man in Bohinj bis Juli warten. Dann aber gibt's kein Halten mehr, das Wasser ist türkis und klar und die Strände mit feinem Kies selten überlaufen. Die knapp 46 km lange Adriaküste ist felsig; in Portorož wurde dieser natürliche ›Makel‹ mittels aufgeschüttetem Sand bereinigt, was das Meer alledings sehr trübe macht. Eine hübsche Bademöglichkeit mit ins Wasser führenden Stegen und schattigen Kiefern bildet die Bucht von Strunjan.

Trubel

Für Unterhaltung und Action sorgen die Fremdenverkehrsämter der Küstenorte Portorož, Piran, Izola, Koper und Ankaran in den Monaten Juli und August mit Fischerfesten und Wahlen von Schönheitsköniginnen, mit Song-Contests und Abenden klassischer Musik. Discotheken und Freiluftbühnen machen in dieser Zeit die Nacht zum Tage. Ähnlich lebhaft geht's auch in anderen touristischen Orten wie Bled oder Kranjska Gora zu.

Ruhe und Natur

Die Einsamkeit der majestätischen Gebirgslandschaften locken Wanderer und Radfahrer fast überall in Slowenien – sei es in den Alpen, im Pohorje-Gebirge oder im Karst. An den Wochenenden und im Juli/August können allerdings einige besonders beliebten Ziele durch einheimische und fremde Naturfreunde überlaufen sein. Generell sind der Norden und Westen Sloweniens, also das Gebiet des Triglav-Nationalparkes und die Küste, weitaus stärker besucht als der Süden (Krka und Novo Mesto) und der Osten (Štajerska).

Städtisches Leben und Kultur

In den beiden Großstädten Ljubljana und Maribor wird ein breites Kulturprogramm angeboten; Oper und Philharmonie von Ljubljana haben einen hohen Standard und begeistern mit ihren Aufführungen nicht nur das einheimische Publikum. Kunstausstellungen wie die Grafik-Biennale in Ljubljana und Kulturevents wie das Festival Lent in Maribor finden auch international Beachtung. Beide Städte haben jungen Besuchern eine rege Kneipen- und Discoszene zu bieten. Auch das Shopping-Angebot ist hervorragend: Neben den Ketten internationaler Unternehmen haben sich in Sachen Mode und Schmuck vor allem in Ljubljana vielversprechende junge Talente mit eigenen Boutiquen etabliert.

Urlaub mit Kindern

Slowenien ist dank der Vielfalt von Freizeitaktivitäten ein ideales Reiseland für Familien mit Kindern. Tropfsteinhöhlen besichtigen, durch Schluchten wandern, Bootfahren, Schwimmen, Reiten, Kutschenfahren – in so gut wie jedem Ort kann man mit Kindern spannende Dinge unternehmen. Die Menschen sind ausgesprochen kinderfreundlich, in Restaurants werden spezielle Kinderteller serviert, in den Hotels sind die Kleinen gern gesehene Gäste.

Sportliche Aktivitäten

Angeln und Jagen

Die kleinen Karst- und Gebirgsflüsse mit ihrem Fischreichtum (vor allem Forellen) sind ein wahres Anglerparadies. Den Angelschein kann man vor Ort entweder über das Tourismusbüro oder bei den großen Hotels erwerben. Generelle Informationen gibt Zavod za Ribištvo, Župančičeva ul. 9, 1000 Ljubljana, Tel. 01/2 44 34 00, Fax 2 44 34 05, zzrs-info@sid.net. Fliegenfischer tummeln sich mit Vorliebe in der Region Bled und Bohinj. Die Lovska zvesa (sel-

Auf der Hochstraße zum Vršič-Pass

be Adresse wie Fischereiinstitut, Tel. 01/2 41 09 10, Fax 2 41 09 26, lzs@lovska-zveza.si) informiert über die Jagdbedingungen und stellt Jagdscheine aus. Gejagt werden u. a. auch Bären, um die Population im Gleichgewicht zu halten (s. auch S. 21).

Golf

Der Grüne Sport wird intensiv gepflegt. Besonders interessante Plätze liegen bei Lipica, Bled, beim Schlosshotel Mokrice (Dolenjska) und in der Nähe des Arboretums Volčji potok bei Kamnik.

Höhlenforschung

Unter dem Karstboden liegt ein Land der unbegrenzten Möglichkeiten: ob mit Besichtigungsgruppen, mit einem individuellen Höhlenführer, zu Fuß, per Schlauchboot oder kletternd – jeder kann seinem Hobby und Interesse entsprechend in die Unterwelt eindringen. Von den etwa 6700 Höhlen sind knapp 20 der Öffentlichkeit zugänglich gemacht worden – im Zuge des aufblühenden Tourismus werden sicherlich noch weitere dazukommen. Nähere Informationen unter den jeweiligen Höhlen- und Ortsbeschreibungen sowie unter www.postojna-cave.com.

Kuren

Sloweniens Heilbäder haben Tradition, besonders viele gibt es in Dolenjska und Štajerska, wo bereits römische Junker die Wohltaten der heilenden Wasser genossen. Neben den medizinischen Anwendungen haben sich Sloweniens Kurorte natürlich den Trends der Zeit geöffnet und bieten alles an, was unter dem Schlagwort ›Wellness‹ zusammengefasst wird: Thalasso-Therapie und Ayurveda, Yoga-Kurse und Aerobic, Kosmetik und Fasten. Das Fremdenverkehrsamt hat einen eigenen Prospekt zum Thema Heilbäder herausgebracht. Ausführlich vorgestellt werden die Thermalbäder auf der Website des slowenischen Tourismusverbandes, www.slovenia-tourism.si, dann auf ›Thermen‹ klicken.

Radfahren

Fahrradfahrer finden in Slowenien wunderschöne Radstrecken, und weil die Entfernungen zwischen den Orten sehr gering sind, kann man das Land wirklich hervorragend mit dem Drahtesel bereisen. Der einzige Nachteil ist der waghalsige Fahrstil der slowenischen Autofahrer – deshalb ist von Touren auf den Hauptstraßen unbedingt abzuraten.

In deutscher Sprache ist im Kettler Verlag ein Radwanderführer für Slowenien erschienen (Slowenien per Rad).

Reiten

Die Heimat der Lipizzaner bietet Freunden des Reitsports vielfältige Möglichkeiten. Abgesehen von Lipica gibt es eine Vielzahl von Gestüten, Reitschulen und -Klubs. In den großen, unberührten Waldlandschaften kann man auch mehrtägige Pferdetrekkingtouren unternehmen (s. beispielsweise Reiterhof Ranch Mrcina, S. 117).

Skifahren

Auch hier hat sich in den letzten Jahren viel getan, denn die Skigebiete entsprachen noch Anfang der 1990er Jahre nicht unbedingt den Anforderungen, die man heutzutage an einen modernen Skizirkus stellt. Hauptregionen sind Kranjska gora, Bohinj, Bovec und Pohorje; Infos gibt's unter www.slovenia-tourism.si.

Wandern und Klettern

Dass Slowenien mit dem Triglav-Nationalpark und den unberührten Berg- und Waldgebieten ein **Wanderrevier** par excellence ist, versteht sich von selbst. In den touristischen Zentren (Bled, Bohinj) gibt es genaue Wanderkarten und auch deutschsprachige Wanderführer zu kaufen. Wanderer sollten in den Julischen Alpen stets auf Wetterumschwünge und Regen vorbereitet sein und sich vor längeren Touren bei Einheimischen über die Wetterbedingungen informieren. Als beste Wanderzeit gelten hier spätes Frühjahr und Frühsommer. Auch an anspruchsvollen **Klettertouren** herrscht in Slowenien

Wandertipp

Von den Autoren dieses Reise-Taschenbuches ist im Frühjahr 2003 der Führer DuMont aktiv: ›Wandern in Slowenien‹ mit den 35 schönsten Wandertouren durch die slowenische Gebirgs- und Karstwelt erschienen.

SLOWENIEN EXTREM

Vor allem die jungen Slowenen nehmen leidenschaftlich jeden neuen Trend des Sport-Universums auf; Informationen und Links zu Extremsportarten und Anbietern finden sich unter www.matkurja.com/eng/resources/entertainment/sports/extreme/ (meist leider nur slowenische Seiten). Abenteuerlustige Naturen können sich unter anderem bei folgenden Extremsportarten austoben:

Canyoning

Der Fun-Sport hat Sloweniens Wildbäche und Schluchten erobert. Vor allem um Bled und Bohinj tummeln sich zahlreiche Veranstalter, die ihre Gruppen in Neoprenanzügen durch das eiskalte Wasser klettern, springen und treiben lassen.

Fallschirmspringen

Zentren für Fallschirm- und Tandemsprünge sind u. a. der Flughafen Portorož und Lesce bei Bled. Die Sicherheitsstandards sind gut, die Sprünge verglichen mit Deutschland sehr preiswert. Auskunft zu allen Flugsportfragen erteilt Letalska zveza Slovenije, Tržaška cesta 2, 1000 Ljubljana, Tel. 01/4 22 33 33, Fax 01/4 22 33 30, www.lzs-zveza.si.

Gleitschirmfliegen

In den Kamniške Alpe (Steiner Alpen) und in den Bergen um die Seen von Bled und Bohinj finden Paraglider hervorragende thermische Verhältnisse. Von den Absprungstellen um Bohinj sind Flüge bis hin zum Triglav-Massiv möglich. Diverse Vereine und Veranstalter bieten Tandem-Flüge an.

Eisklettern

Die slowenischen Eiskletterer belegen bei den Meisterschaften regelmäßig die vorderen Plätze – kein Wunder bei so viel Trainingsmöglichkeiten! In den Wintersportorten Kranjska Gora, Bled, am See von Bohinj und in Bovec werden Klettertouren für Einsteiger angeboten. Profis informieren sich bei den örtlichen Fremdenverkehrsämtern oder im Internet unter www.julien-mountain.com/frameset.htm über die beliebtesten Kletterrouten in Slowenien, darunter der ›Lucifer‹ bei Martuljek (Kranjska Gora, Schwierigkeitsgrad 4-5) und der Koritnica-Fall am Berg Rombon (4+).

Freeclimbing

Freeclimber aus aller Welt pilgern zu der angeblich schwierigsten Wand Europas über dem Dörfchen Osp im slowenischen Karst. Dort betreibt Drago Vovk einen Campingplatz, der als Info- und Kontaktbörse dient (s.S. 157). Informationen zum Freeclimbing finden sich unter www.slo-climbing.com, allerdings nur in slowenischer Sprache.

Caving

Caving ist natürlich mehr als nur Höhlenbesichtigung. Mit Seilen, Sicherung und Stirnlampe werden unbekannte Höhlensysteme erforscht und bekannte, aber nicht touristisch ausgebaute, begangen. Ganz Waghalsige gegehen in den Höhlenseen zum Tauchen! Anlaufpunkt in Slowenien ist der Späologenverband SPEGU (E-Mail: franc.maleckar@guest.arnes.si) oder der Campingplatz in Laze bei Postojna (www.speleocamp.com).

Bungee Jumping

55 m hoch schwingt sich die Solkan-Brücke über den Wildfluss Soča bei Nova Gorica, und wer ausreichend Vertrauen in die Stabilität des Sprungseiles hat, kann sich an diesem von der Brücke in die Schlucht hinabstürzen. Bungee-Sprünge organisieren verschiedene Unternehmen; englischsprachige Infos finden sich unter www.toprafting.info/.

Gut markierte Wege laden zum Wandern ein

kein Mangel. Im Triglav-Nationalpark, in den Kamniške Alpe, aber auch an Felswänden von Höhlen oder an Flüssen (Kolpa) wird geklettert.

Wassersport

Bei dem trüben Wasser der Adria ist **Tauchen** kein vielversprechender Sport. Besonders Wagemutige unternehmen Tauchgänge in Höhlengewässern (z. B. am Divjo jezero bei Idrija). Dafür macht das **Segeln** umso mehr Spaß: An dem kurzen Stückchen slowenischer Adria liegen mehrere gut ausgestattete Jachthäfen. Man kann auch organisierte Törns unternehmen oder entlang der istrischen Küste in das landschaftlich interessante Dalmatien segeln.

Wildwasser hat Slowenien im Überfluss, aber auch Wasserwanderer kommen an den ruhigeren Strecken beispielsweise der Krka und Kolpa auf ihre Kosten. Detailliert beschriebene **Kanustrecken** enthält der vom Deutschen Kanuverband herausgegebene, allerdings schon recht alte Kanuwanderführer ›Südosteuropa‹. Unerfahrene Kanuten können sich von Veranstaltern geführten Touren anschließen, die in allen Fremdenverkehrsorten angeboten werden. Sloweniens **Raftingparadies** liegt im Soča-Tal, wo sich alle Wassersportler tummeln, die es schnell und nass mögen. Dort wie auch in der Region Bled/Bohinj kann man organisierte Raftingtouren buchen.

Wann ist die beste Reisezeit?

In Slowenien ist das ganze Jahr über Saison. Im Winter finden Alpinski- und Schlittenfahrer ideale Bedingungen vor und auf den Hochebenen sind nicht nur die Weltchampions auf den Loipen unterwegs. Im Hochsommer locken Seen, Meer und das Hochgebirge. Die schönsten Jahreszeiten für Wanderer und Radfahrer sind Frühjahr und Herbst. In den Urlaubsmonaten Juli/August sind alle Ferienorte überlaufen; dann sollte man die Unterkunft unbedingt rechtzeitig reservieren.

Was kommt in den Koffer?

Was man mitnimmt, wird von den Aktivitäten bestimmt, die man vorhat. Im Sommer benötigt man auf alle Fälle leichte Kleidung, bewegt man sich doch südlich der Alpen. Doch kann die Burja auch sehr kalt und kräftig wehen, so dass auch Pullover und Windjacke zum Reisegepäck gehören. Sonnenschutz ist selbstverständlich und auch für kleinere Spaziergänge im Karst sind fest Wanderschuhe sehr hilfreich. Regenzeug ist im Gebirge das ganze Jahr über sinnvoll.

Die wilde Soča lockt Kajakfahrer aus aller Welt

UNTERWEGS IN SLOWENIEN

Ein Leitfaden für Ihre Slowenien-Reise mit vielen Tipps für unterwegs.

Anschauliche Beschreibungen von Städten und Dörfern, lanschaftlichen Sehenswürdigkeiten, Stränden und Ausflugszielen.

Slowenien erleben: Ausgesuchte Hotels, Pensionen und Restaurants, Sport und Freizeitvergnügen.

Logar-Tal in den Steiner Alpen

Ljubljana und der Nordosten

Ljubljana, Dreiflüssebrunnen mit Dom

Slowenien-Atlas S. 233, 234

LJUBLJANA UND UMGEBUNG

Alt und Neu finden in Sloweniens Hauptstadt fast beiläufig zusammen: Ljubljana ist Motor für Kultur, Bildung und Wirtschaft; geprägt von vielen jungen Studenten, aber auch von den Bäuerinnen, die ihre Produkte an den Marktständen präsentieren. Gestaltet hat sie Jože Plečnik, Sloweniens bedeutendster Architekt.

Ljubljana/Laibach

Slowenien-Atlas: S. 233, E 4

Die Wirtschafts- und Universitätsmetropole mit etwa 300 000 Einwohnern hat wenig Großstädtisches, sondern vermittelt eher die Stimmung einer etwas aus den Fugen geratenen Kleinstadt. Der Kern zwischen Ljubljanica und Burgberg mit seinen herrlichen Barockhäusern, den vielen Straßencafés und schicken Läden wird vor allem während des Semesters belebt, wenn 25 000 Studenten seine Beschaulichkeit mit jugendlichem Elan und modischem Auftritt bevölkern. Während der Semesterferien in den Sommermonaten, in denen viele Ljubljančani ihre *vikend*-Häuschen (von Weekend) an der Küste beziehen, wirkt Ljubljana ausgestorben.

Die besten Monate für einen Besuch Ljubljanas sind Frühjahr und Frühsommer. Dann ist auch das weiche, mediterrane Licht am intensivsten. Doch an etwa 120 Tagen im Jahr macht sich in Ljubljana Nebel breit; der mediterrane Zauber ist in der Stadt dann kaum noch zu erahnen.

Vom Pfahldorf zur Hauptstadt Sloweniens

Die Nebel verdankt Ljubljana dem sumpfigen Becken, das zwar weitgehend trocken gelegt wurde, aber nach wie vor deutlich feuchter ist als andere slowenische Regionen. Hier lebten die ersten Bewohner in Pfahlbauten, als 15 v. Chr. römische Eroberer in Emona, so der damalige Name Ljubljanas, einzogen und eine nach römischen Bautraditionen konzipierte Stadt mit Forum, Insulae und dem Decumanus maximus anlegten. Nach Zusammenbruch des Römischen Reiches verblieben die römischen Bürger in Julia Emona, mussten im 6. Jh. aber vor den Hunnen flüchten und wählten Istrien zur neuen Heimat. Ab dem 7. Jh. sind slawische Siedler in der Region bezeugt, und 1144 wird Ljubljana erstmals unter dem Namen Laibach in schriftlichen Quellen erwähnt. Im Jahre 1335 geriet Laibach unter habsburgische Oberhoheit und verblieb dort bis zur Ausrufung des jugoslawischen Königreichs 1918.

Unter den Habsburgern wurde Ljubljana zur Hauptstadt des ›Herzogthums

Krain‹, im napoleonischen Intermezzo Verwaltungszentrum der illyrischen Provinzen (1809–13), im jugoslawischen Königreich Hauptstadt Sloweniens. Im Zweiten Weltkrieg verlief östlich von Ljubljana die Grenze zwischen deutschem (Osten) und italienischem Einflussgebiet. 1941 wurde die Stadt von Italienern besetzt und ein Jahr später nach einem Aufstand mit einem 30 km langen Sicherungszaun und Gräben in ein einziges, riesiges Konzentrationslager verwandelt. Nach der italienischen Kapitulation zogen deutsche Truppen ein, am 9. Mai 1945 wurde Ljubljana schließlich befreit. Seit der slowenischen Unabhängigkeit 1991 ist Ljubljana Hauptstadt der Republik Slowenien, Verwaltungssitz aller bedeutenden Institutionen und Bankinstitute und industrielles Zentrum des kleinen Landes.

Zwischen Burgberg und Ljubljanica

Vom Burgberg über dem barocken Altstadtkern hat der Besucher einen schönen Ausblick auf die slowenische Hauptstadt. Zu Füßen der **Burg** 1 drängen sich in einem schmalen Bogen die Gassen und Häuser der Altstadt zwischen Berg und Ljubljanica, jenseits des Flusses beherrscht das übersichtliche und großzügige Straßenraster der von Fabiani (s. Kasten S. 78f.) konzipierten neueren Stadtviertel mit zahlreichen Hochhäusern das Panorama. Die Ringstraße *Tivolska cesta* bildet eine breite Schneise zu den Neubauvierteln, die vor allem in den 60er und 70er Jahren des 20. Jh. errichtet wurden. Auf den ersten Blick sieht man, dass Ljubljana nicht nur eine Stadt verschiedenster architektonischer Stile, sondern auch eine sehr grüne Metropole ist. Die Rasen- und Waldflächen des Burgbergs finden ihre Entsprechung im Nordwesten im großen *Tivolipark,* dazwischen leuchten viele kleine Parkanlagen und Grünflächen aus dem Häusermeer empor.

Die Burg erhielt ihr heutiges Aussehen nach dem Erdbeben von 1511, davor stand auf dem Burgberg bereits eine prähistorische Siedlung, später unter römischer Herrschaft ein Wachtturm, der in späteren Jahrhunderten mit einer Wehrmauer gesichert wurde. Heute ist in einem Flügel der Burg ein wirklich einmaliges **virtuelles Museum** untergebracht, das die historische Entwicklung Ljubljanas dokumentiert. Besucher können bei einer 20-minütigen Führung oder aber auch selbst interaktiv durch Ljubljana schlendern und sich die Entwicklung der Stadt durch die Jahrhunderte ansehen (Öffnungszeiten im Winter tgl. 10–19 Uhr, im Sommer 10–21 Uhr, Tel. 01/2 32 99 94, www.festival-lj.si/virtualnimuzej). Zahlreiche Konzerte und Veranstaltungen des Sommerfestivals werden heute in der Burg und im Innenhof abgehalten.

Vom Burgberg führt ein Fußpfad hinunter in die Altstadt und erreicht über die *Reber ul.* und die Straße *Stari trg* den **Levstikov trg** mit dem spätbarocken **Palais Gruber** 2 (1770), dessen ovales, mit reichen Stukkaturen geschmücktes Treppenhaus zu besichtigen ist. Der Wiener Architekt *Gabriel Gruber* entwarf das Palais, machte sich aber besonders um Ljubljanas sumpfi-

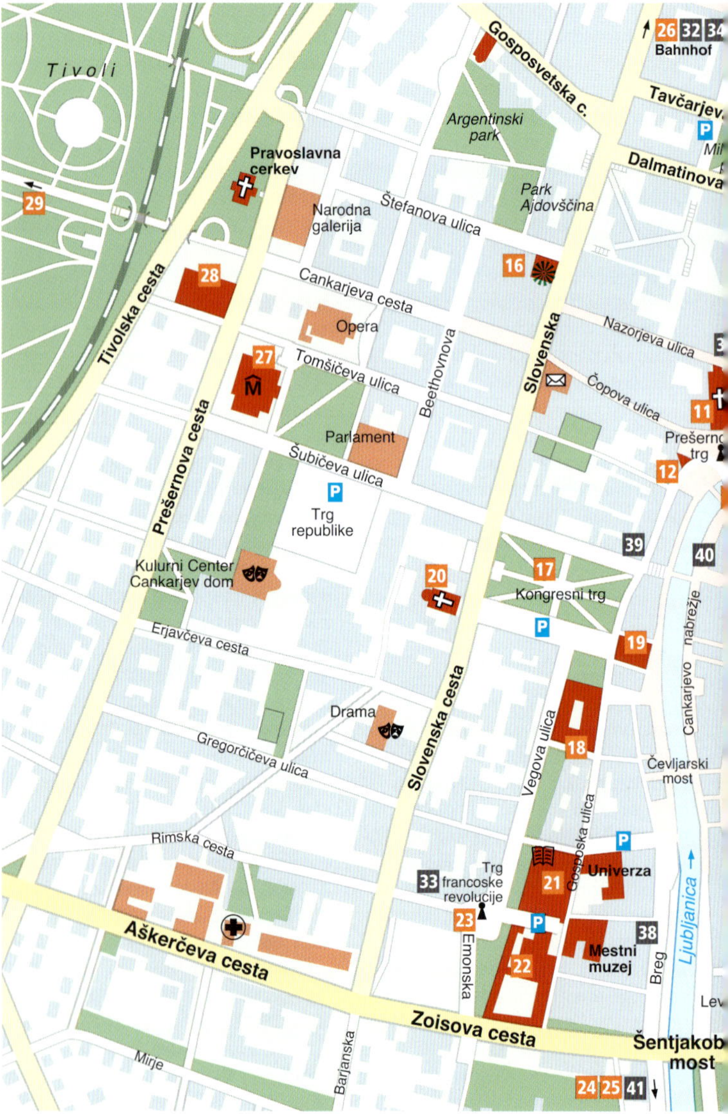

Tivoli
29
Pravoslavna cerkev
Narodna galerija
Gosposvetska c.
Argentinski park
Park Ajdovščina
Štefanova ulica
26 32 34
Bahnhof
Tavčarjeva
Dalmatinova
16
28
Tivolska cesta
Cankarjeva cesta
Opera
27
Tomšičeva ulica
Beethovnova
Slovenska
Nazorjeva ulica
Čopova ulica
11
Prešerno trg
12
Parlament
Šubičeva ulica
Prešernova cesta
Trg republike
39
40
Kulurni Center Cankarjev dom
20
17
Kongresni trg
19
Erjavčeva cesta
Drama
Slovenska cesta
Vegova ulica
18
Cankarjevo nabrežje
Čevljarski most
Gregorčičeva ulica
Rimska cesta
Gosposka ulica
Univerza
21
33
Trg francoske revolucije
23
Emonska
22
38
Mestni muzej
Breg
Ljubljanica
Aškerčeva cesta
Zoisova cesta
Šentjakob most
Barjanska
Mirje
24 25 41

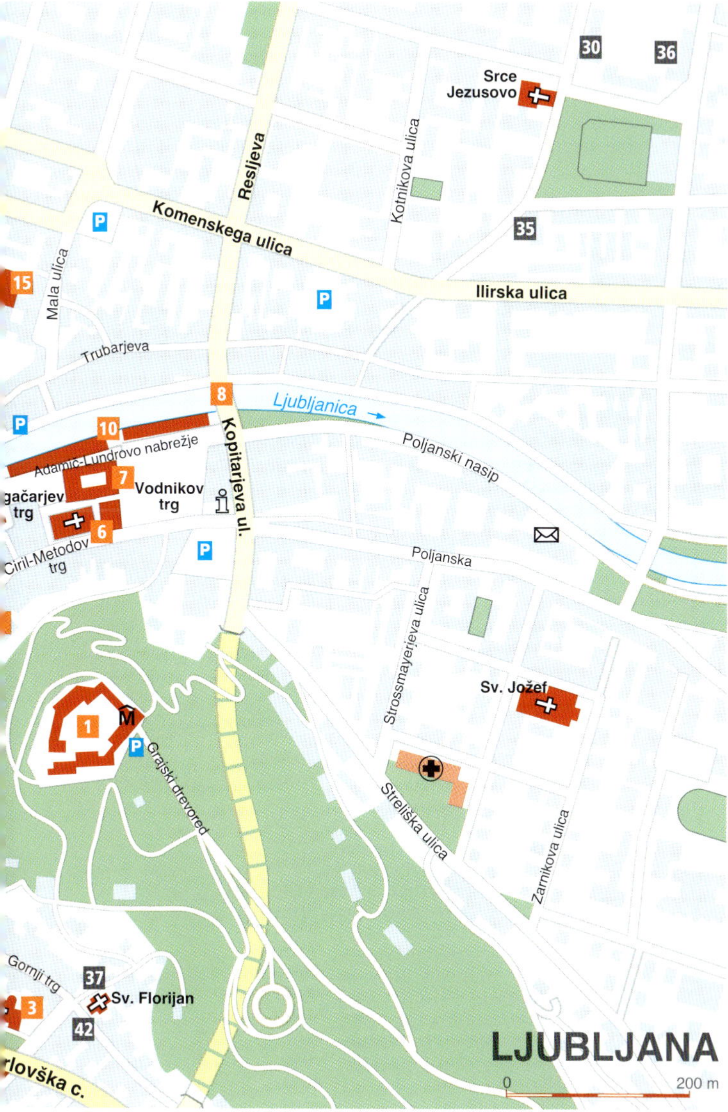
30
36
Srce Jezusovo
Resljeva
Kotnikova ulica
Komenskega ulica
35
Ilirska ulica
Mala ulica
15
Trubarjeva
8
Ljubljanica
10
Kopitarjeva ul.
Adamič-Lundrovo nabrežje
Poljanski nasip
7
Vodnikov trg
gačarjev trg
6
Ciril-Metodov trg
Poljanska
Strossmayerjeva ulica
Sv. Jožef
1
Grajski drevored
Streliška ulica
Zarnikova ulica
Gornji trg
37
3
Sv. Florijan
42
lovška c.
LJUBLJANA
0
200 m

ge Umgebung verdient. Nach seinen Plänen wurde das Moor im Süden der Stadt trockengelegt. Gegenüber erhebt sich die äußerlich schlichte, im Inneren aber reich dekorierte, barocke **Jakobskirche** 3 vom Anfang des 17. Jh. 1732 schnitzte der italienischstämmige Künstler *Francesco Robba* den Hauptaltar. Das Kloster nebenan beherbergte lange Zeit Ljubljanas erstes Gymnasium. Den Mittelpunkt des Platzes bildet die **Mariensäule.** Sie wurde von den Bürgern Anfang des 17. Jh. gestiftet, nachdem das osmanische Heer seinen Versuch, Ljubljana zu erobern aufgegeben hatte und abgezogen war. *Jože Plečniks* Handschrift ist in der Gesamtkonzeption des Platzes mit seinen klaren Linien und den im Kreis gesetzten Steinkugeln deutlich zu erkennen; 1927 wurde *Levstikov trg* nach seinen Plänen umgestaltet.

Sehenswürdigkeiten

1 Burg Ljubljanski grad (Virtuelles Museum)
2 Palais Gruber
3 Jakobskirche und Mariensäule
4 Schweiger-Haus
5 Rathaus Rotovž und Barockbrunnen der Drei Flüsse
6 Dom und Bischofspalast
7 Priesterseminar
8 Drachenbrücke Zmajski most
9 Drei Brücken - Tromostovje
10 Markthallen Tržnica
11 Franziskanerkirche
12 Šmalčeva hiša
13 Kaufhaus ›Centromerkur‹
14 France Prešeren-Denkmal
15 Haus der Genossenschaftsbank
16 Nebotičnik
17 Kongressplatz Kongresni trg
18 Universitätspalast
19 Philharmonie
20 Ursulinenkirche
21 Universitätsbibliothek
22 Križanke
23 Illyrische Säule am Trg francoske revolucije
24 Trnovo-Brücke
25 Architekturmuseum
26 Friedhof Žale/ Plečniks Totenstadt
27 Narodni muzej
28 Moderna galerija
29 Schloss Tivoli (Internationales Zentrum grafischer Kunst)
30 Ethnographisches Museum

Übernachten

31 Grand Hotel Union
32 Domina Grand Media
33 Pri Maku
34 Pension-Restaurant Lieber
35 Park
36 Celica

Essen und Trinken

37 Pri Florijanu
38 Pri Vitezu
39 Bacchus
40 Zlata Ribica
41 Pri Škofu
42 Špajza

◁ Karte Seite 68/69

Stari und **Mestni trg** werden von gutbürgerlichen Häusern und Palazzi aus dem Barock gesäumt. Einige der dekorverliebten Fassaden zeigen auch die verspielte Leichtigkeit des Rokoko, so beispielsweise das **Schweiger-Haus** 4 (Nr. 11a), dessen Balkon ein kniender Atlant trägt. Er hält den Finger vor den Mund, als sollte er das figürliche Namensschild für den Palazzo des Herrn ›Schweiger‹ abgeben. Hier ist unbestritten Ljubljanas lebhafteste Ecke mit zahlreichen Cafés, Geschäften und Kneipen. Bei schönem Wetter stellen die Lokale Tische und Stühle hinaus auf den Gehsteig, und an lauen Sommerabenden promenieren Jung und Alt in einem richtig italienischen Corso die Straßen bzw. Plätze entlang.

Am Mestni trg steht das 1718 erbaute Rathaus **Rotovž** 5**,** ein Barockbau, der von *Gregor Maček* errichtet wurde. Ihm gegenüber schmückt der berühmte **Barockbrunnen der Drei Flüsse** den mit Mustern gepflasterten Stadtplatz. Francesco Robba, der in Ljubljana mit seinem leichten, italienisch inspirierten Barockstil zahlreiche Bauten verschönert hat, zeichnet für Entwurf und Ausführung verantwortlich. Die drei wasserspeienden Gestalten symbolisieren die drei wichtigsten Flüsse des Herzogtums Krain, die Sava, die Ljubljanica und die Krka.

Dom (*stolnica)* und **Bischofspalast** *(Škofijski dvorec)* 6 stammen beide in ihrer heutigen Gestalt aus dem barocken 17. Jh. Ein erstes Gotteshaus wurde bereits im 13. Jh. an dieser Stelle errichtet und dem hl. Nikolaus geweiht, der als Schutzpatron der Fischer und Bootsleute über das Wohlergehen der Stadt wachen sollte. Gotisches Schmuckwerk ist noch an der Außenfassade (Kapitell mit Christuskopf rechts vom Hausportal) und im Inneren (Pietà aus dem 15. Jh.) erhalten. Anlässlich des Papstbesuches in Ljubljana 1996 wurden von dem namhaften slowenischen Künstler *Tone Demšar* die Bronzetore geschaffen, die der Papst persönlich segnete, worauf man in Ljubljana sehr stolz ist. Im Kirchenraum begegnet man wieder einem Werk des genialen Francisco Robba (in der Seitenkapelle); Plečniks Handschrift ist im Chorgestühl sichtbar. Hinter dem Dom wurde im 18. Jh. das **Priesterseminar** 7 errichtet, dessen *Bibliothek* (s. hintere Umschlagklappe) leider nur nach Voranmeldung beim Fremdenverkehrsamt von Gruppen besichtigt werden kann. Der mit Holz getäfelte Raum, dessen Decke ein illusionistisches Fresko des Malers

Karst-Küche

Das Restaurant **Špajza** 42 am Gornji trg südlich der Burg gilt als Ljubljanas beste Adresse für die feine Küche des Karstes, die stark von italienischen Traditionen geprägt ist. Luftgetrockneter Schinken, *pršut,* Trüffel, *tartufi,* Gnocchi, *njoki* und der schwere Rotwein Refošk machen das Essen zu einem kulinarischen Fest. Gornji trg 28, Tel. 01/4 25 30 04.

Ljubljana, Blick über die Stadt zum Burgberg, links der Dom ▷

Die Drei Brücken über die Ljubljanica

Domenico Quaglio schmückt, beherbergt wertvolle alte Manuskripte und Bücher. Nur wenige Schritte sind es zum Ljubljanica-Ufer und der **Drachenbrücke Zmajski most** 8, die 1901 in elegantem Jugendstil entstand und von vier bronzenen Drachen, dem Wappentier Ljubljanas, bewacht wird.

Die schmalen Gassen, die von den drei Hauptstraßen bzw. Plätzen in Richtung Burgberg oder gegenüber zum Ljubljanica-Ufer führen, verraten durch ihre Namen die frühere Bestimmung: *Čevljarska ulica* war die Straße der Schuhmacher, in der *Krojaška ul.* arbeiteten die Schneider, und am *Ribni trg* wurde der Fischmarkt gehalten. Heute haben sich in den alten Läden schicke Boutiquen breitgemacht, doch lassen sich hier und da auch noch alte Handwerksbetriebe und Läden entdecken.

Prešeren-Platz und Križanke

Die berühmteste Brücke Ljubljanas **Tromostovje – Drei Brücken** 9 – ist eines der elegantesten Bauwerke des allgegenwärtigen Plečnik. Die alte, aus dem 19. Jh. stammende Brücke über die Ljubljanica umrahmte der Meister mit zwei zusätzlichen Brücken links und rechts und schmückte sie mit klassizistischen Säulen und Steinkugeln. Damit wollte er Ljubljana etwas vom venezianischen Flair wiedergeben, das die Stadt im 19. Jh. ausgezeichnet hatte. Die **Markthallen Tržnica** 10 auf der Altstadtseite der Ljubljanica realisierte der Architekt 1940–42 als Teil eines neuen Städtebauprojektes, dessen Vollendung der Zweite Weltkrieg mit der italienischen Besetzung nicht möglich machte. Was blieb, sind die steinernen, überdachten *Marktstände mit Kolonnaden,* die ihr antikes Vorbild kaum verleugnen können.

Der **Prešeren-Platz** (*Prešernov trg*) am anderen Ljubljanica-Ufer ist von Bauten verschiedener Epochen gesäumt: Die im 17. Jh. errichtete **Franziskanerkirche** 11 mit roséfarbener Fassade birgt mit dem Hauptaltar ein weiteres Meisterwerk Francesco Robbas. Schräg gegenüber erhebt sich die eigenartig schmale und hohe Fassade der **Šmalčeva hiša** 12 oder *ura* (Uhr), wie das Haus im Volksmund heißt, in schönstem Jugendstil. Ein weiteres Prunkstück des Jugendstils ist Ljubljanas ältestes **Kaufhaus ›Centromerkur‹** 13 in der *Urbančeva hiša.* 1903 wurde der erste Verkaufstempel eröffnet. Der aufmerksame Besucher kann Architekturdetails des Jugendstils im Inneren erkennen.

Sloweniens Nationaldichter **France Prešeren** 14 wird auf dem Platz mit einem *Bronzedenkmal* gewürdigt, das *Maks Fabiani* zusammen mit dem Bildhauer *Ivan Zajec* geschaffen hat. Der *Prešeren-Platz* ist ein sehr beliebter Treffpunkt der Jugend, die im Sommer mit Rollerblades und Skateboards ausgerüstet um den Dichter ihre Kreise dreht.

Sternförmig führen Einkaufs- und Geschäftsstraßen vom *Prešernov trg* in die City mit vielen schönen Beispielen der von Wiener Architekten importierten Jugendstilära wie dem mit bunten, graphischen Mustern geschmückten, ockerfarbenen **Haus der Genossenschaftsbank** 15 in der Miklošičeva cesta. Die **Slovenska cesta** ist die Hauptgeschäftsstraße der Innenstadt. Hier steht Ljubljanas erster ›Wolkenkratzer‹ **Nebotičnik** 16**,** der 1933 von einem Plečnik-Schüler gebaut wurde und sich mit seinen 70 m lange Zeit stolz als »höchstes Haus des Balkans« feiern ließ.

Der **Kongressplatz Kongresni trg** 17 ist ein Erbe der Franzosen. Die rechteckige Parkanlage mit sternförmig verlaufenden Wegen zeigt sich in bester gallischer Tradition, doch hat Jože Plečnik dafür gesorgt, dass das Ensemble mediterran verfremdet wurde, indem er die gepflanzten Kastanienbäume durch **Platanen** ersetzte. Den Park schmückt eine Kopie des ›*Bürgers von Emona*‹, einer hervorragend erhaltenen, römischen Bronzestatue, die im Stadtgebiet gefunden wurde und deren Original im Nationalmuseum

France-Prešeren-Denkmal

zu besichtigen ist. Aus römischer Zeit stammen auch die Überreste des nördlichen *Stadttores von Emona*. Ende des 19. Jh. wurde der **Universitätspalast** 18 errichtet, in dem heute die juristische Fakultät untergebracht ist. Im gleichen Zeitraum entstand die **Philharmonie** 19 anstelle eines älteren Theaters, in dem 1789 das erste slowenische Stück, eine Komödie Anton T. Linharts, aufgeführt wurde. Ein Prunkstück des Barock ist die **Ursulinenkirche** 20 (1718-26) mit einem von F. Robba gestalteten Hauptaltar, auf dem sich die allegorischen Gestalten von Glaube, Hoffnung und Liebe ein Stelldichein geben. Zurück zu Plečnik: Er schuf die Außentreppe der Kirche und ließ davor eine Barocksäule aus der Hand Robbas aufstellen, die ursprünglich aus Ajdovščina stammte.

Eines der herausragenden Baudenkmäler der Plečnik-Epoche ist die **Universitätsbibliothek** 21 (*Narodna knižnica*). In den Jahren 1936–41 wurde das Projekt realisiert, und an diesem Bau wird das Zusammenspiel antiker und kunsthandwerklicher Motive in der Arbeit Plečniks am deutlichsten. Ziegel und Karststein verbinden sich in der Gesamtwirkung zu einem ›Webteppich‹, der die mit Kolonnaden geschmückte Fassade umhüllt. Auch wenn sich dem unbefangenen Betrachter die symbolische Absicht nicht erschließt, ist die Wirkung des Baus doch außerordentlich. Noch eindrucksvoller wird es im Inneren: Durch ein düsteres, von grauen Marmorsäulen gesäumtes Treppenhaus schreitet der Besucher nach oben in lichtdurchflutete, kühle Räume – von der Dunkelheit, die den Nichtwissenden umfängt, ins Licht der Erkenntnis.

Auch bei den **Križanke** 22, dem ehemaligen *Kreuzherrenkloster,* ist die Handschrift des Meisters zu erkennen: Im Jahre 1230 wurde es als gotisches Ensemble erbaut und in den folgenden Epochen mehrmals im Stil der jeweiligen Zeit verändert. Jože Plečnik arbeitete hier vor allem an der Parkanlage. Das 1950–56 ausgeführte Projekt blieb sein letztes großes Bauvorhaben. Zentrales Anliegen Plečniks war es, das ungenutzte Kloster in ein Freilufttheater zu verwandeln; drei Höfe schmückte er mit *Arkadengängen* und ließ ein *Lapidarium* errichten. In den Križanke finden bei guter Witterung Theater- und Musikvorführungen statt.

Auf Plečniks Spuren

Plečnik ist in Ljubljana allgegenwärtig, manchmal auch nur in Details wie der 1929 errichteten **illyrischen Säule** am **Trg francoske revolucije** 23, dem Platz der Französischen Revolution. Sie erinnert an das kurze Intermezzo französischer Herrschaft über Slowenien. Die Jahre unter Napoleon wurden und werden in Slowenien als Initialzündung für das slowenische Nationalbewusstsein empfunden, deren Protagonisten die Ideen der französischen Revolution in der Heimat verwirklicht sehen wollten. Der Meister hatte Gespür für symbolische und spektakuläre Inszenierungen, zugleich aber lieferte er auch ganz praktische Arbeiten ab wie die Neugestaltung der Ljubljanica-Ufer: Kurz hinter der Mündung der Gradaščica führt die von Plečnik gestaltete **Trnovo-Brücke** 24 über das Flüsschen. Sie ist mit Pyramiden und Steinkugeln eigenwillig dekoriert und mit filigranen Weiden bepflanzt. Hinter der barocken *Trnovo-Kirche* verbirgt sich in der *Karunova ulica 4* das Haus, in dem der Architekt zwischen 1920 und 1957 lebte und das heute als **Architekturmuseum** 25 unterhalten wird. Interieur und Arbeitsmaterialien sind ausgestellt und vermitteln ein eindringliches Bild von dem tiefreligiösen Mann, der nicht nur stadtplanerisch tätig war, sondern auch zahlreiche Kirchen gebaut und Objekte für die Liturgie entworfen hat. Das Museum ist nur Dienstag und Donnerstag von 10–14 Uhr geöffnet.

Plečniks Totenstadt

In den nordöstlichen Randbezirken Ljubljanas gibt es ein weiteres Meisterwerk Jože Plečniks, den **Friedhof in Žale** 26: Weiß, kühl und zugleich sehr verspielt konzipierte Plečnik Friedhofskirche, Kapellen und Wege (zu erreichen über Tivolska oder Slovenska cesta und Dunajska nach Norden und in die Linhartova nach rechts).

Museen und Galerien

Im Gegensatz zum geschäftigen Zentrum Ljubljanas östlich der Slovenska cesta wirkt der westliche Innenstadtbereich mit seinen in Gärten eingebetteten Villen, Repräsentativ- und Verwaltungsbauten recht ruhig. Oper (1890 im Stil der Neo-Renaissance errichtet), Nationalgalerie und Parlament sind hier angesiedelt. An der *Prešernova cesta* befindet sich eines der wichtigsten Museen Sloweniens, das **Narodni muzej** 27 (Nationalmuseum) in einem 1885 fertig gestellten Monumentalbau der Neorenaissance. Es zeigt mehrere Sammlungen, wobei das eigentliche Nationalmuseum mit archäologischen Funden und kulturhistorischen Ausstellungsstücken sicherlich der interessanteste Teil ist: Hier sieht man die schönsten Fundstücke aus illyrischer Zeit *(Situla von Vače)* und Artefakte, die bei Grabungen im römischen Emona zutage gefördert wurden, darunter jenen bronzenen ›*Bürger von Emona*‹, dessen Kopie den Kongressplatz schmückt. Eine eigene Abteilung ist historischen Münzen gewidmet, unter anderem keltisches Geld. Im **Naturkundlichen Museum** können sich geologisch und zoologisch Interessierte über Gesteine, Flora und Fauna Sloweniens informieren (Muzejska cesta 1, Tel. 01/2 41 44 00, tgl. 10–18, am Do bis 20 Uhr).

Volkskunst

Am ehemaligen Kasernengelände im Nordosten der Innenstadt zeigt das moderne **Ethnographische Museum** 30 die ehemals im Nationalmuseum ausgestellten volkskundlichen Sammlungen und Sonderausstellungen zur slowenischen Volkskunst (Metelkova 2, Tel. 01/3 00 87 00, www.etno-muzej.si, tgl. 10–18 Uhr).

LJUBLJANAS ARCHITEKTUR: MAKS FABIANI UND JOŽE PLEČNIK

Die Baugeschichte Ljubljanas wurde durch zwei dramatische Erdbeben maßgeblich geprägt. Im Jahre 1511 legten Erdstöße einen Großteil der mittelalterlichen Bausubstanz in Schutt und Asche. Die Katastrophe öffnete den Weg für die Baumeister der Renaissance, deren Werke heute unter dem barockisierenden Wirken späterer Generationen allerdings kaum noch sichtbar sind. Die zweite Zäsur im Stadtbild löste ein Erdbeben im April 1895 aus. Die Stadtoberen luden namhafte Architekten ein, einen neuen Plan für das moderne Ljubljana zu entwerfen. Den Zuschlag für die Stadtplanung erhielt schließlich der aus dem slowenischen Karst stammende Maks Fabiani (s. S. 150). Er entwarf den gesamten Stadtbereich westlich der Ljubljanica neu, legte ein geradliniges Straßenraster an und ließ slowenische und österreichische Kollegen zahlreiche Repräsentativbauten, darunter das Hotel Union, errichten. Zwischen dem alten, barocken Ljubljana östlich des Flusses und dem neuen im Westen überspannte die ›Drachenbrücke‹ im schönsten Jugendstil die Ljubljanica.

Die Umgestaltung Ljubljanas wurde durch den Ausbruch des Ersten Weltkriegs jäh unterbrochen. Im Königreich der Slowenen, Kroaten und Serben übernahm dann in den 20er und 30er Jahren Jože Plečnik die Aufgabe, das von Fabiani begonnene Werk fortzuführen. Mit seiner eigenwilligen Formensprache setzte er dem neuen Ljubljana und zahlreichen Sakralbauten in den Dörfern der Umgebung einen eigenständigen und faszinierenden Stempel auf.

Plečnik wurde am 23. Januar 1872 in einem Vorort von Ljubljana geboren. Schon früh machte sich sein großes zeichnerisches Talent bemerkbar, doch der Vater, ein Möbelschreiner, bestand darauf, dass Jože den Familienbetrieb übernehmen und die entsprechende Ausbildung machen sollte. In der Handwerksschule in Graz machte der junge Plečnik 1888 erstmals Bekanntschaft mit Stadtplanung und Architektur; als Hilfskraft durfte er die Pläne für die neue ›Ringstraße‹ zeichnen.

Nach dem Tod des Vaters ging Plečnik 1892 nach Wien, wo er von Otto Wagner, einem Vorreiter der ›Wiener Sezession‹, als Schüler aufgenommen wurde. In seinen ersten Jahren widmete sich Plečnik vor allem innenarchitektonischen Projekten und entwarf Möbel; dieser Bereich seiner Arbeit sollte ihn bis zu seinem Tode immer wieder beschäftigen, nicht zuletzt, weil er eine sichere Geldquelle in den mageren Nachkriegszeiten darstellte.

Mit einem Lehrauftrag wurde der Architekt 1911 nach Prag berufen, wo er bei der Umgestaltung des Königsschlosses und Präsidentensitzes Hradschin endlich auch seine architektonischen Talente realisieren konnte. Die Leitlinien seiner Formensprache übernahm Plečnik von seinem großen Vorbild Gottfried Semper, dessen Forderung nach einer Rückbesinnung auf die Kraft archaischer antiker Architekturelemente er sich zu eigen machte. In fast allen seinen Arbeiten kehren Säulen, Kapitelle, Obelisken und Steinkugeln wieder. Mit einheimischen Materialien wie dem grauen Kalkstein aus dem Karst verkleidete er Fassaden in Mustern archaischer Webkunst, wie sie früher Tempel und Bauten in Hellas und Rom schmückten. Der Antike entlehnt mag auch der Anspruch sein, große Stadtbereiche mit ordnender Hand in Gesamtkunstwerke umzuwandeln, zu denen nicht nur Straßennetz und Architektur, sondern auch sorgfältig platzierte Grünanlagen gehörten. Im Gegensatz zu seinem Kollegen Maks Fabiani kümmerte sich Plečnik allerdings wenig um den tatsächlichen Lebensbereich der Menschen, die seine Kunstwerke bewohnen sollten – die Ästhetik stellte er über die Funktion.

1921 kehrte Plečnik nach Ljubljana zurück und übernahm die Professur an der Technischen Hochschule. Trotz seines internationalen Rufes wurde er in seiner Heimatstadt nur zögernd anerkannt. Ab dem Ende der 1920er Jahre verlagerte er sein Wirken aber endgültig von Prag nach Ljubljana, wo er 1957 starb. Trotz der unzähligen Bauten, die er Ljubljana und Slowenien hinterließ, geriet er schnell in Vergessenheit. Eine wahre Plečnik-Renaissance löste erst die umfassende Retrospektive seiner Arbeiten aus, die 1986 vom Centre Georges Pompidou in Paris ausgerichtet wurde. Seitdem herrscht auch in Slowenien eine wahre Plečnik-Euphorie.

Jože Plečniks Vision einer Totenstadt: Žale

Ein Meisterwerk Jože Plečniks: Friedhof in Žale, Eingangsbereich

Die **Moderna galerija** 28 (Museum für moderne Kunst) am Eingang zum Tivoli Park wurde vor dem Zweiten Weltkrieg begonnen und 1948 fertig gestellt. Die Galerie zeigt slowenische Kunst des 20. Jh. und dient als Veranstaltungsort für die alle zwei Jahre stattfindende *Internationale Grafische Biennale.* Hier und in vielen kleinen Galerien schlägt das Herz der slowenischen Kulturszene; auch die Gruppe IRWIN (s. NSK s. S. 82) war und ist in der Moderna galerija aktiv.

Die von Jože Plečnik mit Säulen gestaltete *Allee* Jakopičevo sprehajališče führt vom Museum hinein in den **Tivoli-Park.** Sie mündet nach einem schattigen Spaziergang am **Tivolski grad** 29. Feldmarschall Radetzky, der seinen Namen einem der berühmtesten Märsche der Musikgeschichte geliehen hat, lebte in der zweiten Hälfte des 19. Jh. einige Jahre in *Schloss Tivoli.* Der erst kürzlich restaurierte Bau dient während der Graphischen Biennale als zweiter Veranstaltungsort und beherbergt das *Internationale Zentrum grafischer Kunst.* Der Ljubljančani liebster Park wird von Hügeln begrenzt: Auf dem **Rožnik** (394 m) bietet sich den Spaziergängern ein weiter Blick über Ljubljana hinüber zum Burgberg.

TIC, Stritarjeva cesta, im Kresija-Gebäude, Tel. 01/3 06 12 15, Fax 3 06 12 04, www.ljubljana-tourism.si.

Grand Hotel Union 31, Miklošičeva 1, Tel. 01/3 08 12 70, Fax 01/3 08 10 15, www.gh-union.si: Das altehrwürdige Union wurde gründlich renoviert und bietet seinen Gästen modernen Komfort, teils im schönsten Jugendstilambiente.

Das Kaffeehaus im Union in bester Wiener Tradition ist alleine einen Besuch wert. 320 Zimmer, DZ 170 €.

Domina Grand Media 32, Dunajska cesta 154, Tel. 01/588 25 00, Fax 588 25 99, www.dominahotels.com: Ein hypermodernes, superschickes Multi-Media-Hotel (nicht nur) für Menschen, die rund um die Uhr im Net surfen oder per Bildtelefon kommunizieren möchten. DZ um 40 000 SIT, 170 €.

Pri Mraku 33, Rimska cesta 4, Tel. 01/4 21 96 00, Fax 01/4 21 96 55, www.dajdam.si: Freundliches, zentral gelegenes und dennoch ruhiges Haus mit 62 nett eingerichteten Zimmern und angeschlossenem Restaurant. DZ 23 000 SIT, 95 €.

Pension-Restaurant Lieber 34, Šmartno, Gameljne 32e, Tel. 01/5 37 40 80, Fax 01/5 63 23 31, www.hotel-lieber.com. Zehn Fahrminuten nördlich des Zentrums in ruhiger Lage, sehr persönlich geführte und individuell eingerichtete Pension mit 23 Zimmern und gutem Restaurant. DZ 15 000 SIT, 63 €.

Park 35, Tabor 9, Tel. 01/2 32 13 98, Fax 01/4 33 05 46: Einfaches Haus in Zentrumsnähe, Zimmer mit und ohne Bad, in der Nebensaison kann ein Preisnachlass ausgehandelt werden. DZ mit Bad um 16 000 SIT, 69 €.

Celica 36, Metelkova 9, Tel. 1/4 30 18 90, Fax 4 30 18 90, www.souhostel.com: Ein ehemaliges Gefängnis als Jugendherberge! Unbedingt reservieren!

Camping Ježica, Dunajska 270, Tel. 01/5 68 39 13, Fax 01/5 68 39 12, www.glp.si. An der Sava, etwa 6 km nördlich von Ljubljana; auch Vermietung von Bungalows.

Pri Florijanu 37, Gornji trg 20, Tel. 01/2 51 22 14: Feine französisch-slowenische Küche in der Altstadt. Hauptspeise um 3000 SIT, 14 €.

Pri Vitezu 38, Breg 20, Tel. 01/4 26 60 58. Das Kellerlokal besitzt eine hübsche Terrasse an der Ljubljanica; die Küche gibt sich italienisch inspiriert; Hauptgericht um 3000 SIT, 13 €.

Bacchus 39, Kongresni trg 3, Tel. 01/2 41 82 42. Studentencafé, Edelrestaurant und Bistro in einem. Die Küche ist slowenisch-international, das Preisniveau im Restaurant für ein Hauptgericht um 2000 SIT, 9 €.

Zlata Ribica 40, Cankarjevo nabrežje 5, Tel. 01/2 41 06 90. Hübsch an der Ljubljanica gelegen und deshalb an Sommertagen ein Muss! Delikate slowenische Küche, Hauptgericht um 2300 SIT, 10 €.

Pri Škofu 41, Rečna cesta 8, Tel. 01/4 26 45 08. Ein Insider-Tipp im Stadtteil Krale für Leute, die sich gerne überraschen lassen. Es gibt keine Karte sondern nur ein wechselndes Menü mit ausgezeichneten slowenischen Gerichten, die schmecken wie bei Muttern. Menü um 2500 SIT, 11 €.

Tržnica/Markt: Obst und Gemüse gibt's am Markt in den Plečnik-Marktarkaden am Vodnikov trg, tgl. außer So, am lebhaftesten am Vormittag.

Kod & kam, Trg francoske revolucije 7, Tel. 01/2 00 27 32. Geographische Buchhandlung mit gutem Kartensortiment.

Vinoteka, Dunajska cesta 18, Tel. 01/4 25 26 80. Verkostung der besten slowenischen Weine. Allerdings ist es immer wesentlich günstiger, den Wein beim Erzeuger zu erstehen.

Flohmarkt, am Cankarjevo nabrežje: Sa von 8–13 Uhr, jeden zweiten Samstag im Monat Keramikmarkt.

Minimal, Mestni trg 4, Tel. 01/4 26 01 40. Unterkühlt und angesagt. Hier setzt man sich in Szene, bevor's weitergeht in die Clubs.

Gajo Jazz Club, Beethovnova ul. 8, Tel. 01/4 25 32 06. Ljubljanas beste Adresse für Freunde des Jazz; viele Live-Bands.

NSK – AVANTGARDE IM DÜSTEREN OUTFIT

Seit Anfang der 1980er Jahre provoziert eine Bewegung die slowenische Kulturszene: NSK, Neue Slowenische Kunst. Bereits die Wahl des deutschen Namens zeigt, worauf sich die Anhänger der NSK besonders gut verstehen, auf die Provokation und das verwirrende Spiel mit Symbolen. Die berühmtesten Protagonisten sind die Musikgruppe Laibach und der bereits erwähnte Theaterregisseur Tomaž Pandur. Weitere, in Slowenien sehr bekannte Mitglieder sind das Scipion Nasice Sisters Theater aus Ljubljana (inzwischen Noordung) und IRWIN (darstellende Kunst). 1996 gründeten die NSK-Anhänger einen eigenen Staat mit Währung, Pass, Briefmarken, aber natürlich ohne territoriale Ansprüche in Slowenien. Ziel der Aktion war und ist, »die nur reflexiv arbeitenden Strukturen der Kunstszene und das damit verbundene Denken aufzubrechen«.

Das Konzept der NSK erschließt sich für Nichtslowenen vor allem aus dem musikalischen Werk von ›Laibach‹. Die 1980 gegründete Gruppe bewegt sich musikalisch irgendwo zwischen Punk und Techno, mit großer Vorliebe für mystifizierende Inszenierungen. Gerne entlehnt die Band ihre auf der Bühne verwendeten Symbole dem Faschismus und Stalinismus, während die meist zweideutigen Texte ihrer Songs die Gräuel des Krieges oder die totalitäre Macht des Geldes geißeln. Ähnlich wie Tomaž Pandur muss sich auch Laibach den Vorwurf gefallen lassen, dass in ihrem Hang zum Pompösen, symbolisch Überladenen ein totalitärer Kunstbegriff transportiert wird. Es ist nur ein Spiel, das den engstirnigen Betrachtern die Vieldeutigkeit von Symbolen vor Augen führt – kontern die NSK-Anhänger. So gewannen Laibach-Freunde Anfang der 80er Jahre einen vom sozialistischen Jugoslawien ausgepriesenen Wettbewerb für das beste Jugendplakat. Nach der Preisverleihung outeten sich die Künstler. Das Plakat war die exakte Kopie eines Machwerks der Nationalsozialisten. Ein anderes Beispiel: Auf ihrem 1987 erschienenen Album ›Opus Drei‹ spielte Laibach eine Cover-Version des Queen-Hits ›One Vision‹ ein, allerdings in deutscher Sprache. Der Entrüstungssturm war groß, denn der von Laibach gesungene Text schien direkt aus dem Hirn eines Nazi-Ideologen entsprungen zu sein. Amüsiert erklärten die Musiker darauf, sie hätten nichts anderes getan, als das englische Original Wort für Wort zu übersetzen.

Wer sich im Internet die Laibach-Homepage (laibach.nsk.si) ansieht, kann sich allerdings eines Gruselns nicht erwehren. Zum Abschluss ein Zitat: »Nur Gott kann Laibach unterwerfen, Menschen und Dingen wird dies nicht gelingen!«

Eine Monografie der NSK-Bewegung und ihrer künstlerischen Facetten ist 2002 in deutscher und englischer Sprache erschienen. ›NSK‹ von Inke Arns verfolgt die Strömungen in der slowenischen Kunst- und Intellektuellenszene in den 1980er Jahren und beschreibt anschaulich, welchen Einfluss die ›geistigen Terroristen‹ auf den Demokratisierungsprozess in Slowenien hatten. Zu bestellen ist ›NSK‹ unter: Museum Ostdeutsche Galerie Regensburg. www.buchhandlung-walther-koenig.de.

K4, Kersnikova 4, Tel. 01/4 31 70 10, im Gebäude der Studentenvereinigung der Universität Ljubljana: Szene-Treff mit Disco und Live-Musik, Techno, Rap und Salsa.

Slovensko narodno gledališče (Opernhaus), Župančičeva 1, Tel. 01/2 41 17 02, Oper- und Ballettaufführungen auf hohem Niveau.
Filharmonija, Kongresni trg, Tel. 01/2 41 08 00. Konzerte von der Klassik bis zur Moderne.
Cankarjev dom, Trg Republike, Tel. 01/2 41 71 00. Im Kongress- und Kulturzentrum finden ebenfalls Konzerte, Aufführungen und viele Veranstaltungen des Sommerfestivals statt. Unbedingt sehenswert ist die Inszenierung der Oper »Renske nimfe« (Rheinnixen) von Jacques Offenbach, die hier im Januar 2005 eine viel gelobte Erstaufführung erlebte.

Abtanzen in den Hallen

An der *Metelkova ulica* im Stadtteil Tabor, wo früher Militär in Kasernen stationiert war, regiert nun Ljubljanas DJ- und Nachtschwärmer-Szene. Punk- und Metal-Fans treffen in der ›**Gala Hala**‹ aufeinander, Gays stromern ums ›**Tiffany**‹, während Lesben sich im ›**Klub Monokel**‹ vergnügen, und ›**Channel Zero**‹ ist gut für eher konventionelle Disco-Sounds. Die Szene in den Hallen ist in Bewegung - also einfach hingehen und schauen, was los ist (›**Metelkovo mesto**‹, Metelkova ulica, Tel. 01/4 32 33 78, www.metelkova.org).

Infos zum umfangreichen Veranstaltungsprogramm finden sich auf der Homepage der Ljubljana-Information, www.ljubljana-tourism.si und im von der Touristeninformation herausgegebenen Monatsprogramm ›Where to in Ljubljana‹, das auch heruntergeladen werden kann.
Druga godba: Festival der Folklore- und Weltmusik, Anfang Juni.
Ljubljanski letni festival: Opern- Konzert, Theater- und Open-Air-Veranstaltungen zwischen Juni und September mit hochkarätigen Künstlern.
Internationale Grafische Biennale: Grafikausstellungen, Künstlertreff, Symposien in ungeraden Jahren zwischen Juni und September.

Flughafen Brnik, Tel. 04/2 06 19 81, www.lju-airport.si, ca. 25 km nördlich von Ljubljana. Flüge ins Ausland. Flughafenbus ab Busbahnhof am Trg Osvobodilne fronte.
Busbahnhof, Trg Osvobodilne fronte 4, Tel. 0 90 42 30; stündlich nach Koper, Maribor, Novo Mesto, Bled/Bohinj und halbstündlich nach Kamnik.
Bahnhof, Trg Osvobodilne fronte, Tel. 01/2 91 33 32; dichtes Bahnnetz nationale und internationale Verbindungen.
Stadtbusse fahren häufig und decken das ganze Stadtgebiet ab; die *getoni* à 300 SIT verkaufen die Postämter.

Ausflüge ins Umland

Škofja Loka

Slowenien-Atlas: S. 233, D 3
Škofja Loka im Nordwesten der Hauptstadt wurde 973 erstmals urkundlich erwähnt, damals schenkte Kaiser Otto II. Stadt und Umgebung den Freisinger Bischöfen. Bischoflack, so der

deutsche Name von Škofja Loka, war im Mittelalter ein kleines, lebhaftes Handelszentrum der Region und erhielt 1274 Stadtrechte. Im 14. Jh. wurde der Ort mit Stadtmauer und Graben gegen potentielle Angreifer geschützt, was die Türken allerdings nicht daran hinderte, Škofja Loka 1476 zu überrennen. Bis 1803 gehörte die Stadt den Freisinger Bischöfen und ging dann in Habsburgischen Besitz über. Ein Erdbeben und mehrere Brände vernichteten im 17. Jh. einen Großteil der mittelalterlichen Bausubstanz, doch ist trotz mancher Neu- und Umbauten im Stadtkern noch erstaunlich viel vom alten Loka erhalten.

Haupteinfallstraße ist die *Poljanska cesta,* die von Westen auf den alten Stadtkern zuführt. Parkmöglichkeiten gibt es hier am Übergang zur Altstadt oder an deren nordöstlichen Ende jenseits des Flusses Selška sora in der Nähe des Kapuzinerklosters. Vom Kloster überquert man die Sora auf der *Kapuzinerbrücke*, passiert *Kloster und Kirche der Klarissinen* (1358 gegründet und mehrmals umgebaut, die Kirche stammt aus dem Barock) und wendet sich links zum **Cankarjev trg** mit der spätgotischen **Jakobskirche** aus dem 13. Jh. Ihr sternförmiges Deckengewölbe ist mit Blumenfresken geschmückt. Neben Werken älterer Meister kann man im Inneren Jože Plečniks Handschrift am Taufbecken und in den Kirchenlüstern wiederfinden.

Eine schmale Gasse führt zum Stadtplatz **Mestni trg,** der gesäumt ist von den ältesten und schönsten Häusern Škofja Lokas. Gotische und barocke Elemente sind in den verspielten Hausfassaden zu erkennen, an der **Homanova hiša** aus dem Jahre 1524 sind Fresken der Renaissance erhalten. Parallel zum Mestni trg verläuft der **Spodnji trg,** ehemals die Straße der kleinen Läden und Handwerksateliers. Eine Chronik aus dem Jahre 1673 verzeichnete in Loka alleine 95 Handwerksmeister, die in Gilden organisiert waren. Die wichtigsten Produkte aus der Region – schmiedeeiserne Arbeiten und feines Leinen – wurden sogar ins Ausland exportiert. Die ursprünglich hölzernen, einstöckigen Wohn- und Geschäftshäuser wurden ab dem 16. Jh. durch repräsentativere Bauten im Stil der Renaissance ersetzt. An Torbögen und in den arkadengeschmückten Innenhöfen sind aber noch gotische Elemente erhalten.

Die **Burg Loški grad** im Norden über der Altstadt gelegen wurde im

Chronik von Visoko

Eine lebhafte Vorstellung vom Leben im Loka des 17. Jh. vermittelt der Roman ›Die Chronik von Visoko‹ von Ivan Tavčar, der 1996 in deutscher Sprache erschienen ist. Mit diesem prallen Bauernepos kann man in Lokas Straßencafés schmökernd einen sonnigen Nachmittag verbringen und in dem heute so verträumten Städtchen den Zeiten nachspüren, in denen Marktgänger, Handwerker und Händler die schmalen Gassen und schummerigen Gasthäuser füllten.

Škofja Loka mit Burg und Jakobskirche

13. Jh. erstmals erwähnt, 1511 bei einem Erdbeben stark zerstört und danach im Stil der Renaissance wieder aufgebaut. Größere Veränderungen wurden ab dem Ende des 19. Jh. an der Substanz vorgenommen, als die Burg vom Ursulinenorden zum Mädcheninternat umgestaltet wurde. Seit 1959 ist hier das **Städtische Museum** untergebracht. Seine Ausstellung über Handwerk und Geschichte der Region widmet den Lebzeltbäckern eine eigene Abteilung. Die Honigkuchen gelten als besondere Spezialität von Škofja Loka (geöffnet Di–So von 9–18 Uhr, im Winter nur Sa/So 9-17 Uhr).

Gostišče Premetovc, Log 15, Tel. 04/5 18 60 00, Mo geschl. Das Gasthaus im 9 km entfernten Log serviert die besten Spinatnjoki weit und breit. Delikakochkunst in einem historischen Haus. Hauptgericht um 2000 SIT, 9 €.

Kašča, Spodnji trg 1, Tel. 04/5 12 43 00. Das Restaurant im ehemaligen Getreidespeicher am Rand der Altstadt serviert regionale Spezialitäten wie z. B. zvitki, Rouladen, sowie Wildgerichte. Hauptspeise um 2200 SIT, 10 €.

Pr' Starman, Stara Loka 22, Tel. 04/5 12 64 90. Das urige Gasthaus unweit der Burg ist spezialisiert auf mittelalterliche Spezialitäten. Hauptspeise 2000 SIT, 9 €.

Kranj

Slowenien-Atlas: S. 233, D 3

Das von einem Industriegürtel umschlossene Kranj lässt kaum vermuten, dass es einen sehenswerten Altstadtkern birgt. Doch das lebhafte Messestädtchen ist durchaus einen Besuch wert!

Kranj war traditionell ein Zentrum der slowenischen Textilindustrie, nach dem Zweiten Weltkrieg hat die Stadt eine kometenhafte Karriere hingelegt, ihre Einwohnerzahl verdoppelte sich in 50 Jahren (heute knapp 51 000 Einw.), wichtige Industriebetriebe siedelten sich an. Dank der Nähe zur österreichischen und italienischen Grenze sind die Kranjer Firmen auch international sehr aktiv, und auf der Sava-Insel *Savski Log* werden jedes Jahr die wichtigsten slowenischen Exportmessen abgehalten. Historisch verlief die Entwicklung Kranjs ähnlich wie in Škofja Loka, nur dass Krainburg den Bischöfen von Brixen verliehen wurde und unter Habsburger Ägide ab 1355 als Lehen Ende des 14. Jh. an die Grafen von Celje (Cilli) fiel. Im 16. Jh. bildete sich in der Stadt eine wichtige Keimzelle der Reformation, die sogar die Gründung einer protestantischen Schule betrieb. Von Anfang an war Kranj vor allem eine Stadt des Handwerks und

Sehenswürdigkeiten

1 France Prešeren-Wohnhaus (Museum)
2 Pavšlarjeva hiša
3 Mestna hiša (Ausstellung des Museums Gorenjski muzej)
4 Kirche des hl. Kancijan
5 Slawisches Gräberfeld (Ausstellungsraum)
6 Prešeren-Theater
7 Rosenkranzkirche
8 Pungert
9 Burg Khislstein

Übernachten

10 Hotel Creina
11 Hotel Bellevue

Essen und Trinken

12 Gostilna Majer

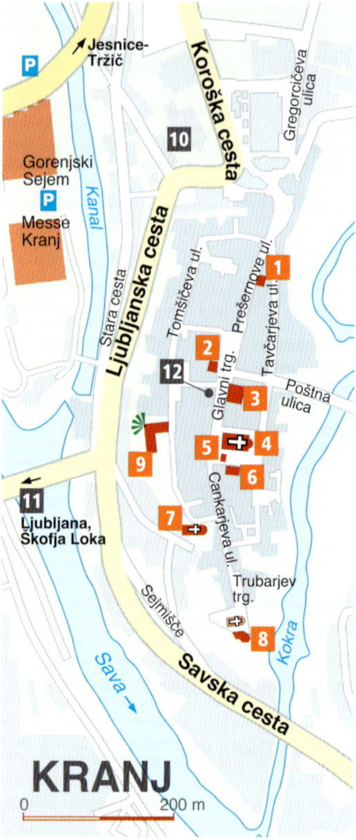

des florierenden Handels, und noch heute scheinen die Kranjer dieser Tradition besonders eifrig nachzustreben.

Das Prešeren-Haus
Vom *Maistrov trg* mit der Touristeninformation geht's in die **Prešernova ul.**, wo sich unter der Hausnummer 7 das **Wohnhaus des Dichters France Prešeren** 1 verbirgt. Wer kein Slowenisch versteht, wird dem Besuch des kleinen *Prešeren-Museums* (geöffnet Di–So 10–18 Uhr) wenig abgewinnen können. Neben dem mit Originalmöbel eingerichteten Arbeits- und Schlafzimmer werden in erster Linie die vom Dichter veröffentlichten Texte gezeigt. Sehenswert ist allerdings das alte Stadthaus, das aus zwei spätgotischen Häusern durch einen Arkadenhof zu einem Ensemble verbunden wurde. Es sind die ältesten gotischen Bauten in Krajn.

Am Glavni trg
Krajns Mittelpunkt ist der **Glavni trg;** links und rechts kann man an den zweistöckigen Häusern Spuren der Spätgotik entdecken: Fresken und ein hübscher Arkadenhof schmücken die **Pavšlarjeva hiša** 2, eine römische Gedenktafel aus dem 2. Jh. wurde in die Südwand der *Petrčkova hiša (Nr. 5)* eingemauert. Die **Mestna hiša** 3**,** das Rathaus, stammt im älteren Teil aus dem 16. Jh. und beherbergt in ihren Räumen eine Ausstellung des Museums Gorenjski muzej mit Exponaten der lokalen Handwerkskunst und einer Ausstellung zur Eisenzeit. Im Erdgeschoss sind frühslawische Gräber zu sehen (Di–So 10–18 Uhr).

Die **Kirche des hl. Kancijan** 4 aus dem 15./16. Jh. besitzt ein wunderbares Kreuzrippengewölbe mit fein gearbeiteten Schlusssteinen und ein elegantes, gotisches Hauptportal, über dem ein Relief Christus auf dem Ölberg zeigt. Neben der Kirche wurde ein **frühslawisches Gräberfeld** entdeckt, dessen Funde das Gorenjski muzej nun in einem *unterirdischen Ausstellungsraum* 5 der Öffentlichkeit präsentiert (Besichtigung vereinbaren unter Tel. 04/2 01 39 50). Der Kirche gegenüber hat Jože Plečnik das **Prešeren-Theater** 6 mit eigenwilligen Arkaden bereichert.

Mauern und Festungen
Sloweniens Lieblingsarchitekt hat auch im Bereich der **Rosenkranzkirche** 7 gewirkt. Der ursprünglich gotische Sakralbau wurde in der Reformationszeit seiner reichen Innenausstattung beraubt und präsentiert sich heute schlicht und von der Neo-Gotik nicht unbedingt zum Vorteil ›verschönert‹. Plečnik wiederum setzte monumentale Arkaden und einen Brunnen davor, um hier, wo sich früher das Untere Tor befand, einen repräsentativen Stadteingang von der Sava her zu schaffen. **Pungert** 8 heißt die Stelle im Süden des mittelalterlichen Krajn, an der ein Fluchtweg durch die Stadtmauer hinunter zur Sava führte. Von der einstigen Befestigung ist ein *Wachtturm* aus dem 16. Jh. übrig, in dem heute ein nettes Café residiert. Die am besten erhaltenen Verteidigungsbauten des alten Kranj findet man bei **Burg (Grad) Khislstein** 9, wo Fundamente von Wehrmauern aus der Spätantike erhalten sind und ein restaurierter Teil der mittel-

Kranj: Hinter dem Industriegürtel verbirgt sich eine reizvolle Altstadt

alterlichen Stadtmauer steht. Das Schloss selbst stammt aus dem 16./17. Jh., dient als Verwaltungs- und Veranstaltungsort des Gorenjski muzej und kann nicht besichtigt werden.

TIC, Koroška cesta 29, Tel. 04/2 36 30 30, Fax 04/2 36 30 31, www.turisticnodrustvo-kranj.si. Hier auch Vermittlung preiswerter Privatzimmer.

Hotel Creina 10**,** Koroška cesta 5, Tel. 04/2 02 45 50 Fax 04/2 02 24 83, www.hotel-creina.si. Komforthotel nördlich der Altstadt für Geschäftsleute und Reisegruppen. 166 Zimmer, DZ um 18 000 SIT, 75 €.

Gostilna Majer 12**,** Glavni trg 16, Tel. 04/2 80 00 21. Bodenständige jugoslawische Küche, Hauptgerichte ab 1200 SIT, 5 €.

Arvaj, Kajuhova ul. 2, Tel. 04/2 80 01 00. Gute slowenische Küche: Das Fleisch kommt aus der hauseigenen Metzgerei; köstlich das Kalbsragout! Hauptgericht um 1800 SIT, 7 €.

M-Ars, Cankarjeva ul. 4, Tel. 04/2 36 25 20. Originelle Handwerkskunst, darunter formschöne und schlichte Töpferwaren.

Schloss Bogenšperk

Slowenien-Atlas: S. 233, F 4

Die Burg 40 km östlich von Ljubljana führt die Besucher zurück in die Ära des großen Universalgelehrten Johann Weichard Valvasor (1641–93), der mit seinem Werk ›Die Ehre des Herzogthums Crain‹ die erste akribische Beschreibung Sloweniens vorlegte. Valvasor kaufte das im Jahre 1533 erstmals erwähnte Schloss und richtete sich darin eine Studierstube, eine umfangreiche Bibliothek sowie die erste Druckerei Sloweniens ein. Tief verschuldet musste Valvasor allerdings schließlich das Anwesen verkaufen. Nach mehrmaligem Besitzerwechsel gehörte Bogenšperk ab Mitte des 19. Jh. bis zum Zweiten Weltkrieg den Grafen Windischgraetz, wurde 1972 renoviert und als **Valvasor-Museum** eingerichtet. Mit je zwei runden und einem eckigen Turm gesichert, wirkt das kleine Renaissanceschloss auf dem tiefgrünen Hügel wie aus einem Märchen entstiegen. Man kann die Wohn- und Arbeitsräume sowie die ›antike‹ Druckerpresse besichtigen und danach im idyllischen Schlosshof eine Mahlzeit einnehmen (Tel. 01/8 98 76 64, www.bogensperk.si, Öffnungszeiten Di–Fr 9–15, Sa/So 10–16 Uhr, zwischen Nov. und März geschl.).

Kloster Stična

Slowenien-Atlas: S. 237, F 1
Stična ist eine der schönsten und ältesten Klosteranlagen Sloweniens. 1132 von Zisterziensern gegründet, im 15. Jh. durch Mauern und Türme gegen die Türkeneinfälle gesichert und nach dem Erlass Kaiser Josephs II. über die Schließung der Klöster (Josephinische Reformen) aufgegeben. 1898 zogen wieder Mönche in die leer stehenden Gebäude ein. Stična ist eines der wenigen Bauensembles in Slowenien, wo sich trotz der Umbauten späterer Jahrhunderte einige schöne romanische und frühgotische Elemente erhalten haben. Dazu gehört der schlichte **Kreuzgang** mit seinem *frühgotischen Sternrippengewölbe,* das mit mittelalterlichen Fresken ausgemalt wurde. In der Wand des Kreuzganges sind noch zwei, inzwischen zugemauerte, romanische Fenster zu sehen. Eigenartige, aus Stein gemeißelte Frauen- und Männerköpfe schmücken die Konsolen der Gewölbebögen im Westteil des Kreuzganges. Die **Klosterkirche** wurde im 17. Jh. im Geiste des Barock umgestaltet und lässt ihren romanischen Ursprung nur noch im dreischiffigen Aufbau und den halbkreisförmigen Arkadenreihen erkennen. Das Innere ist erstaunlich zurückhaltend und schlicht dekoriert; auffällig ist die elegante, mit Putten verzierte Orgel. Die Brüder von Stična haben sich auf die Herstellung von Naturheilmitteln und Kräutertees spezialisiert, die sie in einem kleinen *Laden* am Eingang verkaufen. Besichtigung Mo–Fr 8–15, 14–18, Sa 8–12.30 Uhr, mehrmals täglich Führungen (auch in deutscher Sprache).

Wohnen am Wallfahrtsberg

Die Hotels in Kranj sind zu Messezeiten häufig ausgebucht. Eine Alternative ist das **Bellevue** 11, Šmarjetna gora, Tel. 04/2 70 00 00, Fax 04/2 70 00 20, www.bellevue.si. Das Hotel auf dem Wallfahrtsberg Šmarjetna gora ist nur 4 km von Kranj entfernt und bietet angenehme und ruhige Unterkunft mit herrlichem Fernblick. 33 Zimmer, DZ um 14 000 SIT, 58 €.

STEINER UND SAVINJA-ALPEN

Mittelalter hautnah vor der grandiosen Kulisse schroffer Zackengipfel. Kamnik zu Füßen der Steiner Alpen wirkt wie von der Zeit vergessen. Umso lebhafter präsentieren sich die tief eingeschnittenen Täler dieser einsamen Gebirgswelt: Wanderer und Extremsportler finden ein schier unermessliches Freizeitangebot.

Kamnik und die Steiner Alpen

Schroff recken sich die Gipfel in den Himmel und werfen ihre zackigen Schatten über kleine Städtchen und idyllische Täler. Sloweniens schönste, aber auch oft sehr steile Wanderwege und Klettersteige erschließen diese Alpenlandschaft im Nordosten der Hauptstadt.

Kamnik

Slowenien-Atlas: S. 233, E 3
Auch Kamnik war wie Kranj und Škofja Loka vor allem eine Stadt des Handwerks und des Handels. Im sozialistischen Jugoslawien entwickelte es sich zu einem bedeutenden Zentrum der Textil-, Möbel-, Chemie- und der elektrotechnischen Industrie. Mit 10 000 Einwohnern hat Kamnik noch heute ein sehr kleinstädtisches Flair, und mit zahlreichen, gut erhaltenen Bauten aus dem 16. Jh. bietet es dem Besucher genug Anschauungsmaterial, um durch die Geschichte des Städtchens zu streifen. Sehenswert sind auch die beiden Burgen **Stari** (alt) und **Mali** (klein) **grad.** Letztere besitzt mit einem romanischen Portal in der Burgkapelle eines der wenigen Zeugnisse der vorgotischen Epoche in dieser Region.

In erster Linie ist Kamnik aber Ausgangspunkt für Wanderungen und Bergtouren in den wildromantischen **Steiner Alpen (Kamniške alpe)**. Die Gebirgsregion mit Gipfeln bis zu 2500 m Höhe ist ein sehr anspruchsvolles Wandergebiet, das unerfahrene Bergsteiger nicht unterschätzen sollten. Beliebt ist die Region auch bei den Gleitschirmfliegern, die hervorragende thermische Verhältnisse vorfinden.

TIC Kamnik, Tomšičeva 23, Tel. 01/8 39 14 70, Fax 01/8 31 74 43, www.kamnik.si.

Pri Planinskem Orlu, Stahovica 20, auf halbem Weg zwischen Kamnik und Seilbahnstation, Tel. 01/8 32 54 10. Einfach ausgestattete Gästezimmer, gutes, slowenisches Restaurant und ein Frühstück, das so üppig einfach nicht zu bewältigen ist. DZ um 10 000 SIT, 40 €.
Hütte Kamniška Bistrica, Tel. 01/2 31 26 45. Die Berghütte am Ende des Bistrica-

Tales ist idealer Startpunkt für Wanderer; wer rechtzeitig kommt, kann eines der Einzelzimmer ergattern. Ansonsten Übernachtung im Schlafsaal; Alpenvereinsmitglieder zahlen deutlich weniger, Zimmer um 5000 SIT, 22 €.

Pri Planinskem Orlu (s. Hotel) ist für die Wildgerichte berühmt.

In der Umgebung:

Arboretum Volčji potok
Im 19. Jh. wurde der Garten 5 km südlich von Kamnik angelegt; heute wachsen hier mehrere tausend heimische und exotische Pflanzen, die im späten Frühjahr zur großen Gartenschau ihre schönsten Blüten aufsetzen. Neben dem Botanischen Garten liegt einer der schönsten Golfplätze Sloweniens. Besichtigung im Sommer tgl. 8-20 Uhr, im Winter 8-18 Uhr, Tel. 01/8 31 23 45.

Golf Arboretum, Volčji Potok 3/a, Tel. 01/8 31 15 50, Fax 01/8 31 16 67, E-Mail: uprava@golfarboretum.si. In schöner Hügellandschaft mit Wasserläufen und Seen vor der Kulisse der Alpengipfel: 5452 m, par 71, 18-Loch.

Velika Planina
Slowenien-Atlas: S. 233, E 3
Von der Station im Tal des Flüsschens *Kamniška Bistrica* führt eine Gondelbahn bis zum 1407 m hoch gelegenen *Hotel Šimnovec*; die restlichen 250 Höhenmeter bis zur Hütte *Dom na planini* können im Sessellift oder zu Fuß

Blick von Velika Planina auf die Steiner Alpen

Hochebene Velika Planina mit ehemaligen Sennerhütten

bewältigt werden (ca. 30 Min.). Velika Planina ist die größte Hochebene in den Steiner Alpen; noch Anfang des 20. Jh. wurden hier oben 108 Sennerhütten gezählt. Die ursprünglich bewaldete Hochebene wurde nach und nach abgeholzt, um Raum für die Weiden zu schaffen. Heute präsentiert sie sich als große, leicht gewellte Grasfläche mit einigen kleinen Seen und den für diese Region typischen Hirtenhäusern. Sie stehen auf einem elipsenförmigen Grundriss, das Dach ist im rückwärtigen Teil und an den Seiten tief, fast bis zum Boden heruntergezogen, nur die Vorderfront zeigt sich relativ ungeschützt der Witterung. Woher diese eigentümliche und nur in den Steiner Alpen bekannte Architektur der Sennerhütten stammt, ist ungewiß. Möglicherweise reichen ihre Ursprünge bis in die Bronzezeit zurück.

Das Logartal – die stille Schöne

Slowenien-Atlas: S. 233, E 2

Das Logartal (Logarska dolina) gilt fast allen Slowenen als schönstes ihrer Alpentäler. Das höchstens 500 m breite und etwa 9 km lange Tal am oberen Lauf des Flüsschens Savinja führt von Norden her in die Savinja- und Steiner Alpen. Tektonische Brüche und eiszeitliche Gletscher haben das Tal ausgeformt, und noch vor 10 000 Jahren soll es von Schnee bedeckt gewesen sein. An seinem Endpunkt entspringt in 1280 m Höhe der Fluss *Savinja* als eiskalte Quelle, stürzt im 90 m hohen *Wasserfall Rinka* zu Tale und vereinigt sich im Lauf talabwärts mit unzähligen weiteren Bergbächen. Die Savinja-Quelle ist umgeben von den majestätischen Gipfeln der *Mrzla gora* (2203 m), der *Koroška* und der *Štajerska Rinka* (2433 und 2289 m). Die Autostraße durch das Tal endet etwas unterhalb des Wasserfalls (ca. 10 Min. Fußweg).

Das Logartal steht als Regionalpark unter Naturschutz, deshalb wird bei der Einfahrt eine Gebühr (um 1200 SIT, 5 €) erhoben.

Die Touristeninformation **TIC** im Hotel Plesnik etwa in der Mitte des Tales, Tel. 03/8 38 90 04, www.logarska-dolina.si, hilft bei der Organisation und vermittelt Zimmer.

Hotel Plesnik, Tel. 03/8 39 23 00, www.plesnik.si. Wer in dem geschmackvollen, mit allem modernen Komfort ausgestatteten Hotel absteigt, braucht einen gut gefüllten Geldbeutel; DZ um 30 000 SIT/120 €.

Pension Logarski kot, Tel. 03/8 38 90 30. Freundliche, urige Pension mit einfachen Gästezimmern und der besten Schwammerlsuppe weit und breit. DZ um 7500 SIT, 32 €, Campingmöglichkeit.

Penzion Raduha, Luče ob Savinji 67, Tel. 03/8 38 40 00, Dienstag Ruhetag. Das Dorf Luče ist an den Wochenenden Ziel vieler Ausflügler, denn die Wirtin der Pension Raduha versteht sich bestens auf alte slowenische Rezepte und kocht delikat mit Buchweizen und Sauerrahm. Hauptgericht um 1800 SIT, 7,5 €.

Lehrpfad zum Wassserfall Rinka

Ein gut ausgeschilderter **Lehrpfad** führt vom Taleingang (gleich an der Brücke Hinweisschild zur zweiten Savinja-Quelle) in etwa zwei bis drei Stunden durch das Tal zum Wasserfall. Unterwegs sieht man einen nachgebauten Kohlemeiler und erfährt allerlei Wissenwertes über Flora, Fauna und Ökologie der Region.

Dem Aktivitätsdrang sind keine Grenzen gesetzt: Wandern, Mountainbike-Fahren, Gleitschirmfliegen, Klettern, Skifahren, Reiten und Rafting sind nur einige der vielen Möglichkeiten, die Urlauber hier beim TIC buchen und ausprobieren können.

Gletschertal Matkov kot

Slowenien-Atlas: S. 233, E 2

Noch weitaus weniger bekannt als das Logar-Tal ist das parallel verlaufende, 6 km lange **Matkov kot,** in dessen Mitte wohl früher ein Gletschersee stand. Vier Einödhöfe haben die Westhänge dieses abgelegenen Tales besiedelt; ein Wanderweg führt durchs Tal zum **Matkov škaf,** einem Kessel, in dem noch weit ins Frühjahr Schnee liegt und in den malerisch ein Wasserfall stürzt.

STEINZEITLEBEN – WANDERUNG ZUR HÖHLE POTOČKA ŽIJALKA

Slowenien-Atlas: S. 233, E 2

Von der Straße durch das Savinja-Tal führt kurz vor dem Beginn der Logarska dolina bei dem Gasthaus *Gostilna Firšt* ein Wanderweg hinauf zu der eiszeitlichen Höhle Potočka žijalka, in der Funde einer Kultur der Jungsteinzeit gemacht wurden, darunter über tausend Knochen von Höhlen-Bären. Zwischen 40 000 und 30 000 v. Chr. lebten Jäger hier in 1700 m Höhe unterhalb des niedrigeren der beiden *Olševa-Gipfel* (1911 m).

Erstaunlich war diese Entdeckung unter anderem deshalb, weil diese Periode in die Würmeiszeit fällt, von der die Wissenschaft bis dahin annahm, dass kein Leben in den Alpen möglich gewesen sei. Die Funde aus Slowenien widerlegen diese These und lassen vermuten, dass die Zwischeneiszeiten deutlich wärmer ausfielen als angenommen und deshalb auch Menschen hoch oben in den Bergen leben und jagen konnten. Einen Überblick über Funde und Grabungen gibt der kleinen *Museumsraum* im Erdgeschoss der Gostilna Firšt, der auf Anforderung geöffnet wird.

Die Wanderung erfordert etwas Kondition, es geht relativ steil bergauf, und für die tausend Meter Höhenunterschied sollte man mit vier bis viereinhalb Stunden (hin und zurück) rechnen. Zur Höhle folgen wir dem Wirtschaftsweg linksseitig des Wildbaches und dann steil von ihm wegführend bergauf. Der Weg ist gut ausgeschildert. Unterwegs passiert man einige der am höchsten gelegenen Bauernhöfe Sloweniens. 1944 wurden mehrere dieser Einödhöfe von den Besatzern angezündet und niedergebrannt.

Am *Hof Rogar* gibt's deftige Brotzeit und kühle Getränke; ihn überquerend und weiter dem steilen Wirtschaftsweg folgend, teils durch Wald, teils geröllig und über Fels, erreichen wir einen Aussichtspunkt mit herrlichem Blick über den Talschluss und die steil und unwirtlich aufragenden Felswände der Gipfel Ojstrica, Planjava, Turska gora, Škuta und Mrzla gora der zentralen Steiner Alpen. Kurz darauf wird ein Grenzübergang, ›Mejni prehod‹, passiert, denn auch wenn hier oben niemand die Pässe kontrolliert, sind die Übergänge deutlich markiert. Wir bleiben auf der slowenischen Seite und nach weiteren 10 Minuten erreichen wir den großen Höhleneingang.

Die Höhle ist zwischen 20 und 40 m breit, 110 m lang und diente als Jagdlager. Die gefundenen Artefakte reichten von Speer- und Bogenspitzen aus Knochen über Messer und Schaber aus Stein bis zu einer Knochennadel, die den Faden nicht in einer Öse aufnahm, sondern in ihr hohles Innere. Auf gleichem Weg geht's zurück ins Tal, wo das Gasthaus Gostilna Firšt müde Wanderer mit frischen Forellen und Wild bewirtet.

CELJE UND DAS CELJER BECKEN

Herrische Burgen und elegante Schlösser erzählen von den Adelsgeschlechtern, die über Celje und Slowenien regierten. Und wo heute mit Blick auf efeuumkränzte Klosterruinen das Bier aus dem nahen Laško getrunken wird, wirkten vor einem knappen Jahrtausend fromme Brüder.

Celje – das slowenische Camelot

Slowenien-Atlas: S. 234, B 4
Mit 40 000 Einwohnern und einer großen Zahl von Fabriken zählt Celje zu den wichtigen wirtschaftlichen Zentren Sloweniens. Seit 1945 fanden die Chemo- und Schwerindustrie Sloweniens in und um Celje ihre Heimat, und die neu geschaffenen Arbeitsplätze ließen die Einwohnerzahl der traditionell landwirtschaftlich ausgerichteten Region sprunghaft steigen. Historisch gilt Celje den Slowenen als Wiege ihres Nationalstaates, denn im 14./15. Jh. residierten hier die Grafen von Cilli – die einzigen Feudalherren, unter deren Oberhoheit das von fremden Besatzern geknechtete Volk eine, wenn auch nur kurze, Hoffnung hegen konnte, die nationale Unabhängigkeit zu erlangen. So jedenfalls die romantische Lesart der Geschichte. Realisten halten es lieber mit Zahlen und Fakten, und diese belegen, dass das Geschlecht der Cillier Grafen durch ehrgeizige Bündnispolitik und eigenes Verschulden den Zug zu einem autonomen slowenischen Herzogtum verpasste.

Die Grafen von Cilli

In der Jungsteinzeit war die Region von Celje bereits besiedelt, im 1. vorchristlichen Jh. ließen sich Kelten nieder und gründeten eine der größten Siedlungen im slowenischen Raum, in der auch Münzen geprägt wurden. Celje gilt daher als bedeutender Fundort keltischen Geldes. Die Römer übernahmen die keltische Stadt Keleia um 15 v. Chr. und nannten sie Celeia. Die schönsten Fundstücke dieser Phase kann man im Museum von Celje besichtigen. Im Hunnensturm 451/52 wurde Celeia zerstört, und als Slowenen im 6. Jh. in die Region kamen, fanden sie nur noch Ruinen vor.

Die zweite bedeutende Epoche der Stadt Celje begann im 14. Jh. mit der Ernennung eines unbedeutenden Grafengeschlechts aus dem Sanntal in den Stand der Feudalherren von Celje bzw. Cilli, wie die Stadt damals genannt wurde. Die Dynastie der Žovneker Fürsten machte sich durch ihren herausragendsten Protagonisten, Graf Hermann II., einen Namen. Er rettete auf einem Kreuzzug gegen die Osmanen im Jahre 1393 dem ungarischen König

Sigismund das Leben. Dieser dankte ihm, indem er eine Tochter des Grafen zur Frau nahm. Als Sigismund 1410 zum deutschen Kaiser gekürt wurde, waren die kleinen Žovneker Grafen von Cilli plötzlich mit dem deutschen Kaiser verwandt. Diese Verbindung, aber auch zahlreiche andere strategische Heiratsverträge knüpften die Cillier Grafen zu einem umfangreichen Netz von Verwandtschaftsbeziehungen, das alle bedeutenden Fürstenhöfe Mittel- und Südosteuropas mit ihnen verband. Auf dem Zenit der Macht unterstand der Grafschaft Cilli nicht nur die Untersteiermark (Štajerska), sondern auch Teile Kärntens, Ungarns und Kroatiens.

Die Wende kam mit Hermanns Nachfolger Ulrich II., der die Heiratspolitik seines Vaters fortsetzte, sich aber zugleich berufen fühlte, den Habsburgern in Wien die Stirn zu bieten. Unersättlicher als sein Drang nach Macht war angeblich Ulrichs Hunger nach Frauen, und während er den diversen Damen hinterherjagte, merkte er nicht, wie sein Reich zerfiel und nacheinander seine legitimen Kinder starben. 1456 wurde Ulrich schließlich von einem Attentäter in Belgrad ermordet. Das unabhängige Geschlecht der Cillier Grafen war damit ausgestorben, und Cilli fiel an die Habsburger.

Am Slomškov trg

Am südöstlichen Eingang zur Altstadt begrüßt den Besucher unweit des Savinja-Ufers die gotische **Kirche des hl. Daniel** 1 am Slomškov trg, 1306 gegründet und 1400 mit einer wunderschönen Marienkapelle ergänzt, deren Pietà zu den herrlichsten gotischen Skulpturen Sloweniens gerechnet wird. Alte und neue Architektur harmonieren am **Glavni trg** 2 mit seinen Cafés und Geschäften und auch in der *Prešernova ulica,* wo mit der Marienkirche **Marijina cerkev** 3 Celjes bedeutendstes Gotteshaus aus dem 14. Jh. steht, denn hier befand sich die Gruft der Cillier Grafen. Ein anrührendes, gotisches Relief über dem Portal der Sakristei zeigt Hermann I. und Ulrich I. kniend vor der Gottesmutter. Der **Trg Celjskih knezov** bildete früher die südliche Begrenzung der Altstadt, hier steht das Untere Grafenschloss **Knežji dvorec** 4, das bis zur slowenischen Unabhängigkeit als Kaserne genutzt wurde und nun nach und nach restauriert wird, wobei auch Spuren des ursprünglich gotischen Baukörpers freigelegt wurden. Celjes wichtigste Sehenswürdigkeit ist die alte Grafei, **Stara grofija** 5, am Muzejski trg. Der Renaissancebau am Ufer der Savinja beherbergt das *Museum von Celje.* Die Schwerpunkte der Ausstellung widmen sich den keltischen und römischen Funden aus Celeia sowie der ruhmreichen Epoche der Cillier Grafen. Das illusionistische Deckengemälde *Celjski strop* aus der Hand eines polnischen Künstlers wurde 1603 vollendet. Es zieht das Auge des Betrachters über die durch die Decke vorgegebene Grenze hinaus in eine imaginäre Stadtszenerie bis zum mit Putten und Engeln bevölkertem Himmel (geöffnet Di–So von 10–18 Uhr).

Auf den Spuren der Cillier Grafen wandert man hinauf zum Burgberg und zur alten Burg **Stari grad** 6 auf einem

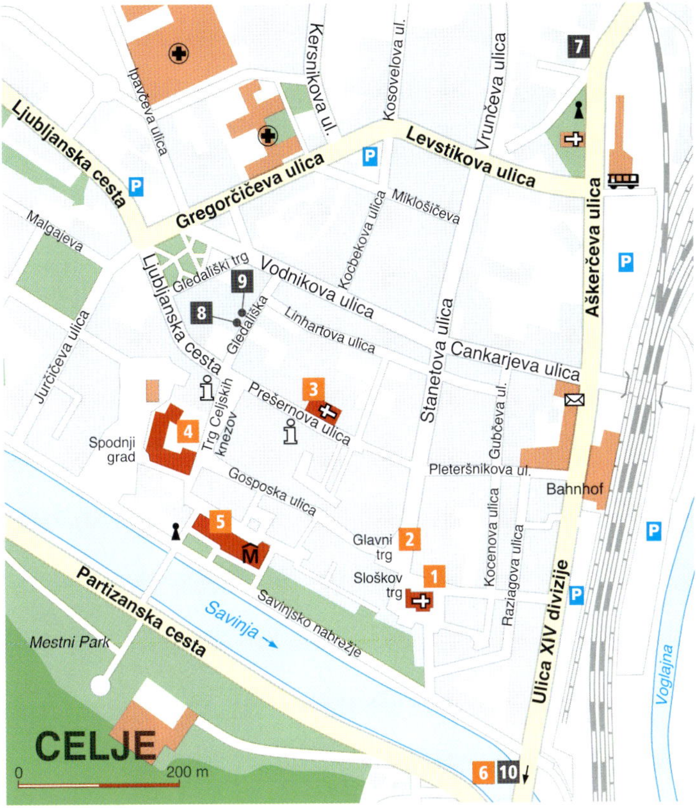

Sehenswürdigkeiten

1 Kirche des hl. Daniel
2 Glavni trg
3 Marijina cerkev/Marienkirche
4 Knežji dvorec/Unteres Grafenschloss (Museum von Celje)
5 Stara grofija/Alte Grafei
6 Stari grad/Alte Burg

Übernachten

7 Hotel Storman
8 Hotel Turška mačka

Essen und Trinken

9 Istrska konoba
10 Francl

407 m hohen Hügel südlich der Stadt. Die Ruinen der im 17. Jh. aufgegebenen Festung wurden behutsam restauriert und lohnen den etwa 20-minütigen Spaziergang mit einem weiten Blick über die Stadt.

TIC, Trg Celjskih knezov 9, Tel./Fax 3/4 92 50 80, www.celje.si

Štorman [7], Mariborska cesta 3, Tel. 03/4 26 04 26, Fax 03/4 26 03 95, E-Mail: celje@storman-gos-si. Modernes Geschäftshotel nördlich der Altstadt. 45 Zimmer, DZ um 15 000 SIT, 64 €.
Turška mačka [8], Gledališka ul. 7, Tel. 03/5 48 46 11, Fax 03/5 44 29 08. Schön im historischen Zentrum gelegen; die 40 Zimmer sind ansprechend, doch nicht sehr groß. DZ um 11 000 SIT, 45 €.

Istrska konoba [9], im Hotel Turška mačka, Tel. 03/5 48 34 11. Das Restaurant serviert istrische Spezialitäten in einem Ambiente, das der aus dem Karst gebürtige Künstler Lojze Spacal entworfen hat. Hauptgericht um 1200 SIT, 5 €.
Francl [10], Zagrad 77, Tel. 03/4 92 64 60. Südlich der Alten Burg am Flüsschen Lončnica; uriges, slowenisches Ausflugslokal. Hauptgericht ab 1200 SIT, 5 €.

In der Umgebung

Kartäuserkloster Žiče

Slowenien-Atlas: S. 234, C 3

1160 wurde das Kloster in einem Tal unweit von Slovenske konjice gegründet und 1782 auf Anordnung Josephs II. aufgelassen, weil die Kartäusermönche als kontemplativer Orden dem Staat nichts einbrachten. Wachtturm und Mauer zeigen, dass sich die Mönche wohl auch gegen Überfälle zur Wehr setzen mussten; dahinter umfängt den Besucher eine stille, verwunschene Atmosphäre, denn von der einschiffigen, romanischen *Kirche* und den Wirtschaftsgebäuden stehen nur noch die Außenmauern, und im Inneren umranken Efeu und Wein die eleganten Säulen und Fenster. Nur die *gotische Kapelle* auf dem ehemaligen Friedhof ist restauriert; in ihr kann man sich anhand eines Modells über die ursprüngliche Anlage des Klosters informieren (März–Nov. Mo–Fr 10–18, Sa/So 9–19 Uhr).

Gastuž, beim Kloster Žiče, Tel. 03/7 58 03 66. Das Restaurant in einem Wachtturm lässt alte Zeiten hoch leben. Die Kellner tragen Kutten und servieren beste slowenische Kost, darunter gute Wildgerichte. Hauptgericht um 1800 SIT, 8 €.

Celje, Stara grofija, illusionistisches Deckengemälde Celjski strop

Bierstadt Laško

Slowenien-Atlas: S. 234, B 4

Der schmucke Ort im Savinja-Tal südlich von Celje hat dem hier gebrauten Bier seinen Namen gegeben. Um die gotische **Kirche Sv. Martin** im historischen Stadtzentrum stehen zahlreiche Häuser aus dem Barock; auf dem Hügel Hum erhebt sich die teilrestaurierte alte **Burg Tabor,** in der heute ein exzellentes Restaurant seine Gäste verwöhnt: Štorman, Grad Tabor, Tel. 03/7 34 50 40. Hauptgericht um 2000 SIT, 8 €.

Zlatorogs Reich: Die Julischen Alpen

Im Triglav-Nationalpark

Slowenien-Atlas S. 232

RUND UM DIE GLETSCHERSEEN

Die Seen von Bled und Bohinj sind die beiden östlichen Pforten zum Triglav-Nationalpark und erschließen eine Fülle herrlicher Wanderungen. An ihren Ufern und in den umliegenden Dörfern sind noch uralte bäuerliche Kultur und Traditionen lebendig. Gemütliche Pensionen und elegante Hotels laden zum Verweilen.

Der Triglav-Nationalpark

Wer den Triglav-Nationalpark besucht, tut gut daran, feste Schuhe einzupacken. Das Gebiet um Sloweniens höchsten Berg ist eine der schönsten Wanderregionen Europas. Es ist mit markierten Wegen, gesicherten Klettersteigen und gemütlichen Schutzhütten hervorragend erschlossen und überrascht dennoch durch seine naturbelassene, urwüchsige Landschaft.

Bled und Blejsko jezero

Slowenien-Atlas: S. 232, C 2/3

Bled ist ein beliebter Ferien- und Luftkurort mit langer Tradition und der ovale See am Ostrand des Triglav-Nationalparks ist neben dem venezianischen Piran wohl das meistfotografierte und bekannteste Motiv Sloweniens (Titelbild). Aus der Vogelperspektive betrachtet liegt er wie ein ovales Auge zwischen steil aufsteigenden Hängen, vom Felsen am Nordufer blickt trutzig eine Burg über Wälder und Orte am Seeufer, und die winzige Insel in seiner Mitte schmückt ein Kirchlein, dessen Glocke, wenn sie bei einmal ziehen dreimal ertönt, Wünsche von unglücklich Liebenden erfüllen kann. Die von einem eiszeitlichen Gletscher geschliffene Kuhle zwischen den Bergen lief erst vor etwa 14 000 Jahren mit Wasser voll; damals war der Bleder See etwa doppelt so tief wie heute. Der Abfluss, ursprünglich durch den flachen Gletscherkorridor nach Osten gerichtet, nimmt heute als Flüsschen Jezernica seinen Weg aus dem See nach Süden. Weil mehr Wasser ab- als zufließt, schrumpft der See beständig. Er ist heute an der tiefsten Stelle 31 m tief, 2 km lang und etwa 1 km breit.

Von der Eisenverhüttung zum Fremdenverkehr

Die Region um den See diente bereits steinzeitlichen Menschen als Lebensraum; eine intensivere Besiedlung erlebte sie in der Eisenzeit, als in den umliegenden Bergen mit dem Abbau des metallhaltigen Gesteins begonnen wurde (um 800 v. Chr.). Während römische Spuren fast völlig fehlen, sind die Zeugnisse zweier Einwanderungswellen slawischer Völker sehr reich (6./7. und

10. Jh.). Gräber mit Schmuck- und Alltagsgegenständen wurden beispielsweise am Fuße des Burgberges, im Bereich des heutigen Friedhofs und im Park des Hotels Villa Bled entdeckt. Im Jahre 1004 verlieh Kaiser Heinrich II. Bled und Umgebung als Lehen an die Bischöfe von Brixen, diese wiederum gaben ihre Feudalrechte an die Familie von Kreigh, bis 1558 das Adelsgeschlecht von Auersperg seinen Sitz in Bled nahm und das Schloss errichten ließ. Bis zum Beginn des 19. Jh. blieb Bled unter der formellen Oberhoheit der Brixener und ihrer jeweiligen Verwalter. Ende des 19./Anfang des 20. Jh. wurden Schloss, See und die wertvollen Baugrundstücke mehrfach an reiche Industrielle veräußert, bis sie 1919 mit dem Hotelier Ivan Kenda, einem gebürtigen Bleder, in slowenische Hände übergingen.

Bereits 1855 initiierte der Schweizer Arzt Arnold Rikli in Bled die Gründung einer Kuranstalt für Naturheilverfahren und ließ 1895 eine einfache Pension für seine Patienten errichten. Riklis Heilmethoden bestanden in erster Linie aus Luft- und Sonnenbädern im gesunden Klima von Bled, unterbrochen von genau festgelegten Spaziergängen, die seine Patienten beispielsweise am frühen Morgen barfuß im Morgentau zu unternehmen hatten. Parallel zur Entwicklung des Kurbades lockte Bled immer mehr ›normale‹ Badegäste an, denen mit dem Bau komfortabler Hotels Rechnung getragen wurde. Die jugoslawische Königsfamilie unterhielt eine Sommerresidenz am Seeufer, und nach dem Zweiten Weltkrieg zog Tito in das komplett renovierte Schloss der Ex-Könige ein. Heute steht der geschichtsträchtige Bau als Hotel Villa Bled allen (zahlungskräftigen) Gästen offen. Im Park steht ein von Plečnik gestalteter Pavillon.

Auf die Burg

Der Ort Bled zieht sich entlang einer hübsch gestalteten Parkanlage am östlichen Seeufer und wird im Norden vom Burgfelsen, im Süden von dem Berg *Straža* begrenzt. Außer Hotels, Restaurants und Cafés bietet Bled selbst kaum Sehenswertes. Eine Pause sollte man unbedingt in einem der vielen Cafés einlegen: Die Spezialität der Region um Bled sind köstlich-lockere Cremeschnitten! Einen Besuch verdient die knapp 140 m über dem See gelegene **Burg Blejski grad,** zu der ein schattiger Fußweg hinaufführt. In ihrer heutigen Gestalt stammt die Burg aus dem 16./17. Jh., doch haben Ausgrabungen ergeben, dass hier wahrscheinlich ein romanischer Wachtturm stand, der in die späteren barocken Bauten miteinbezogen wurde. Der Komplex besteht aus einem *unteren Hof* mit Wirtschaftsgebäude und dem oberen Burgteil mit dem *Wohnhaus der Adelsgeschlechter.* Hier befindet sich die den Heiligen Albuin und Ingenuin geweihte **Schlosskapelle** (16. Jh.), die im Inneren komplett mit Fresken ausgemalt ist. Das Schloss nebenan beherbergt ein sehr interessantes **Museum zur Geschichte von Bled,** in dem auch Funde aus Stein- und Eisenzeit sowie aus der slawischen Besiedlung ausgestellt sind (geöffnet März bis Okt. 8–19 Uhr, im Winter 8–17 Uhr).

Insel und Kirche

Blejski otok, die Insel im Blejsko jezero, ist das Ziel von Bootsfahrern und Schwimmern von allen Seiten des Sees. Wie eigens vom Fremdenverkehrsverband hingestellt sieht das Inselchen mit seiner **Marienkirche** aus. Auf dem vom See umspülten Felsen haben bereits die ersten slawischen Siedler eine ihrer wichtigsten weiblichen Gottheiten verehrt. Die Spuren des altslawischen Heiligtums wurden erst im 20. Jh. entdeckt, doch Sloweniens Nationaldichter France Prešeren erahnte bereits wesentlich früher die Magie des Ortes und siedelte einen Schauplatz seines Epos ›Taufe an der Savica‹ (*Krst pri Savici,* 1836) auf der Insel an: Hier leben der Priester Staroslav und seine Tochter Bogomila am Tempel der Živa, bis die Stätte in den Auseinandersetzungen zwischen Christen und heidnischen Slawen zerstört wird. Anstelle des alten Heiligtums wird eine Kirche errichtet, der die beiden Bekehrten weiterhin treu dienen, während sich Bogomilas Bräutigam und Heerführer der Heiden, Črtomir, nach Zureden seiner Auserwählten am Wasserfall Savica (s. S. 117) taufen lässt. Den beiden Liebenden ist im Diesseits kein Glück beschert, erst im Jenseits sollen sie zueinanderfinden. Črtomir bricht nach Aquileia auf, um sich in den Dienst der dortigen Patriarchen zu stellen; Bogomila aber betet nun nicht mehr zu Živa, sondern zur Jungfrau Maria.

Marienkirche auf Blejski otok, der Insel im See von Bled

Die visionären Verse Prešerens wurden durch archäologische Ausgrabungen bestätigt: Das altslawische Heiligtum auf der Insel wich spätestens im 9. Jh. der ersten christlichen Kultstätte. 1142 wurde eine dreischiffige romanische Basilika eingesegnet, im 15. Jh. folgten Umbauten im gotischen und im 16. Jh. im Barockstil. Im 17. Jh. wurde die *Treppe* erbaut, die in 99 Stufen vom kleinen Hafen hinauf zum *Gotteshaus* führt. Etwas älter ist die *Wunschglocke* (1534). Wer einmal an ihr zieht und sie dreimal hört, darf hoffen, dass es ihm besser ergeht als Bogomila und Črtomir. Gemessen am beständigen Bimmeln des Glöckchens, das vom frühen Morgen bis spät abends über den See hallt, muss die Zahl unglücklich Verliebter außerordentlich hoch sein!

TIC, Cesta svobode 15, Tel. 04/5 74 11 22, Fax 04/5 74 15 55, www.bled.si: Das TIC vermittelt Privatzimmer und Appartements und besitzt eine Fülle an Info-Material sowie Wanderkarten.

Vila Bled, Cesta svobode 26, Tel. 04/5 79 15 00, Fax 04/5 74 13 20, www.villa-bled.com. Die ehemalige Sommerresidenz des jugoslawischen Staatspräsidenten Tito ist ein luxuriöses Denkmal der 1950er Jahre-Architektur mit eigenem Park und Strandabschnitt. DZ um 70 000 SIT, 300 €.
Grand Hotel Toplice, Cesta svobode 12, Tel. 04/5 79 10 00, Fax 04/5 74 18 41, www.hotel-toplice.com. Traditionsreiches Kurhotel mit Thermenanlage und Schwimmbad, direkt am See. Um ein Zimmer zum See zu ergattern rechtzeitig reservieren! DZ um 40 000 SIT, 170 €.
Ribno, Izletniška c. 44, Tel. 04/5 78 31 00, Fax 04/5 78 32 00, www.hotel-ribno.si. Angenehmes Haus im Vorort Rib-no; breites Angebot für Aktivsportler. DZ um 25 000 SIT, 110 €.
Pension Alp, Zankarjeva 20a, Tel. 04/5 74 16 14, Fax 04/5 74 45 90. Gute, komfortable Unterkunft 1 km vom Zentrum. DZ um 16 000 SIT, 70 €.
Pension Mlino, Cesta Svobode 45, Tel. 04/5 74 14 04, Fax 04/5 74 15 06. Gasthaus an einem lebhaften Strandabschnitt, viel Rummel, nette Atmosphäre. DZ um 14 000 SIT, 60 €.

Jugendherberge Bledec (Mladinsko pre-nočišče), Grajska ul. 17, Tel. 04/5 74 52 50, Fax 04/5 74 52 51. Freundliches Haus unter dem Burgberg. Übernachtung um 4000 SIT, 18 €/Person.

Camp Šobec, Sobčeva ul. 25, 64248 Lesce, Tel. 04/5 35 37 00, Fax 04/5 35 37 01, www.sobec.si. Der hervorragend ausgestattete Campingplatz liegt östlich des Sees in Lesce und gilt als einer der besten Sloweniens.
Camp Bled, Kidričeva c. 10, Tel. 04/5 75 20 00, Fax 04/5 75 20 02, www.camping-bled.si. Am Westende des Sees mit eigenem Strand.

Blejski otok, Tel. 04/5 74 17 15: Einfaches Restaurant auf der Insel. Hauptgericht um 1700 SIT, 12 €.
Vila Prešeren, Kidričeva 1, Tel. 04/5 74 16 08. Das Restaurant dieser kleinen, edlen Pension ist wunderschön am Seeufer gelegen; die Küche serviert ein Potpourri slowenischer und internationaler Gerichte. Hauptspeise um 2500 SIT, 10 €.
Mlino, Tel. 04/5 74 14 04: Hausmannskost im ›Biergarten‹. Hauptgericht um 1500 SIT, 6 €.
Ribič, Cesta svobode 27, Tel. 04/5 74 39 38. Der ›Fischerwirt‹ mit großem Freisitz am See ist spezialisiert auf Forellen und bodenständige, slowenische Küche. Hauptgerichte um 1500 SIT, 6 €.
Pri planincu, Grajska cesta 8, Tel. 04/5 74 16 13. Hier essen die einheimischen Wanderer, denn es gibt Portionen so

Verwöhnprogramm

Eine der angenehmsten Adressen in Bled ist die Pension/Restaurant **Gostišče Mayer,** Želeška cesta 7, Tel. 04/5 76 57 40, Fax 04/5 76 57 41, www.mayer-sp.si. Das Haus stammt aus dem Jahre 1888, wurde komplett renoviert und rustikal aber zugleich elegant eingerichtet. Die Eigentümer verwöhnen im Restaurant mit slowenischen Spezialitäten nach traditionellen Rezepten. Auf Vorbestellung gibt's im Herbst *koline,* frische Schlachtplatte, oder Forellen aus dem Brunnen vorm Haus! DZ um 17 000 SIT, 70 €.

groß wie Wagenräder. Hauptgericht um 1000 SIT, 4,5 €.

Musikfestivals im Sommer, sportliche Wettkämpfe der Biathleten im Winter, Schacholympiade und Ruderregattas werden alljährlich in Bled abgehalten. Über das aktuelle Veranstaltungsprogramm und die Termine informiert das Fremdenverkehrsamt unter www.bled.si oder unter www.slovenia-tourism.si.

Bootfahren: Die traditionelle Fahrt mit den *pletna*-Booten zur Insel gehört zum Standardprogramm in Bled. Eine einfache Fahrt kostet etwa 1500 SIT. Man kann aber auch Ruderboote oder Kajaks mieten und sich auf eigene Faust aufmachen.
Kutschenfahrt: Mit der Pferdedroschke kann man den ganzen See umrunden oder kürzere Strecken in Angriff nehmen. Von Bled zur Burg kostet es ca. 5000 SIT.
Zu Fuß: Etwa 6 km lang ist der hübsche Spazierweg am Ufer entlang. Unterwegs passiert man kurz hinter dem Hotel Vila Bled einen monumentalen, weißen Bau, den von Stararchitekt Jože Plečnik entworfenen Pavillon. Wenn die Füße müde werden, kann man in die den See umrundende Touristenbahn einsteigen.
Golf: Golf & Country Club Bled, C. svobode 11, Tel. 04/5 37 77 11, Fax 04/5 37 77 22, www.golf.bled.si. Größter Golfplatz Sloweniens. Zwei Parcours mit 18 und neun Löchern in herrlicher Gebirgslandschaft.
Rafting, Kajak, Mountainbike-Touren etc. organisieren mehrere Büros in Bled, z. B. Bled Rafting, Finžgarjeva cesta 19, Tel. 041/67 80 08, www.bled-rafting.si, und Pro Montana, Ljubljanska c. 1, Tel. 04/5 78 06 60, www.promontana.si (auch geführte Trekkingtouren, Höhlenwanderungen und Klettern).
Parasailing und Fallschirmspringen: Flughafen Lesce-Bled, Tel. 04/5 32 01 00, www.alc-lesce.si.
Strände: Es gibt mehrere Strandbäder, z. B. auf dem Gelände des Kanu-Clubs unterhalb der Burg und entlang des Südufers.

Bled ist ein **Wanderparadies** der ungezählten Möglichkeiten. Touren auf die Hochplateaus Pokljuka und Mežakla bis hin zur mehrere Tage dauernden Besteigung des Triglav sind möglich. Wanderführer und -karten gibt es beim TIC Bled. Hier einige lohnenswerte Wege.
Nach Ribno: Eine schmale Straße führt durch Dörfer, Wiesen und Felder von Mlino am Südufer bis Ribno und weiter durch Waldlandschaft nach Süden. Alte Bauernhäuser und die für die Region typischen Heuharfen vermitteln beidseits des Weges ein Bild von der traditionellen Landwirtschaft dieser Gegend.
Vintgar-Schlucht: Ausgangspunkt ist der Parkplatz am Restaurant Vintgar außerhalb von Sp. Gorje, 4 km nordwestlich des Sees. Von dort folgt man dem Fluss Radovna nach Nordosten und erreicht schon bald den Eingang in die stellenweise bis zu 300 m hohe Felsenklamm, durch die der Fluss in Wirbeln und kleinen Wasserfällen dahinschießt. Der ca. 2 km lange Weg folgt zunächst dem nördlichen, dann dem südlichen Ufer der Radovna. Nach einer knappen Stunde ist der 13 m hohe Wasserfall Šum erreicht; ein Kiosk verkauft Souvenirs, Proviant und Getränke. Vom Wasserfall kann man über Sv. Katarina in ca. 1 Stunde direkt nach Bled wandern, oder man kehrt auf gleichem Weg zurück und genießt bei einer Rast im Restaurant Vintgar die köstlichen Forellen unter schattigen Kastanien (Tel. 04/5 72 50 50).

Vintgar-Schlucht in der Nähe von Bled

Winter in Bled

Das Pokljuka-Plateau bei Bled ist eines der wichtigsten Langlaufgebiete Sloweniens; regelmäßig werden hier auch Triathlon-Meisterschaften ausgetragen. Alpinskifahrer haben an den flachen und kurzen Hängen der Pokljuka und des Bleder Skibergs Straža allerdings wenig Freude; sie finden bessere Bedingungen am Berg Vogel am See von Bohinj.

Pokljuka-Schlucht: Der Ausgangspunkt liegt über dem Dorf Krnica, 7 km nordwestlich von Bled. Die Schlucht wurde von den Schmelzwassern des Pokljuka-Gletschers ausgewaschen, ist etwa 2 km lang und bis zu 40 m tief. Der vom Wasser geformte Kalkstein zeigt eine Vielfalt eigenartiger Formationen: natürliche Brücken, Höhlen (Loch von Pokljuka) und kleine Felsenplateaus. Auf gleichem Weg geht es wieder zurück zum Parkplatz oder nach Krnica, wo Busse nach Bled verkehren.

Babji zob: Der markante, 30 m hohe Felssporn mit dem originellen Namen ›Weiberzahn‹ südlich von *Bohinjska Bela* ist wegen seiner Karsthöhle (*Jama pod Babjim zobom)* interessant. Die 300 m lange Höhle besitzt eine Rarität: Helektiten, schneckenförmig gedrehte Tropfsteine. Besichtigung nach Absprache nur in den Sommermonaten möglich, Auskunft bei der Gostilna Rot, Tel. 04/5 72 00 72.

Im Sommer gibt es einen kostenlosen **Busservice** von Bled am See entlang, der alle 30 Minuten zwischen 9 und 13 und 15 bis 19 Uhr verkehrt. Häufige Verbindungen bestehen nach Kranj und Ljubljana sowie nach Radovljica und Begunje.

Der **Busbahnhof** befindet sich an der C. Svobode 4 (Tel. 04/5 71 46 21).

Der **Museumszug** startet zwischen Mitte Juni und Ende September immer donnerstags morgens in Jesenice und fährt über Bled (Bahnhof Bled-jezero, Kolodvorska c. 50, Tel. 04/5 74 11 13), Bohinjska Bistrica, Podbrdo und Most na Soči; Rückfahrt abends. Die einfache Fahrt dauert etwa 1,5 Stunden; der Preis für die Hin- und Rückfahrt beträgt 50 €.

Ausflüge in die Umgebung

Vrba

Slowenien-Atlas: S. 232, C 2

Hier wurde 1800 der Dichter **France Prešeren** geboren. 1939 wurde in seinem Geburtshaus ein Museum eingerichtet, das einen Überblick über das lyrische Werk Prešerens gewährt. Besichtigung ist Di–Fr 9–16 Uhr, Sa/So 10–16 Uhr, Tel. 04/5 80 15 03.

Radovljica

Slowenien-Atlas: S. 232, C 3

Das schmucke Barockstädtchen hat zwei Attraktionen: Ein ungewöhnliches und überaus interessantes Imkermuseum und eines der besten Restaurants der Region. Das **Imkermuseum** (*Čebelarski muzej)* liegt im Herzen der Altstadt in dem ehemaligen *Palais Thurnov grad* auf dem von hübschen Barockhäusern gesäumten Hauptplatz. Ein prunkvoller Treppenaufgang führt hinauf in die erste Etage, wo sich alles um die Bienenzucht dreht. Die Exponate des Museums umfassen neben allerlei technischem Gerät die schönsten Stücke der volkstümlichen Bienenkorbbrettchen (s. auch S. 40, 41). Sie sind mit naiven Motiven bemalt, die Szenen aus dem Volksglauben, aber auch aktuelle Ereignisse aufnehmen und karikieren. Einige besonders originelle Stücke sind darunter: Wie ein unbekannter Maler beispielsweise darauf gekommen ist, im ländlichen Slowenien ein Brettchen mit dem Schriftzug Oranje Freestate zu versehen, kann man sich kaum vorstellen! Herrlich ist auch der aus Holz geschnitzte Bienenstock, der einen mit Turban und Pluderhosen gewandeten Türken darstellt. Nach dem Rundgang können die Besucher an der Kassentheke Bienenerzeugnisse – von Honig über Propolis bis hin zu Kerzen und Lebkuchen (*medenjak*) – erwerben (Öffnungszeiten: April–Sept. Di–So 10–13 und 15–18 Uhr, März/April u. Nov./Dez. nur Mi, Sa, So 10–12 und 15–17 Uhr, im Jan. u. Feb. geschlossen).

Gostilna Lectar, Tel. 04/5 37 48 00: In dem 500 Jahre alten Haus am Hauptplatz wurde die Traditionsgaststätte bereits 1822 eröffnet; ihren Namen verdankt sie der früher hier ansässigen Bäckerei, in der die *lectarji* (vom deutschen Lebzelt) Lebkuchen zubereiteten. In der warmen Jahreszeit sitzt man auf einer schattigen Terrasse mit Blick über Dorf und Berge, im Winter in der gemütlichen, holzgetäfelten Gaststube. Serviert werden hervorragende slowenische Spezialitäten wie *Zelšovka,* ein mit Schnittlauch gewürztes Weißbrot, oder die köstliche *Matejeva polenta* mit Pfifferlingen und Käse; Hauptgericht um 1800 SIT, 8 €.

Begunje

Slowenien-Atlas: S. 232, C 2
Der Pilgerort aller Oberkrainer-Fans ist das Dörfchen mit der **Gostilna Avsenik,** in der mittwochs und freitags Nachwuchsmusiker den typischen Oberkrainer-Sound kopieren. Das Essen ist gutbürgerlich-deftig, der Service trotz des immensen Ansturms erstaunlich schnell, an den Livemusiktagen muss man unbedingt rechtzeitig reservieren (Do–Di geöffnet, Tel. 04/5 30 70 30)! Slavko Avsenik, der Begründer der Oberkrainer, zeigt sich persönlich nur selten, sein Bruder dirigiert den Gastbetrieb mit sicherer und charmanter Hand. Die Familie hat auch ein kleines Museum eingerichtet, das die Geschichte der erfolgreichen Band dokumentiert und Souvenirs verkauft (Di–So 11–13 und 15–18 Uhr).

Ganz im Schatten der Polkarhythmen steht das zweite Museum in Begunje, dessen Thema die Gräuel des Zweiten Weltkriegs sind, das **Muzej talcev:** *Schloss Katzenstein* diente zwischen 1941–45 als Gestapo-Hauptquartier und Gefängnis. Über 12 000 Menschen wurden hier gefangen gehalten, viele von ihnen gefoltert und umgebracht. Die Ausstellung informiert über diese düstere Epoche mit zahlreichen Dokumenten und Fotografien. Besichtigung Juli/Aug. Di–So 13–17 Uhr.

Kropa

Slowenien-Atlas: S. 232, C 3
Die Eisengewinnung hat eine lange Tradition in dieser Region Sloweniens, und

TRIGLAV-NATIONALPARK – AUFBAU UND KLIMA

Mit 84 805 ha ist die Alpenregion um den **Triglav** (2864 m) Sloweniens einziger **Nationalpark.** Er bedeckt nahezu die gesamte Fläche der slowenischen Julischen Alpen. Gegründet 1924, wurde er seitdem mehrmals vergrößert und in zwei Zonen eingeteilt: Die Zentralregion (52 000 ha) unterliegt strengen Naturschutzbestimmungen und umfasst Hochtäler und Hochgebirge ab der Waldgrenze; das tiefer gelegene Gebiet wird seit alters intensiv forst- und landwirtschaftlich genutzt und ist deshalb nur eingeschränkt schützbar. Siedlungsbau, Tourismus und Bodenwirtschaft unterliegen der Kontrolle der Nationalparkverwaltung, die versucht, die traditionelle, ländliche Architektur zu bewahren und der Zersiedlung und rigorosen Ausnutzung der natürlichen Ressourcen durch den Tourismus Einhalt zu gebieten. In diesem Teil gibt es 24 Ortschaften mit etwa 2000 Bewohnern.

Landschaftlich bietet das Naturschutzgebiet eine große Vielfalt: Von den sanften, bewaldeten tieferen Hängen und Almwiesen steigt man hinauf zu den zu scharfen Zacken erodierten Kalkgipfeln des Hochgebirges. Dazwischen liegen als Spuren der Gletschertätigkeit tief eingeschnittene Täler und türkisblaue Bergseen. Die im Gebirge entspringenden Bäche und Flüsse bahnen sich ihren Weg durch steile Schluchten oder stürzen in spektakulären Wasserfällen in die Tiefe. Eine auffällige Besonderheit sind die Hochplateaus (Pokljuka, Mežakla) mit ihren Almwiesen und Hochmooren. Der geologisch interessierte Wanderer kann im Nationalpark eine Fülle unterschiedlicher Formationen entdecken. Im Gegensatz zu den von Graniten und metamorphen Schiefern aufgebauten Zentralalpen sind die Julier von Karsterscheinungen geprägt. Neben den im Kapitel Karst (s. S. 136f.) beschriebenen Landschaftsphänomenen, den Dolinen, Poljen und Einbruchstrichtern, gibt es in den Julischen Alpen Besonderheiten, die unter Hochgebirgsbedingungen ausgeformt wurden: Karren sind nebeneinander verlaufende schmale Spalten im porösen Kalkstein, durch die das Wasser versickert. Das Gestein sieht aus, als hätte ein Riesenrechen darin seine Furchen hinterlassen. Unter bestimmten Bedingungen brechen diese Karren zu quer verlaufenden Stufen, die wie von Menschenhand ins Gestein gehauene Treppen über die Felsen führen: Dieser Schichttreppenkarst ist in der Umgebung des dritten Triglav-Sees gut zu studieren. Der hochalpine Karst ist auch reich an Höhlen.

Neben dem leicht formbaren und porösen Kalkgestein prägen die Spuren der eiszeitlichen Gletschertätigkeit das Landschaftsbild. Bei Stara Fužina in der Nähe von Bohinj kann man die Endmoränen, die der in der Eiszeit wohl bis zu 50 km lange Gletscher hinterlassen hat, hervorragend studieren: ebenso ist der Talkessel von Bled von Rückzugsmoränen geprägt. Die Spuren der Gletschertätigkeit sind auch im Tal der Sieben Seen (s. S. 117) als Rundhöckerlandschaft zwischen viertem und fünftem See sichtbar.

Der Triglav-Nationalpark bildet die hydrologische Grenze, an der das Einzugsgebiet von Adria und Schwarzem Meer aufeinanderstoßen. Im Park entspringen die Flüsse Sava (Save) und Soča (Isonzo), die vom Gebirge aus in zwei unterschiedliche Richtungen dem Meer zustreben: die Soča nach Südwesten, wo sie in die Adria mündet, die Save nach Osten, wo sie mit der Donau vereinigt ihren Weg im Schwarzen Meer beendet.

Klimatisch liegt der Triglav-Nationalpark im Grenzgebiet des mitteleuropäisch-kontinentalen Klimas und des sanfteren Mittelmeerwetters. Die Entfernung zum Meer und die relative Meereshöhe bestimmen das klimatische Geschehen. So muss man im Hochgebirge mit starken Schwankungen, niedrigen Temperaturwerten und häufigen Niederschlägen rechnen, während in den nach Südwesten ausgerichteten Tälern deutlich wärmeres und trockeneres Wetter zu erwarten ist. Im Gegensatz zur Temperatur sind die Niederschlagsmengen im gesamten Parkgebiet relativ gleichmäßig verteilt. Das Jahresmittel liegt bei 1500 mm, ein Drittel des Jahres regnet es im Durchschnitt, wobei der Höhepunkt der ›Regenzeit‹ im November und in den Monaten Juli und August liegt, während sich der Winter niederschlagsarm präsentiert. Als sichere Schneelagen gelten die Gipfel und Hänge im östlichen und nördlichen Teil des Parks, der Westen (Soča-Tal) weist unter Einfluss des Mittelmeerklimas selten eine geschlossene Schneedecke auf.

Im Sieben-Seen-Tal unter dem Triglav

Kropa ist ein typisches Schmiededorf unter dem Hochplateau Jelovica. Charakteristisch für die Architektur dieser Siedlungen sind die schmalen, mehrgeschossigen Häuser. Während die Herrschaften die großzügigen unteren Etagen bewohnten, waren die Familien der Minenarbeiter und Schmiede in den Dachkämmerchen zusammengepfercht. Im Museum **Kovaški muzej** sind die Arbeits- und Lebensbedingungen der Menschen auf eindringliche Art und Weise dargestellt. Daneben informiert es den Besucher über geologische Besonderheiten und die Geschichte des Bergbaus in der Region zwischen dem 15. und dem 19. Jh. und zeigt schmiedeeiserne Kunstwerke aus der Hand des Meisters Joža Bertoncelj. Eine mit Original-Werkstücken eingerichtete **Schmiede** liegt etwas bergauf am Ende des Ortes (Besichtigung nur mit Führung möglich). Das Museum ist in der Hauptsaison zwischen Mai und Oktober Di-So von 10-13 und 15-18 Uhr geöffnet, ansonsten gelten kürzere Öffnungszeiten (Auskunft unter Tel. 04/5 33 67 17).

Bohinjsko jezero

Pr Kovač, Kropa 30, Tel. 04/5 33 63 20. Urige Wirtschaft, in der bestens nach traditionellen Vorbildern gekocht wird; im Sommer Tische und Stühle am rauschenden Wildbach; Hauptgericht um 1800 SIT, 8 €.

Bohinjsko Jezero

Slowenien-Atlas: S. 232, B 3
Bohinjsko jezero, deutsch *Wocheiner See,* ist Sloweniens größter permanenter See (der See von Cerknica, S. 140, ist zwar größer, doch führt er nur im Winter Wasser). Eingebettet zwischen dem 1682 m hohen Berg Vogel (das v wird wie w gesprochen!) im Süden und dem bis zu 1200 m hohen Plateau der Komarča im Norden bleibt nur an den beiden Schmalseiten Platz für Siedlungen. Gespeist wird der See von der Quelle der Savica, die im Westen als malerischer Wasserfall aus dem Karstgestein tritt und den See als Sava Bohinjka im Osten verlässt. Mehr noch als Bled ist die Gegend um Bohinj ein Sport-Wanderparadies par excellence; ein Teil der Region gehört bereits zum Triglav-Nationalpark.

Hammerwerke und Kühe

Die Region um Bohinj besitzt eine ins 14. Jh. zurückreichende Tradition des Eisenabbaus und der -verhüttung. Zeugnis hiervon legen heute Ortsnamen wie Stara Fužina (fužina = Hammerwerk) ab. Ende des 19. Jh. war durch die Konkurrenz billigeren Eisens aus dem Norden die Blütezeit des Eisenabbaus vorbei und die Bohinjci mussten umsatteln. Die Weidewirtschaft, auch sie ein alter Erwerbszweig dieser Region, gewann an Bedeutung. Auf den Hochplateaus um den See von Bohinj sind noch heute die einfachen Almhütten zu sehen, an denen die Hirten den Sommer über das Vieh weiden ließen und Käse herstellten. Tradition hat in dieser Region auch der Alpinismus: Der 26. Juli 1778 ist in den historischen Annalen als Datum der Erstbesteigung des Triglav festgehalten. Finanziert wurde die Expedition der vier Bohinjer Bergsteiger von Baron Žiga Zois, der sich auch als Förderer slowenischer Literaten einen Namen gemacht hat.

Ribčev Laz

Der Ort am Bohinjsko jezero ist der touristische Mittelpunkt des Wochein. Markantes Wahrzeichen ist die Johannes dem Täufer geweihte **Kirche Sv. Janez,** neben der eine schmale Steinbrücke den Ausfluss der *Sava Bohinjka* überquert und in die moderne Siedlung hineinführt. Der ursprünglich romanische Bau des Kirchleins (wahrscheinlich vor 1300 entstanden) wurde im 15. Jh. erweitert und mit einem Kreuzrippengewölbe über dem Presbyterium geschmückt. Älter sind die Fresken, mit denen der Kirchenraum bemalt ist, einige stammen aus dem 14. Jh. und stellen die Schutzpatrone der wichtigsten Wirtschaftszweige dar: St. Barbara, die Heilige der Bergleute und Schmiede, St. Leonhard, der die Viehzüchter vor Unheil bewahrt, und St. Bolfenk, den Hirten, Bootsleute und Holzfäller für sich reklamieren. Wenn die Kirche geschlossen ist, muss man sich mit dem St. Christophorus-Fresko an der Außenwand begnügen (der Patron der Verkehrsteilnehmer und Reisenden sieht allerdings schon recht verwittert aus) oder, das ist die andere Möglichkeit, den Schlüssel bei der Touristeninformation holen.

Zentrum des Ortes ist ein großer Platz mit Restaurants, Cafés, Supermarkt, Post und Touristenbüro. Die kleine Grünanlage gegenüber ziert ein *Bronzedenkmal der ›Vier Beherzten‹,* jener Männer, denen im 18. Jh. die Erstbesteigung des Triglav glückte. Arm in Arm stehen sie stolz vor der majestätischen Alpenkulisse, auf ihren Schicksalsberg blickend, dessen drei Zackengipfel sich bei klarem Wetter deutlich abzeichnen.

Stara Fužina

Das ehemalige Schmiededorf liegt 2 km vom See entfernt. Mit 543 Einwohnern ist es nach Bohinjska Bistrica die zweitgrößte Ansiedlung des Wochein; in den Sommermonaten leben hier aber wesentlich mehr Menschen, denn fast jedes Haus in Stara Fužina vermietet Zimmer und Appartements an Feriengäste. Zwischen den modernen Einfamilienhäusern ist noch mancher alte Bauernhof zu entdecken, so etwa das Haus der *Gostilna Mihovc* und das Gebäude, in dem heute das **Sennereimuseum Planšarski muzej** untergebracht ist. Das Museum zeigt

MYTHEN: DREIKOPF UND GOLDHORN

Mit seinen markanten drei Gipfelzacken ziert der *Triglav* das slowenische Staatswappen und die Flagge. Als Triglav, Dreikopf, verkörpert der Berg eine alte slawische Gottheit, den dreiköpfigen Terglov, der mit einem Kopf den Himmel, mit dem zweiten die Erde beherrscht und seinen dritten dem unterirdischen Reich zuneigt. So ist der Berg auch ein passendes Symbol für Slowenien mit seinen hohen Gipfeln, den weiten Ebenen und dem unterirdischen Reich von Grotten und Höhlen. Die berühmteste slowenische Legende kreist um das Massiv dieses mythischen Berges: Vor langer Zeit nämlich lebte hier der wundertätige Steinbock Zlatorog. Mit seinen goldenen Hörnern (*zlato* = Gold, *rog* = Horn) beherrschte er Berge, Wiesen und Wälder und die Schätze, die in unterirdischen Höhlen verborgen waren. Zlatorog war unsterblich, und wenn er sich verletzte, spross aus dem mit Blut benetzten Boden eine Wunderblume, die alle Leiden der Menschen heilen konnte. Doch eines Tages trieb die Gier nach Gold zwei Jäger so weit, dass sie Zlatorog überlisteten und schwer verwundeten. Im Todeskampf zertrampelte Zlatorog die blühenden Almwiesen, zerstörte die Wälder, hinterließ den Menschen eine trostlose Steinwüste und verschwand. Kein Strauch, kein Gras wuchs mehr auf den Kalkflächen der höheren Lagen, und die Wunderblume – man identifiziert sie mit dem Dolomiten-Fingerkraut – verlor ihre heilende Kraft. Dieser Frevel stieß die Menschen in tiefe Armut und schlug sie mit der Bürde schwerster Arbeit, um ihr Leben fristen zu können.

Anlage und Einrichtung einer traditionellen Sennerei und dokumentiert in historischen und modernen Fotografien die Entwicklung der Almwirtschaft im Raum Bohinj. Eine eigene Abteilung ist der Käserei gewidmet, die bis 1971, als in *Srednja Vas* eine moderne Käserei ihre Pforten öffnete, noch auf den Almen betrieben wurde. Geöffnet ist das Museum tgl. außer Mo. im Juli/Aug. von 11–19 Uhr, sonst von 10–12 und 16–18 Uhr. Am Ortsrand (Wanderweg in Richtung *Hudičev most,* Teufelsbrücke) liegt das bescheidene **Schloss der Grafen von Zois,** tatsächlich kaum mehr als ein Gutshof. Der letzten Eigentümer der Eisenhütten von Bohinj. Baron Žiga von Zois (1747–1819), steckte das verdiente Geld in die Förderung slowenischer Kultur und Literatur und ging deshalb als eine der wenigen positiven Ausnahmen unter den Feudalherren in die slowenische Geschichte ein.

Studor

Das Dorf, 2 km von Stara Fužina entfernt, ist eine der ältesten und malerischsten Ansiedlungen im Tal von Bohinj. Von der Landstraße aus sieht man zunächst nur eine große Ansammlung der für die Region so berühmten Heuharfen, *kozolci,* fast alle in der ›doppelten‹ Ausführung (*toplar)*, wie sie nur die reichen Bauern aufstellen konnten. Zwei aus Holz errichtete Heuharfen werden durch ein Spitzdach und kunstvoll geschnitzten Querstreben miteinander verbunden. Gras, Klee und Mais werden an den Seitensprossen getrocknet und dann auf dem überdachten Heuboden gelagert, denn im Tal von Bohinj »hat der Regen Junge«, so ein lokales Sprichwort. Ohne *kozolec* könnten die Bauern ihre Ernte nicht trocken einbringen. Unter dem Heuboden wird landwirtschaftliches Gerät eingestellt.

Die Besonderheit der Heuharfen von Studor ist, dass sie in der gleichen Anordnung erbaut wurden wie die Häuser des eigentlichen Dorfes dahinter. Sie stellen ein Spiegelbild des Dorfgrundrisses dar. Die Siedlung Studor zeigt alle Charakteristika alpenländisch-slowenischer Architektur: Die Höfe bestehen aus einem gemauerten Erdgeschoss und einer aus Holz erbauten ersten Etage, teils mit schattigen Laubengängen geschmückt und durch weit vorkragende Schindeldächer vor Regen und Wind geschützt. Steinmetzbögen umrahmen die alten Hauseingänge, und in den kleinen Gärten vor dem Haus blühen Sommerblumen in schönster Pracht.

Ein Musterhaus dient als alpenländisches Museum: In der **Oplenova hiša** (Öffnungszeiten wie beim Sennereimuseum s. S. 114) kann man sich über die Wohntraditionen, Trachten, Arbeitsgerät und die Lebensbedingungen der Alpenslowenen informieren und heimischen Schnaps und Likör verkosten.

Bohinjska Bistrica

Der Hauptort von Bohinj mit knapp 2000 Einw. war wie die anderen Dörfer ursprünglich ein Zentrum der Eisenverarbeitung. Auf die lange Besiedlungsgeschichte des Ortes verweisen prärömische und römische Funde, die außerhalb des Ortes in *Ajdovski Gradec* gemacht wurden. Heute ist Bohinjska Bistrica durch die Ende des 19. Jh. angelegte Eisenbahnlinie der verkehrsmäßig am besten erschlossene Ort des Wochein und damit ein wichtiges Touristenzentrum. Besonders die Rodler können stolz auf eine lange Tradition zurückblicken: 1909 wurde die erste Rodelbahn angelegt! Mit dem Bau eines Skilifts auf den Berg **Kobla** im Jahre 1970 entwickelte sich Bohinjska Bistrica zu einem wichtigen Skizentrum.

TIC Bohinj, Ribčev Laz 48, Tel. 04/5747590, Fax 04/5747591, www.bohinj.si: Geöffnet tgl. 8–21, So 8–19 Uhr. Infomaterial, Wanderkarten und -führer, Geldwechsel, Vermittlung von Privatzimmern und Appartements.
Agencija Alpinum, Ribčev Laz 50, Tel. 04/5778000, Fax 04/5723446, www.alpinum.net. Infomaterial, Unterkunft, Sport- und Ausflugsprogramme, Angelscheine. Zwischen April und Oktober verkehrt ca. alle 2 Stunden ein Schiff zwischen Ribčev Laz und Hotel Zlatorog am Westende des Sees.

Zlatorog, Ukanc 64, Tel. 04/5 72 33 81, Fax 04/5 72 33 84, www.alpinum.net. Angenehme Anlage am Westende des Sees, Hallenbad, eigener Strand. DZ um 20 000 SIT, 90 €.
Ski, Ukanc 180, Tel. 04/5721691, Fax 04/5721105, www.alpinum.net. Skihotel

Privat wohnen

Preiswerter und oft auch hübscher wohnt man in Privatzimmern und Appartements, die das Turistbiro in Ribčev Laz vermittelt: DZ je nach Kategorie zwischen 2000 und 3000 SIT/Person, Appartements für vier Personen mit zwei Schlafzimmern ca. 12 000–15 000 SIT. Die meisten Gastgeber sprechen etwas deutsch, helfen gerne mit Tipps und Informationen – und fast alle verwöhnen ihre Gäste mit selbst gebranntem Schnaps oder selbst gezogenem Obst.

auf dem Vogel mit herrlichem Bergblick, doch leider etwas vernachlässigt. Einige Zimmer sind renoviert. DZ um 26 000 SIT, 110 €.

Bellevue, Ribčev Laz 65, Tel. 04/5 72 33 31, Fax 04/5 72 36 84, www.alpinum.net. In Panoramalage am Ortsrand von Ribčev Laz, freundliches Hotel im Alpenstil. DZ um 17 000 SIT, 70 €.

Camping Zlatorog, Ukanc 2, Tel. 04/5 72 34 82, www.alpinum.net. 100 Stellplätze, Restaurant, Boot- und Fahrradverleih, direkt am See.

Gute, aber auch recht teure Küche servieren die Hotelrestaurants.

Kristal, Ribčev Laz 4, Tel. 04/5 72 33 42. Hübsches Gartenrestaurant mit guter slowenischer Kost, vermietet auch Zimmer. Hauptgericht um 1200 SIT, 5,50 €.

Gostilna Rupa, Srednja Vas 89, Tel. 04/5 72 34 01. Am Ortsausgang in Richtung Češnjica, sehr beliebtes Lokal, das vor allem donnerstags bis auf den letzten Platz besetzt ist (früh kommen, Reservierung nicht möglich): dann gibt's Spanferkel und dazu Volksmusik live! Hauptgericht um 2000 SIT, 9 €.

Gostilna Mihovec, Stara Fužina 118, Tel. 04/5 72 33 90. Uriges Gasthaus mit slowenischen Spezialitäten. Hauptgericht um 1100 SIT, 5 €.

Gostilna Planšar, Stara Fužina, gegenüber dem Sennereimuseum. Kleine, aber gute Karte slowenischer Hausmannskost. Hauptgericht um 1500 SIT, 6 €.

Pizzeria Center, am Hauptplatz in Ribčev Laz, Tel. 04/5 72 34 75. Treffpunkt der jungen Leute, die die Riesenpizzas zu vernünftigen Preisen schätzen. Pizza um 1200 SIT, 5 €.

Im Laden des TIC werden Wanderkarten und -führer verkauft. Direkt nebenan gibt's Sportausrüstung für diejenigen, die ihre Wanderschuhe zu Hause vergessen haben.

Anfang August wird in Bohinj geheiratet – doch natürlich findet die ›*Bauernhochzeit*‹ nur für die Feriengäste statt. Urtümlicher ist der Almabtrieb Ende September, der mit Musik und Tanz beim ›Kuhball‹, kravji bal, gefeiert wird.

Jede Art sportlicher Aktivitäten vermittelt die Agentur Alpinum (s. Info).

Triglav-Besteigung mit Führer (Dauer zwei Tage) um 30 000 SIT.

Gleitschirmfliegen: Ein Tandemflug zwischen 12 000 und 16 000 SIT, je nach Abflugsort vom Vogel oder Vogar. Die Belohnung für den Nervenkitzel ist ein herrliches Panorama des Sees und der Alpengipfel!

Hydrospeed: Mit einem Speedschwimmer (und wasserfester Ausrüstung) über die Stromschnellen der Sava Bohinjka treiben, Länge ca. 5 km, Preis 7000 SIT.

Canyoning: Von der Teufelsbrücke bei Stara Fužina klettert, springt und

Kinder im Trend

Alpinum bietet im Sommer spezielle Sportaktivitäten für Kinder an: so beispielsweise Kletterkurse an der Kletterwand Pod skalco. Für rund 17 000 SIT, 75 € (10 Std.) machen die Kleinen unter Aufsicht hier ihre ersten Kletterversuche. Auch für spannende Unterhaltung wird gesorgt: Kinderkanutouren auf dem See von Bohinj arten schnell in lustiges Indianer- und Cowboy-Spiel aus (1000 SIT). Auskunft bei **Agencija Alpinum,** Ribčev Laz 50, Tel. 04/5 77 80 00, Fax 04/5 72 34 46, www.alpinum.net.

schwimmt man durch den Canyon der Mostnica, Preis 8000–10 000 SIT, Ausrüstung wird gestellt. Außerdem Rafting, Wildwasserfahren, Mountainbiketouren. **Klettern:** Bei Ribčev Laz befindet sich eine Kletterwand mit allen Schwierigkeitsgraden: Climbing Center ›Pod Skalco‹, Tel. 04/5 72 42 31, eine Klettertour kostet ca. 900 SIT, Kletterkurs ca. 18 000 SIT. **Reiten:** Ranch Mrcina, Srednja vas v Bohinju, Mobil-Tel. 041-79 02 97

Zum **Savica-Fall** westlich des Sees: Ausgangspunkt ist der Parkplatz bei Koča pri Savici, den man auf einer von Ukanc herführenden Straße erreicht. Ein kurzes Stück geht's noch auf Asphalt, dann wird an einem Kassenhäuschen Eintritt bezahlt und man folgt dem in Serpentinen angelegten Waldweg den Berg hinauf. Etwa 20 Min. dauert der Aufstieg, dann blickt man von einer Aussichtsplattform auf die 78 m hohe Felswand, über die das Wasser der Savica hinunterstürzt. **Auf den Vogel:** Der Ski- und Aussichtsberg von Bohinj lässt sich mit der Seilbahn erklimmen. Von der Bergstation in 1540 m Höhe liegen dem Betrachter die Julier und der kristallblaue See zu Füßen. Wer hier oben übernachtet, sollte sich keinesfalls den Sonnenaufgang entgehen lassen. **Von Ribčev Laz nach Srednja vas:** Etwa 5 km lang ist der Spaziergang durch Felder und Wiesen, vorbei an alten Bauernhäusern und Heuharfen. Man folgt der Straße vom See in Richtung Boh. Češnjica, passiert **Stara Fužina** und **Studor** und kehrt in Srednja vas in der Gostilna Rupa zu einem Mittagsimbiss ein.

Züge ab Bohinjska Bistrica in Richtung Jesenice und Nova Gorica; Dampfeisenbahn ›Museumszug‹ s. Bled S. 108. **Busse** ab Bohinj-jezero (Ribčev Laz) nach Ljubljana sowie häufige Verbindung nach Stara Fužina, Studor, Srednja Vas, nach Ukanc und zum Savica-Fall.

Das Tal der Sieben Seen

Eine der schönsten Wanderwege in den Juliern führt durch das ›Tal der Sieben Seen‹ unterhalb des Triglav-Gipfels. Ausgangspunkt ist Koča pri Savici am Savica-Fall. In etwa 2,5 Stunden erreicht man nach einem sehr steilen Anstieg das Tal und kann in der Hütte Koča pri Triglavskih jezerih (Reservierung unter Tel. 050-61 52 35) übernachten. Kleine und größere Gletscherseen reihen sich hier aneinander; im Frühsommer sind die Wiesen mit bunten Blüten übersät!

VOM SAVA-TAL INS TAL DER SOČA

Kontraste: Die Sava im Norden des Triglav-Nationalparks bahnt sich ihren Weg durch ein weites Tal, dessen Hauptort Kranjska Gora beliebteste Sommerfrische und Sloweniens bekanntestes Wintersportgebiet ist. Die Soča dagegen rauscht und gurgelt zwischen Felsen gen Süden, und im Sommer messen sich Kanuten mit ihrem Ungestüm.

Sava-Tal und Kranjska Gora

Slowenien-Atlas: S. 232, B 2
Im Norden begrenzt das Flusstal der Sava dolinka den Triglav-Nationalpark. Das Tal trennt die Gebirgszüge der Julier und der Karawanken und verläuft nahezu parallel zur österreichisch-slowenischen Grenze. Nach Nord und Süd führen Gletschertäler vom Sava-Tal in die Gebirgswelt hinein. Wie die Region Bled/Bohinj ist Kranjskas Gora ein bedeutendes Sport- und Freizeitzentrum Sloweniens.

Kranjska Gora

Slowenien-Atlas: S. 232, B 2
Touristischer Mittelpunkt des Tals und zugleich Schnittstelle der von Italien und Österreich nach Slowenien führenden Alpenstraßen ist der 1600-Seelen-Ort Kranjska Gora. Umgeben von Zweitausendern breitet sich die Siedlung mit ihren Skihotels südlich der Sava entlang des hier einmündenden Flüsschens Pišnica am Talboden aus. Obwohl der Ort alte Wurzeln besitzt – 1362 wurde er erstmals erwähnt – ist kaum noch Historisches erhalten. Kranjska Gora steht ganz im Zeichen des Tourismus, der im Sommer Scharen von Wanderern, im Winter Skifahrer und Rodler in das Dreiländereck zieht. Wenn in der Hochsaison alle Betten belegt sind, kommen vier Fremde auf einen Einheimischen.

Das Kieferntal
Lange Zeit war Kranjska Gora ein unbedeutendes Dorf, dessen Einwohner sich von der Landwirtschaft ernährten. Um Ackerflächen zu gewinnen, wurden die dichten Kiefernwälder gerodet, und schon bald hatten die Menschen im Tal ihren Spitznamen weg: Borovci, von borovec, Kiefer. Der Erste Weltkrieg brachte für Kranjska Gora eine tief greifende Veränderung: Um den Nachschub an die Isonzo-(Soča)-Front (s. S. 124) besser organisieren zu können, ließ Österreich seine russischen Kriegsgefangenen eine Straße von Kranjska Gora über den 1611 m hohen Vrsič-Pass ins Soča-Tal bauen. Somit war die Verbindung nach Westen und Süden hergestellt.

Sobald das Militär abgezogen war, kamen die ersten Skifahrer nach Kranjska Gora. Weltberühmt wurde der Wintersportort 1934, als im nahen Planica die erste Skischanze errichtet wurde, auf der seither immer neue Rekorde geflogen werden. Neben der gotischen **Marienkirche** im Ortszentrum ist die einzige historische Sehenswürdigkeit das **Volkskundemuseum Liznjekova hiša** in einem Bauernhaus aus der Mitte des 18. Jh. (Di–Fr 10–16.30, Sa/So 10–17 Uhr).

TIC, Tičarjeva 2, Tel. 04/ 5 88 17 68, Fax 04/5 88 11 25, geöffnet 8–14 und 15–19 Uhr, So 9–13 Uhr, www.kranjska-gora.si. Infomaterial, Wanderkarten, Vermittlung von Privatzimmern und Appartements.

Kompas, Borovška 100, Tel. 04/ 5 88 16 61, Fax 04/5 88 11 76. Modernes Komforthotel mit Hallenbad. DZ um 30 000 SIT, 120 €.
Špik, Jezerci 21, Tel. 04/5 88 01 20, Fax 04/5 88 01 15. Futuristisches Alpinhotel mit guter Ausstattung und eigenem Sportzentrum mit Kletterwand und -schule bei Gozd-Martuljek. DZ um 18 000 SIT, 80 €.
Lek, Vršiška 38, Tel. 04/5 88 15 20, Fax 04/ 5 88 13 43. Geschmackvoll ausgestattet, guter Service. DZ um 40 000 SIT, 160 €.
Vila Triglav, Naselje Ivana Krivca 6, Tel. 04/5 88 14 87, Fax 04/5 88 12 25. Sehr komfortables Garni-Hotel am Ortsrand, familiäre Atmosphäre, Pool und Fitness-Raum. DZ um 30 000 SIT, 120 €.
Kotnik, Borovška 75, Tel. 04/5 88 15 64, Fax 04/5 88 18 59. Gemütliches Hotel im Ortszentrum. DZ um 15 000 SIT, 65 €.

Kotnik, im gleichnamigen Hotel. Slowenische Spezialitäten und Grillgerichte. Hauptgericht um 1500 SIT, 6,5 €.

Skiregion Dreiländereck

Zwischen Mitte Dezember und März erschließen 16 Schlepp- und fünf Sessellifte etwa 30 km Pisten. Die Preise für Liftkarten und Unterkunft sind gemessen am Niveau der beiden Nachbarländer relativ günstig. Im Zuge der Initiative ›Tourismus ohne Grenzen‹ gelten bestimmte Skipässe auch in Italien und Österreich (Informationen bei Touristenbüro).

Pizzeria Pino, ebenfalls im Hotel Kotnik. Pizza aus dem Holzofen. Um 1000 SIT, 4 €.
Srnjak, Galerše 3, Tel. 041/74 41 85, Mai–Okt. Beliebte Ausflugsgaststätte über Kranjska Gora mit herrlichem Alpenpanorama.. Um 1400 SIT, 6 €.

Die Liste der Veranstaltungen ist sommers wie winters beinahe unendlich – von Wochen der traditionellen Chöre und Huskie-Schlittenjagden über Fackelläufe bis hin zu Weltcup-

Die besten bäuerlichen Rezepte

Ein uralter Hof im Dorf Podkoren, ein engagiertes Wirtspaar und die traditionelle slowenische Alpenküche – fertig ist eines der besten Wirtshäuser der Region. Auf Voranmeldung wird in der altertümlichen Schwarzküche gekocht. **Domačija Šerc,** Podkoren 18, Tel. 04/588 11 80. Hauptgericht um 1800 SIT, 8 €.

Skirennen wird alles Mögliche in und um Kranjska Gora geboten. Die Termine finden sich unter www.kranjska-gora.si.

Im Sommer Wandern, Klettern, Wildwasserfahren etc., im Winter alles, was man auf Schnee und Eis sportlich unternehmen kann. Ansprechpartner sind das TIC sowie die Agentur Julijana Turizem, www.sednjek.si.

Stündlich **Busse** in Richtung Jesenice und Ljubljana sowie nach Rateče, mehrmals täglich nach Bled, zweimal/Tag nach Tarvisio (I). Im Sommer fährt ein Bus über den Vrsič-Pass ins Soča-Tal bis Bovec.

Sehenswert um Kranjska Gora

Gozd Martuljek

Das Dorf östlich von Kranjska Gora liegt in einer grandiosen Gebirgslandschaft eingebettet zwischen Zweitausendern der Špik-Gruppe. Vom Ort führt ein

Kranjska Gora ist eines der beliebtesten slowenischen Skigebiete

Wanderweg durch die **Martuljek-Schlucht** über Steige und Felspfade zum kleineren **Martuljek-Fall** (50 m hoch) und etwa einen halben Kilometer weiter zum oberen Martuljek-Fall, der über eine 110 m hohe Felswand herabrauscht (Dauer etwa 2 Stunden).

Dovje Mojstrana

Von Mojstrana sieht man bei klarem Wetter ins Vrata-Tal und auf die Triglav-Nordwand, den schwierigsten Aufstieg zum Dreikopf. Wer ein Stück ins Tal hineinfährt, kommt der nahezu senkrechten Wand noch näher und kann sich lebhaft vorstellen, welches Abenteuer deren Erstbesteigung war. So eingestimmt ist der Besuch des **Museums Triglavska muzejska zbirka** unbedingt lohnend. Es dokumentiert die Erstbesteigung des Triglav und die Geschichte des slowenischen Alpinismus (Mai–Okt., Di–So 10–17 Uhr).

Zelenci / Sava-Quelle

Direkt an der Straße Kranjska Gora – Rateče befindet sich links der Parkplatz, von dem man auf Spazierwegen das Moorgebiet Zelenci erkunden kann. Die mit kleinen, türkisblauen Teichen gesprenkelte Sumpflandschaft ist der Rest eines Gletschersees; gespeist von sprudelnden Unterwasserquellen nimmt die Sava dolinka hier ihren Anfang. Das Moor ist reich an seltenen Pflanzen und eine beliebte Brutstätte verschiedener Vogelarten.

Planica

Das U-förmige Planica-Tal verdankt seine Berühmtheit den drei Skischanzen, die 1934 an dieser von der Natur so günstig geformten Stelle errichtet wurden. Seither wurde hier so mancher Rekord gebrochen (sowohl die 100- wie die 200-Marke wurde erstmals in Planica überflogen), und im März 2003 stellte der Finne Matti Hautamäki mit einem Sprung auf 228,5 m einen neuen Rekord auf. Er überbot damit die Bestmarke von Andreas Goldberger von 2000 um 3,5 m.

Ins Soča-Tal

Slowenien-Atlas: S. 232, B 2-4, A 3/4
Das Tal der **Soča** oder des *Isonzo,* wie die Italiener den Fluss nennen, gehört zu den Highlights, die kein Reisender verpassen sollte. Zwischen den weißgrauen, zackigen Kalkspitzen der Zweitausender stürmt der eiskalte Gebirgsfluss von seiner *Quelle* unterhalb des Vršič nach Südwesten und folgt dabei fast parallel der nur wenige Kilometer entfernten italienischen Grenze, die auf dem westlichen Kamm des Soča-Tals verläuft. Bis Bovec durchquert die Soča dabei den Westteil des *Triglav-Nationalparks.*

Über den Vršič-Pass

Slowenien-Atlas: S. 232, B 2
Die Strecke über den Vršič-Pass ist eine der spektakulärsten Alpenstraßen Sloweniens. In den Wintermonaten kann sie oft nicht befahren werden, und auch im Frühjahr und Herbst versperren gelegentlich Erdrutsche den Weg. Wer sich von Kranjska Gora nach Süden aufmacht, sollte sich zuerst über den Straßenzustand informieren.

Der 1611 m hohen Pass Vršič bildet den einzigen Übergang vom **Sava-** ins **Soča-Tal.** Nach der ersten Kurverei auf Haarnadel-Serpentinen passiert man auf einem relativ geraden Straßenstück die 1917 erbaute, holzverschalte **Russische Kapelle** (Ruska kapelica). Sie wurde von russischen Kriegsgefangenen im Gedenken an die unzähligen Opfer errichtet, die beim Bau dieser Alpenstraße umgekommen sind. Für das kaiserliche Österreich bildete der Vršič den schnellsten und direktesten Weg an die Isonzo-Front. In jahrelanger Arbeit schlugen die Menschen die Straße in den Fels. Viele starben an Kälte, Hunger und Erschöpfung, 110 Russen und sieben Wachleute kamen ums Leben, als sie am 8. 3. 1916 von einer Lawine verschüttet wurden. Ihre Gebeine sind unter dem pyramidenförmigen Grabmal neben der Kapelle beigesetzt.

Danach werden die Kurven noch enger, die Steigungen kühner. Links erhebt sich der mächtige Gebirgsstock des Prisank (2547 m), rechts die Gipfel der Großen und Kleinen Mojstrovka (2366 m). Man überquert den **Vršič** (1611 m) und kann den gebeutelten Nerven etwas Ruhe gönnen, bevor es erneut in engen Kehren ins schmale Trenta-Tal hinuntergeht. Fast 900 m Höhenunterschied werden auf dem knapp 10 km langen Teilstück überwunden! Links und rechts türmen sich hohe Felswände und ziehen sich bedrohlich immer näher zusammen. Das *Denkmal des Bergsteigers Julius Kugy,* eines der größten Bewunderer der slowenischen Julier, markiert den Endpunkt der Passstraße.

Julius Kugy und die Julier

Den passionierten Alpinisten und Wissenschaftler (1858–1944) verschlug ein botanischer Irrtum in die Julier. Er war auf der Suche nach einer Blume, die der Naturforscher *Balthasar Hacquet* im 18. Jh. als Endemit dieser Alpenregion beschrieben hatte. Jahre seines Lebens verbrachte Kugy mit der Erforschung der regionalen Flora und bestieg alle wichtigen Gipfel der Julier. Irgendwann kam ihm endlich die Er-

Wie viele slowenische Alpenflüsse entspringt die Soča aus einer Karstquelle

leuchtung: Hacquet hatte eine Pflanze katalogisiert, die bereits unter anderem Namen bekannt war. Doch das war längst nicht mehr wichtig. Kugy hatte ›seine‹ Berge entdeckt, deren Loblied er zeit seines Lebens singen sollte. Hier, beim Kugy-Denkmal, liegt die Abzweigung zur **Quelle der Soča,** die etwa 2 km westlich aus einer Karstquelle entspringt und über Felsstufen und durch Canyons gen Tal sprudelt. »Der Isonzo-Ursprung ergriff mit seinen Geheimnissen meine Freunde tief. Wir folgten dem Lauf der farbigen und singenden Wasser ...« schreibt Kugy in seinem letzten Buch ›Aus vergangener Zeit‹ über diesen magischen Ort.

Die Pflanzenwelt der Julier, die Kugy so faszinierte, wird einen Kilometer weiter in einem hübsch angelegten Schaugarten dokumentiert: Über 1000 Blumen, Büsche und Bäume der slowenischen Bergwelt sind im Alpinum Juliana vertreten (Mai–Okt. 8.30–18.30 Uhr).

Trenta

Slowenien-Atlas: S. 232, B 2

In Trenta endet die Vršič-Route nach ihrer angeblich fünfzigsten Kurve auf insgesamt 25 Straßenkilometern. **Na Logu**, der höhergelegene Teil von Trenta besitzt mit dem **Trentarski muzej** und dem Informationszentrum der Nationalparkverwaltung zwei sehenswerte Ausstellungen über Menschen und Umwelt im Trenta-Tal (Dom Trenta, Tel. 05/3 88 93 30, April–Okt. 10–18 Uhr). Von Na Logu führt eine Stichstraße nach Osten in die **Dolina Zadnjice.** Das Tal wird von den extremsten und höchsten Felswän-

DIE ISONZO-FRONT

Mit dem ersten erfolgreichen ›Blitzkrieg‹ der europäischen Geschichte endete im Oktober 1917 eine der grausamsten Schlachten des Ersten Weltkrieges, der Kampf um die Isonzo-Front. Im Mai 1915 hatte Italien den Mittelmächten (Österreich-Ungarn und Deutschland, Türkei, Bulgarien) den Krieg erklärt und durch einen geschickt platzierten Vorstoß nach Nordosten das strategisch wichtige Soča- (Isonzo-)Tal besetzt. Von dieser Stellung aus hofften die Italiener, direkt ins Herz der Donaumonarchie vorrücken zu können.

Österreich und das mit ihm verbündete deutsche Kaiserreich hatten die Alpenfront vorausschauend durch Bunker und Wälle befestigt und konnten den italienischen Vormarsch stoppen. In den folgenden 29 Monaten wurden zwischen den hohen Felswänden und auf den Bergpässen der Julischen Alpen zwölf Offensiven gestartet, um das Patt zu brechen – elf seitens Italiens, die zwölfte, letztendlich entscheidende durch Österreich-Ungarn. Gekämpft wurde um minimale Geländegewinne und mit enorm hohem Einsatz von Menschenleben. Hunderttausende von Toten forderte das selbstmörderische Gerangel um den Durchbruch an der Soča. Nicht nur Waffen, auch die Natur forderte ihren Preis: Lawinen rissen die Soldaten mit sich, viele Menschen erfroren.

Im Oktober 1917 zeigten die militärisch überlegenen Italiener erste Anzeichen von Schwäche. Darauf warfen die Mittelmächte in der 12. Offensive alle verfügbaren Kräfte an die Isonzo-Front und schlugen Italien bis zum Fluss Piave zurück. Die Pläne für die Offensive stammten von einem jungen Leutnant, der im Zweiten Weltkrieg als »Wüstenfuchs« zu Ruhm kommen sollte: Erwin Rommel.

Die Spuren des Krieges sind heute nicht nur in Denkmälern, Beinhäusern und Museen entlang der Soča lebendig. Wer abseits der Hauptwanderrouten im westlichen Teil der Julischen Alpen Touren unternimmt, trifft unweigerlich auf verrostetes Kriegsgerät, auf eingestürzte Bunker und – dies als Warnung – angeblich auch noch auf Minen. Auch ökologische Folgen hatten die Kämpfe, so beispielsweise für die Soča: Äußerlich hat sie zwar keinen Schaden genommen, doch ihr Ökosystem wurde von den Kämpfen empfindlich gestört. Die Bestände der endemischen Soča-Forelle *Marmorata, Salmo Trutta marmoratus,* wurden von den hungrigen Soldaten nahezu ausgerottet. Was das Militär übriggelassen hatte, fiel den aggressiven Regenbogenforellen zum Opfer, die gezielt in der Soča ausgesetzt wurden, um den Fischbestand wieder zu stabilisieren. Lange Zeit hielt man die Marmorata für ausgestorben, bis Wissenschaftler das seltene Tier in einem abgelegenen Wildbach entdeckten. Durch Aufzucht versucht man nun, die Forelle – die größte ihrer Art in Europa – am Oberlauf der Soča wieder heimisch zu machen.

Mehrere Gedenkstätten wie die ›Russische Kapelle‹ am Vrsič-Pass und das Beinhaus bei Kobarid erinnern an die Opfer dieser Kämpfe. Als Lektüre sei Ernest Hemingways ›In einem anderen Land empfohlen‹.

den der Julischen Alpen umschlossen und führt direkt auf die Nordwand des 2586 m hohen Triglav-Nachbarn *Kanjavec* zu.

Bovec

Slowenien-Atlas: S. 232, A 3
Der 1000-Seelen-Ort ist unbestritten das touristische Zentrum des unteren Soča-Tals. Als historischer Handelsweg wurde die Verbindung entlang der Soča von den Alpen zum Meer wohl bereits in der Hallstattzeit genutzt, unter römischer Herrschaft wurde eine Straße gebaut, die bis nach Noricum führte. Bovec fand erstmals im 12. Jh. Erwähnung, wanderte dann zwischen Habsburg und Italien hin und her, bis es 1947 Jugoslawien zugeschlagen wurde. Vom historischen Stadtkern ist kaum Bausubstanz erhalten, weil der Ort bei einer Feuersbrunst 1903 stark zerstört wurde.

Bovec ist für Wassersportler wie auch für Wanderer und Skifahrer ein ideal gelegener Standort. Vom Ort führt eine Seilbahn auf den **Kanin,** wo man sich in Sloweniens höchstgelegenem Skigebiet (2200 m) mit mehreren Sessel- und Schleppliften austoben kann.

TIC Bovec, Trg golobarskih žrtev 8,Tel. 05/3 84 19 19, Fax 05/3 84 19 15, www.bovec.si und www.dolina-soce.si. Zimmervermittlung und Informationen auch bei den Reisebüros Hoteli Alpkomerc, Trg 18, Tel. 05/3 88 60 16 und Avrigo, Trg 47, Tel./Fax 05/3 88 60 64.

Kanin, Ledina 9, Tel. 05/3 88 60 21, Fax 05/3 88 60 81, www.hotel-kanin.com. Modernes Komforthotel mit Hallenbad. DZ um 20 000 SIT, 85 €.
Alp, Trg 48, Tel. 05/3 88 60 40, Fax 05/3 89 63 87. Im Zentrum. DZ um 18 000 SIT, 75 €.
Kaninska vas, Kaninska vas 7, Tel. 05/3 88 68 11, Fax 05/3 89 55 88, www.tusi.si. Appartementanlage etwas oberhalb des Ortes. Privatzimmer und Appartements über Reisebüros in Bovec (s. o.).
Kamp Polovnik, Ledina 8, Tel. 05/3 88 60 69.

Letni vrt, Trg 8, Tel. 05/3 88 63 35. Freundliches Gartenrestaurant mit großer Auswahl von Grill- und Fischgerichten und Pizzas. Pizza um 1000 SIT, 4 €, Hauptgericht um 1600 SIT, 7 €.
Vančar, Čezsoča 43, Tel. 05/3 88 63 30. Beliebtes Ausflugslokal mit deftiger Küche; unbedingt den für Bovec typischen Schafskäse (*ovčji sir*) probieren (Mo u. Di Ruhetag)! Hauptgericht um 1500 SIT, 6,5 €.
Pod lipco, Dvor 39, Tel. 05/3 88 60 54. Nette Gostilna unter Linden, gute Hausmannskost. Hauptgericht um 1200 SIT, 5 €.

Im **Pink Panther** in Kaninska vas trifft man sich traditionell zum Après-Ski.

Nasse Action

Im Abschnitt südlich Trentas, vor allem aber ab Bovec tummeln sich Kajakfahrer und Rafter, klettern Menschen in Neoprenanzügen durch Schluchten und über Wasserfälle oder rasen auf Hydrospeeds durch die Stromschnellen. Manch einer lässt sich von soviel nassem Vergnügen gerne anstecken und bucht bei einem der vielen Veranstalter in Bovec eine Wildwassertour.

Beinhaus für italienische Gefallene bei Kobarid

In den Sommermonaten gibt es Konzert- und Theateraufführungen in der Festung Kluže (s. unten). Rosenmontagsabfahrt der ›Oldtimer‹ in historischen Kostümen und auf ebenso historischen Skiern auf dem Kanin.

Alpe Šport Vančar, Čezsoča 10, Tel. 05/3 89 63 50, Fax 05/3 89 63 51, www.bovecsport.com. Kanu- und Kajaktouren, Canyoning, Hydrospeed etc. im Sommer; im Winter Ski- und Snowboardkurse.
Soča Rafting, bei der Kirche, Tel. 05/3 89 62 00, Fax 05/3 89 62 02, www.arctur.si/soca_rafting. Die ganze Bandbreite möglicher sportlicher Aktivitäten wird hier geboten.
Skifahrer finden auf dem Kanin (s. o.) Pisten aller Schwierigkeitsgrade (15 km Pisten, 15 km Loipen); Anfänger und Kinder können sich an den Schleppliften in Log pod Mangartom (s. u.), Ravelnik und in Čezsoča vergnügen.

Fast stündlich **Busse** nach Kobarid/Tolmin; mehrmals täglich nach Ljubljana, Nova Gorica und einmal/Tag nach Bled.

Kluže und die Koritnica-Schlucht

Slowenien-Atlas: S. 232, A 3
Die Straße in Richtung Predel (Grenzübergang nach Italien) führt nach Norden am Flüsschen *Koritnica* entlang. Unterhalb der **Festung Kluže** überquert eine Brücke die an dieser Stelle 60 m tiefe und 500 m lange schmale Klamm. Trutzig bewacht Kluže den Übergang von der Koritnica-Schlucht zum Becken von Bovec. Im 15. Jh. erstmals erwähnt, wurde die Festung mehrmals umgestaltet und zuletzt Ende des 19. Jh. zu ihrer heutigen Form ausgebaut. Im Ersten Weltkrieg stark in Mitleidenschaft gezogen, wird sie seither eher halbherzig restauriert bzw. unterhalten. Ein Kriegsmuseum zeigt hier Uniformen aus dem ersten Weltkrieg:

Klub društvo 13-13 (Besichtigung unter Tel. 05/3 88 65 65 vereinbaren). Weiter nach Norden erreicht man schließlich das hübsche Dorf **Log pod Mangartom** mit zahlreichen alten Bauernhäusern. Der *Soldatenfriedhof* aus dem Ersten Weltkrieg ehrt die Gefallenen, die bei der Verteidigung des strategisch wichtigen Predel-Passes ihr Leben ließen.

Kobarid

Slowenien-Atlas: S. 232, A 3
Im Städtchen am Westufer der Soča wird der Übergang vom alpinen zum mediterranen Kulturraum endgültig vollzogen. Steinhäuser lösen die mit Holz verschalten, alpinen Bauernhäuser ab, die Dächer sind flacher, die Gassen schmaler. Fast venezianisch mutet der Turm der **Mariae-Himmelfahrts-Kirche** an, auch wenn der Eindruck durch die eigenwillige Zwiebelspitze etwas gebrochen wird. Kobarids Altbausubstanz wurde 1976 bei einem Erdbeben schwer beschädigt. Wie der Ort Anfang des 20. Jh. aussah, beschrieb Ernest Hemingway als Kriegsberichtserstatter in seinem Roman »In einem andern Land«.

Bei Kobarid – damals *Caporetto* – wurde die entscheidende Schlacht im Kampf um die *Isonzo-Front* geschlagen (S. 124). Ein hervorragend ausgestattetes und preisgekröntes Museum erinnert an die Kriegsjahre in den slowenischen Alpen: **Kobariški muzej,** Gregorčičeva 10, Tel. 05/3 89 00 00, www.kobariski-muzej.si, April–Sept. Mo–Fr 9–18, Sa, So 9–19 Uhr; Okt.–März Mo–Fr 10–17, Sa, So 9–18 Uhr.

Auf dem *Gradič* oberhalb des Ortes ließen die Italiener um die **Kirche Sv. Anton** ein monumentales *Beinhaus (kostnica)* errichten, in dem 7014 italienische Gefallene der Isonzo-Front beigesetzt wurden (ca. 500 m vom Hauptplatz auf dem Kreuzweg bergauf).

TIC Kobarid, Gregorčičeva 10, Tel. 05/3 89 04 90, www.LTO-SOTOCJE.si, im Museum.

Hvala, Trg svobode 1, Tel. 05/3 89 93 00, Fax 05/3 88 53 22: Modernes Hotel am Hauptplatz (DZ um 22 000 SIT, 90 €) mit dem ausgezeichneten Restaurant **Topli Val.** Spezialität: hervorragende Fischgerichte (um 2000 SIT, 8,5 €). **Privatzimmer** vermittelt das Touristenbüro.

Sport: X-Point, Sresova 1, Tel. 05/3 88 53 08 und **Alpin Action,** Trnovo ob Soči 35, Tel. 05/3 84 55 04. Alles, was man in und auf Flüssen und Bergen im Winter und Sommer unternehmen kann.

Wanderung zur Napoleon-Brücke

Vom Beinhaus wandert man auf einem Pfad zur **Napoleon-Brücke** über der bis zu 100 m tiefen **Kobarid-Schlucht.** Die Schlucht entlang erreicht man bald die Überreste von Bunkern und Geschützstellungen (Hinweis *utrdbe 1. svet. vojne*), in denen sich die italienischen Soldaten verschanzt hatten. Der Wanderweg endet nach ca. einer Stunde am malerischen **Kozjak-Wasserfall.**

Gute **Busverbindungen** (fast stündlich) nach Bovec und Tolmin; mehrmals nach Nova Gorica, einmal/Tag nach Bled, im Sommer Bus über den Vršič-Pass nach Kranjska Gora.

Tolmin

Slowenien-Atlas: S. 232, B 3

Die Verwaltungshauptstadt des Soča-Tals liegt am Zusammenfluss der *Soča* und der von Nordosten aus dem Triglav-Nationalpark heranströmenden *Tolminka,* die einige Kilometer nördlich Tolmins mit der Korita Tolminke eine tiefe Schlucht in den Kalkstein gegraben hat.

Zwischen Stadt und Soča wurde auf dem Gelände der Kirche *Sv. Duh* ein altslawisches Gräberfeld entdeckt, dessen Funde aus dem 8. und 9. Jh. heute im **Museum Tolminski muzej** zu besichtigen sind. Es residiert im **Schloss Coronini** im Stadtzentrum, einem Barockpalais von 1656, an dem mehrere Erdbeben erheblichen Schaden angerichtet haben. Nach umfangreicher Renovierung präsentiert es heute mehrere Ausstellungen, darunter eine über Volkskunst und Ethnologie aus der Region und eben die archäologischen Funde aus *Most na Soči* (Mestni trg 4, Tel. 05/3 81 13 60, Di–Fr 9–16 Uhr, Sa/So 13–17 Uhr). Tolmin wurde in den Kämpfen um die Isonzo-Front stark zerstört, hat sich aber trotzdem eine hübsche Altstadt mit schmalen, von Steinhäusern gesäumten Gassen bewahrt.

TIC Tolmin, Petra Skalarja 4, Tel. 05/3 81 00 84, Fax 05/3 81 00 83, www.dolina-soce.si. Hier kann man auch nach Privatzimmern fragen.

Krn, Mestni trg 3, Tel. 05/3 88 19 11, Fax 05/3 88 10 61. Kleines, nettes Hotel in einem Flügel des Coronini-Palais am Hauptplatz; sehenswert die Kellergewölbe aus dem 17. Jh. DZ um 15 000 SIT, 70 €. Im Hotelrestaurant slowenische Spezialitäten und Gegrilltes.

Tolmin ist ein guter Standort für Touren ins Soča-Tal und ins Tal der Vipava. In unmittelbarer Nähe verdient das romantische Städtchen **Most na Soči** einen Besuch. Benannt ist es nach der Soča-Brücke (most = Brücke), die hier in einem Bogen den Fluss überspannt.

Heiliggeistkirche auf der Javorca: Den steilen, zweistündigen Aufstieg zu dem einzigartigen, ganz aus Holz gebauten Jugendstilkirchlein für die österreichischen Gefallenen der Isonzo-Front kann man mit dem Auto etwas abkürzen (7 km Schotterstraße, dann 20 Min. zu Fuß). Im Sommer 10–17 Uhr geöffnet, sicherheitshalber beim TIC nachfragen!

Most na Soči

Slowenien-Atlas: S. 232, B 4

Die Stadt am Zusammenfluss von Soča und Idrijca ist eines der *ältesten Siedlungsgebiete Sloweniens.* Ausgrabungen haben Zeugnisse aus der Bronze- und Eisenzeit hervorgebracht, darunter einige Häuser und ein großes Gräberfeld. Viele Funde sind im Stadtmuseum von Triest und im Wiener Volkskundemuseum ausgestellt. Was jüngere Forschungen in den 1970er Jahren zutage förderten, ist in *Tolmin* zu besichtigen. In der Grundschule von Most na Soči sind die Fundamente der Siedlung sowie die Rekonstruktion eines Hallstatthauses zu sehen (Besichtigung nach Anmeldung beim Museum in Tolmin möglich).

Kanal

Slowenien-Atlas: S. 232, B 4

Ein mediterranes Städtchen wie aus dem Bilderbuch, in dem Oleander und Hisbiskus in Kübeln um die Wette blühen. Die einbogige **Brücke** über die Soča ist Kanals Wahrzeichen. Sie wurde um 1340 erbaut, wahrscheinlich bestand aber bereits in römischer Zeit ein Flussübergang an dieser Stelle. Nicht nur das Stadtbild lässt mediterrane Anklänge erkennen, auch die Obst- und Weinbaukulturen an den Hängen signalisieren, dass nun mildere klimatische Regionen erreicht sind.

Vier der ehemaligen **Stadtbefestigungstürme** aus dem Mittelalter sind noch erhalten, die **Kirche Mariä Himmelfahrt** besitzt ein Presbyterium aus ihrer Gründungszeit im 14./15. Jh.

Gostilna Skrt, Most na Soči, Tel. 05/3 88 70 25. Spezialität des Hauses im Ortszentrum sind Forellen in vielen verschiedenen Zubereitungsarten – am besten aber vom Grill mit viel Knobauch! Hauptgericht um 2000 SIT, 8,5 €.

Nova Gorica und Umgebung

Slowenien-Atlas: S. 236, B 1

Nova Gorica (35 000 Einw.) selbst ist eine moderne Industrie- und Handelsstadt; Sehenswertes findet sich in der Umgebung, so im **Kloster Kostanjevica.** Das 1625 gegründete Franziskanerkloster wurde im Ersten Weltkrieg stark zerstört und dann wieder aufgebaut; hier befindet sich die Gruft des Bourbonenkönigs Karls X., der 1830 aus Frankreich nach dem damaligen Görz flüchtete und wenige Tage später an der Cholera starb (man folge in Nova Gorica den Hinweisschildern nach Süden zum Grenzübergang nach Italien, biege dort aber in Richtung Kostanjevica ab).

Die ehemalige **Burg Kromberg** der Grafen Coronini wurde im 17. Jh. im Renaissancestil ausgebaut und zeigt sich auf ihrem Hügel eher schlicht inmitten grüner Wein- und Obstgärten. In der Burg ist neben einer Ausstellung der Wohnkultur des 19. Jh. auch das **Goriski muzej** untergebracht, in dem zeitgenössische Künstler aus Primorska vorgestellt werden (Grajska ul. 1, Kromberk, Tel. 05/3 35 98 11, Mo–Fr 8–14 Uhr, So 13–17 Uhr, Sa geschlossen).

Dionysos und Lukullus

Nordwestlich von Nova Gorica liegt die Weinbauregion **Goriška Brda,** und in den Dörfern um das **Renaissanceschloss Dobrovo** sind einige der besten Winzer des Landes zu finden, so z. B. *Movia* in Ceglo 18 (Barrique-Weine höchster Qualität, nach Voranmeldung unter Tel. 05/3 95 95 10). Kulinarische Höhenflüge unternimmt der Gast im Seehaus des Restaurants *Pikol* (Nova Gorica, Rožna dolina, Vipavska 94, Tel. 05/3 02 25 62), wo sich der eigene Fischweiher und die nahe Adria mit bestem Fisch auf der Speisekarte präsentieren. Hauptgericht um 2500 SIT, 10 €.

Slowenisches Istrien und der Karst

Felsenburg
Predjamski
grad

Slowenien-Atlas S. 236, 237

POSTOJNA UND DER NÖRDLICHE KARST

Rund um die berühmte Tropfsteinhöhle von Postojna, die Adelsberger Grotte, liegen zahllose andere Höhlensysteme und eine richtige Raubritterburg. Die Bergwerksstadt Idrija weiter nördlich zeigt Zeugnisse der Industriearchitektur neben zarten Klöppelspitzen, die die Frauen noch heute herstellen.

Postojna und Umgebung

Slowenien Atlas: S. 236, C 2; 237, D 2

Das Städtchen Postojna entstand an einem relativ flachen Pass des Dinarischen Gebirges, das von der Balkanhalbinsel wie eine Zunge nach Norden in die Alpenwelt reicht. Die Passage zwischen Innerslowenien und Küstenregion, das ›Tor von Postojna‹, Postojnska vrata, nutzten bereits die Illyrer und Kelten. Als Venedig seinen Einfluss auf die Küste, Habsburg seinen auf das Inland ausdehnte, entstand in den dichten Wäldern des Grenzgebietes eine Art Niemandsland der Gesetzlosen: Händler und Reisende wurden überfallen und ausgeplündert. Eine erste Siedlung an dieser strategisch wichtigen Stelle gab es wahrscheinlich bereits in prähistorischer Zeit, später folgte ein römisches Castrum, und 1226 wird erstmals Postojna als Ortschaft erwähnt. Land- und Holzwirtschaft sind die traditionellen Einkommensquellen der Postojnčani, seit dem Ersten Weltkrieg hat die Metallindustrie mit Fabrikanlagen ihre Spuren im Stadtbild hinterlassen. Außer der **Barockkirche Sv. Štefan** (1777) gibt es in Postojna kaum Sehenswertes. Die Attraktion der Stadt, **Postojnska jama** (Adelsberger Grotte) liegt 5 km nordwestlich des Ortes (Hinweisschilder ›Jama‹oder ›Postojnska Jama‹).

Postojnska jama (Adelsberger Grotte)

Mit etwa 20 km (bekannter) Gänge ist Postojna die zweitgrößte Tropfsteinhöhle der Welt, 5,2 km werden im Rahmen der normalen Touristenführung begangen. Bereits im 13. Jh. waren einige Zugänge zum Höhlensystem bekannt; die erste wissenschaftliche Beschreibung der Grotten aus dem Jahre 1689 ist Valvasor zu danken; zu Beginn des 19. Jh. fanden die ersten touristischen Führungen in der Höhle statt, und bei den Vorbereitungen für den Besuch von Kaiser Franz I. entdeckte der Führer Luka Čeč im Jahre 1818 einen Durchgang zum inneren und noch eindrucksvolleren Teil der Postojnska jama. Ab 1824 wurden im ›Kongresssaal‹ genannten Abschnitt jeden Pfingstmontag Feste und Tanzveranstaltungen abgehalten. 1857, mit der Eröffnung der Südbahn von Wien nach

Triest (mit Anschluss nach Postojna) begann der touristische Ansturm auf die Höhle. Jährlich kommen mehr als eine halbe Million Menschen hierher, um das unterirdische Märchenschloss zu besichtigen.

Steter Tropfen

Geschaffen wurde das Höhlensystem vom Fluss Pivka, der mit kurzen Ausflügen ans Tageslicht durch die unterirdische Welt nach Osten fließt und südwestlich von Ljubljana als Ljubljanica endgültig an die Oberfläche kommt. Den Flusslauf bekommen Besucher nicht zu Gesicht – sie sehen statt dessen das Kunstwerk, das die Natur in vor Jahrmillionen vom Wasser ausgewaschenen Höhlen und Gängen geschaffen hat: die Tropfsteine. Etwa 1–2 Mio. Jahre hat der durch den Kalkstein sickernde Regen gebraucht, um die Skulpturen aufzubauen: Tropfen fallen auf den Höhlenboden und hinterlassen auf dem Stein ein wenig Kalk. Unendlich langsam wächst ein Stalagmit empor. Stalaktiten bilden sich durch Kalkablagerungen, die ein Tropfen an winzigen Unebenheiten der Decke hinterlässt. Die unebene Stelle wird größer, und die entlangrinnenden Tropfen setzen immer neue Kalkteilchen ab. Dass bei einem so banalen Prozess magische Welten mit grotesken Gestalten, Orgelpfeifen, durchsichtige Gazevorhänge und spaghettiähnliche Deckenverzierungen entstehen, ist das wahre Wunder einer Tropfsteinhöhle. Postojna besitzt sie in Hülle und Fülle. Der italienische Höhlenforscher Pietro Parenzan formulierte angesichts Postojnas den Satz: »Steter Tropfen formt den Stein, gutta aedificat lapidem«, und der britische Bildhauer Henry Moore nannte die unterirdische Welt »die größte natürliche Galerie der Welt«.

Mit dem Zug in die Höhle

Vom Haupteingang Postojnska jama fahren die Besucher mit einer elektrischen Eisenbahn bis zum **›Konzertsaal‹** (Koncertna dvorana) und besichtigen von dort zu Fuß auf einem bequem gestalteten Rundgang die schönsten Tropfsteinformationen wie den **Giganten,** die **Spaghettihöhle** oder den silbrigschimmernden **Brillanten.** Kurz nach der Einfahrt ins Höhlensystem passiert man fast schmucklose, geschwärzte Felswände – die Folgen eines Brandanschlages auf das 1944 hier gelagerte Benzin der deutschen Besatzer. Von der Črna jama schlich sich ein Partisanentrupp unter Führung eines Höhlenkenners unbemerkt bis zum Lager in der Nähe des heutigen Haupteingangs und entzündete den Treibstoff.

Am Schluss der Führung, bevor es wieder in die wartende Eisenbahn und ans wärmende Tageslicht geht (in der Höhle ist es winters wie sommers ca. 8° C kalt) machen die Besucher Bekanntschaft mit einem Höhlenbewohner: *Proteus anguinus,* dem Grottenolm. Človeška riba, Menschenfisch, nennen ihn die Slowenen wegen seiner rosafarbenen Haut, die sich unter Lichteinfluss ›bräunt‹. Einige Exemplare sind in einem Becken zu sehen. Von den etwa 130 übrigen Tierarten des Höhlensystems bekommt der Besucher höchstens eine Höhlenassel (Asellus aquaticus subterraneus) zu Gesicht.

Die Speläobiologische Station
Man sagt, der Slowene Luka Čeč hätte mit seiner Entdeckung des inneren Höhlensystems die Wissenschaft der Späleobiologie begründet, denn er habe damals das erste Exemplar des Höhlenkäfers *drobnovratnik (Leptodirus hohenwarti)* mit ans Tageslicht gebracht. Lange konzentrierte sich das Interesse von Wissenschaftlern wie Laien auf den eigenartig aussehenden Grottenolm und dessen Überlebensstrategien, doch die Erkenntnis, das unter der Erde weitere 130 Arten ein Dasein in ewiger Finsternis fristen, hat inzwischen zur Einrichtung eines Forschungszentrums am Haupteingang der Postojna-Höhle geführt. Die Erkenntnisse über das Leben unter Tage präsentiert diese Forschungsstation in modern gestalteten Ausstellungsräumen, und natürlich sind auch einige der unterirdischen Bewohner in Aquarien und Terrarien zu sehen (tgl. Nov.–März 10.30–14.30 Uhr, April, Okt. 10.30–16.30 Uhr, Mai–Sept. 9.30 bis 18.30 Uhr, Eintritt 1100 SIT/4,20 €).

TIC, Jamska cesta 9, Postojna, Tel. 05/7 20 16 10, Fax 05/7 20 16 11. Infos zu den Höhlen im Internet: www.postojna-cave.com.
Eintritt: Erwachsene 3500 SIT, Schüler/ Studenten 2600 SIT, Besichtigung: Nov. bis März 10, 12 und 14 Uhr; April, Okt. 10, 12, 14 und 16 Uhr; zwischen Mai und Sept. zu jeder vollen Stunde zwischen 9 und 18 Uhr. Geführt wird nach Gruppen getrennt in Deutsch, Englisch, Italienisch und Slowenisch. Auf Anfrage Sonderbesichtigung für Gruppen ab fünf Pers. (mind. fünf Tage vorher anmelden).
Individuelle Höhlenführung: Größere Gruppen (ab fünf Personen) können außerhalb Juli und August eine individuelle Führung buchen, die je nach Absprache auch Abstecher in sonst nicht besuchte Teile des Grottensystems beinhaltet. Ein dreistündiger Rundgang kostet ca. 40 € Zuzahlung zum Eintritt. Auskunft und Reservierung unter Tel. 05/7 00 01 00 (mindestens eine Woche vorher).

Jama, Jamska cesta 28, Tel. 05/ 7 28 24 00, Fax 05/7 00 01 30. Direkt am Höhleneingang gelegenes Hotel mit Hallenschwimmbad; ein Teil der Zimmer wurde modernisiert. DZ um 16 000 SIT, 65 €.
Motel Erazem, Belsko 1, unweit des Höhlenschlosses Predjamski grad, Tel. 05/7 51 54 45. Einfache, freundliche unterkunft. DZ um 16 000 SIT, 65 €.
Kras, Tržaška cesta 1, Tel. 05/7 26 40 71, Fax 05/7 26 42 25. Steriler Neubau im Ortszentrum von Postojna. DZ um 10 000 SIT, 42 €.
Tourist Resort Pivka Jama, beim Eingang zur gleichnamigen Höhle, Tel. 05/ 7 20 39 93, Fax 05/7 26 53 48: Wunderschöne schattige Anlage mit Stellplätzen, gut ausgestatteten Bungalows und Appartements, ruhig im Wald gelegen. Pool, Stromanschlüsse und Kühlboxen. Im Restaurant gute slowenische Küche.

Jamska Restavracija, am Höhleneingang, altehrwürdiges Lokal mit Jugendstil-Interieur; die Qualität des Essens hält sich in Grenzen. Es gibt mehrere Schnell- und Selbstbedienungsrestaurants neben dem Höhleneingang; wer in aromatischer Waldluft speisen möchte, versuche das Restaurant des Turist Resorts Pivka Jama (s. o.).
Pri Andrejevih, Narin 107, Tel 041/53 60 94. Die Karstküche dieses Restaurants wird hoch gelobt; geöffnet ist es nur an den Wochenenden, unbedingt reservieren! Hauptgericht um 2000 SIT, 9 €.

Gostilna Ravber, Ravberkomanda 21, Tel. 05/7 26 10 65. Köstliche frische Pilz- und Wildgerichte! Hauptgericht 2200 SIT.

Busbahnhof, Titov trg in Postojna, Tel. 05/7 21 01 80, stündlich Busse in Richtung Ljubljana bzw. Koper und in Richtung Vipava-Tal und Nova Gorica sowie gute Verbindungen in alle anderen größeren Städte.
Bahnhof, Kolodvorska ul. 25, Tel. 05/2 96 21 00. Ebenfalls häufig Verbindungen nach Ljubljana/Koper bzw. Divača/Triest (Richtung Lipica).

Geruhsam besichtigen

In der Hauptsaison sollte man entweder mit der ersten Gruppe am Morgen oder mit der letzten am Abend in die Höhle gehen. Der Rummel tagsüber ist unbeschreiblich, in der Grotte drängen sich Menschenmassen um ihre Führer, die in den verschiedensten Sprachen gegeneinander anreden, so dass man kaum etwas versteht und auch nur wenig sieht.

Karsthöhlen für Abenteuerlustige

Neben dem Haupteingang bei der Postojnska jama gibt es drei weitere Zugänge zum Höhlensystem, die allerdings nicht immer geöffnet sind: Pivka jama auf der gleichnamigen Zelt- und Bungalowanlage bildet den nördlichen Abschluss der Grotten und Gänge; Teile der Črna jama im Nordosten stehen die meiste Zeit des Jahres unter Wasser und dürfen nur von erfahrenen Höhlenforschern per Boot befahren werden. Otoška jama ist der westliche und ursprünglichste Eingang zum Höhlensystem. Etwas entfernt liegen Planinska jama und die Höhle hinter dem Schloss Predjamski grad. Die Höhlen von Škocjan werden in einem gesonderten Abschnitt (s. S. 151) beschrieben.

Pivka jama
Slowenien Atlas: S. 236, C 2
Der Eingang zur Pivka jama liegt auf dem Gelände des gleichnamigen Tourist Resorts, etwa 5 km von der Postojnska jama entfernt. Durch einen 65 m tiefen Einsturztrichter steigt man auf über 300 in den Fels gehauenen Stufen hinunter zum Fluss Pivka. Der beleuchtete Besichtigungsweg von etwa 2 km Länge führt durch die Pivka jama und einen künstlichen Stollen in den trockenen Teil der ›schwarzen‹ Črna jama, wo der Ausgang liegt. Besichtigung ist in der Hauptsaison von Mai bis September tgl. um 9, 13 und 15 Uhr, Eintritt 1700 SIT. Es empfiehlt sich, telefonisch einen Termin zu vereinbaren, da die Führer nicht ständig vor Ort sind (Kontakt über Postojnska jama Tel. 05/7 00 01 00). Der Rundgang dauert etwa 1,5 Std.).

Črna jama
Črna und Pivka jama können auch per Schlauchboot erkundet werden, dies allerdings nur bei günstigem Wasserstand (nicht zu niedrig, nicht zu reißend). Nur erfahrene Höhlenforscher dürfen sich auf dieses Abenteuer ein-

SLOWENIENS ›UNTERWELT‹

Der Karst ist von porösem und leicht wasserlöslichen Gesteinsschichten des Kalksteins geprägt. Regen- und Flusswasser sickern durch den Stein, bis sie Schichten erreichen, die den weiteren Weg nach unten versperren. So staut sich das Wasser in unterirdischen Höhlungen, gräbt sich neue, unter der Erde verlaufende Wege und bildet in Jahrmillionen Höhlen- und Flusssysteme aus, die auf der Erdoberfläche kaum zu erahnen sind. Kraš nennen die Slowenen dieses Landschaftsphänomen, unser Begriff Karst ist davon abgeleitet.

Zwischen den regenreichen, alpinen Gebieten Sloweniens und den regenarmen Küstenzonen verschwinden ganze Flüsse unter der Erde, um viele Kilometer weiter nach ihrem Weg durch riesige Höhlensysteme als Quellen wieder zu Tage zu treten. Mehrere tausend Höhlen soll es alleine im slowenischen Teil des Karstes geben, 6200 wurden von Höhlenkundlern erforscht und registriert, 15 000 werden unter dem porösen Kalkboden vermutet. Die berühmteste (und weltweit zweitgrößte Höhle) ist Postojnska jama (Adelsberger Grotte), nicht weit entfernt liegen die urgewaltigen Höhlen von Škocjan (St. Kazian). Unzählige kleinere Grotten und Schlünde warten im Umfeld der beiden großen Höhlen auf die Besucher – manche bequem durch Steige und elektrisches Licht erschlossen, andere ins immerwährende Dunkel gehüllt und nur unter kundiger Führung zu Fuß oder per Boot zu entdecken. Angesichts dieser unermesslichen, unterirdischen Welt plädieren humorige Politiker dafür, die unerforschte Fläche doch zu den ›ärmlichen‹ 20 000 km^2 des überirdischen Sloweniens zu addieren – nur dann könne man des Landes wahre Größe erfassen!

Doch Höhlen sind nicht das einzige Landschaftsphänomen des Karstes: Dort, wo das Wirken des Wassers den Boden zu stark unterhöhlt hat, bricht die Erde ein, stürzen Felder, Wiesen, Wälder in den unterirdischen Schlund. Ist ein solcher Einbruch begrenzt, hat er nahezu die Form eines Kreisels und wird auch so benannt: vrtač. Ist die Einsturzstelle größer, gleicht sie einer runden Kuhle, und sobald angewehtes Erdreich und Gras wieder Wurzeln gefasst haben, legen die Bauern darin kleine Pflanzungen an. Von der slowenischen Bezeichnung dolina, Tal, ist der gängige geologische Fachbegriff Doline abgeleitet. Da in weitläufigeren, auf diese Art entstandenen Senken gar Mais- und Weizenfelder Platz finden, heißen sie polje, Felder.

Wer die Region zwischen Ljubljana und der Küste aufmerksam durchreist, findet immer wieder die Spuren und Zeichen der unterirdischen Wühlarbeit des Wassers. Dabei erscheint die Region keineswegs karg und unfruchtbar, wie man es von den verkarsteten Küstenstrichen Kroatiens kennt – üppiges Grün wuchert auf den Hängen. Linden, Steineichen, Wacholderbüsche, Beerensträucher verströmen aromatische Duftnoten; alles ist belebt von der kühlenden Kraft des Wassers, das sich allerdings nur selten zeigt. Das heitere Spiel von Schatten und Licht prägt die Wälder und Wiesen: Zwischen Moosen und Farnen blitzen weiße Kalkfelsen und -steine hervor, als hätte sie ein übermütiges Riesenvolk über die Landschaft verstreut. In keiner anderen Gegend Sloweniens wissen die Menschen so viel über Geister, Feen, Drachen und andere Sagengestalten zu erzählen wie im Karst. Kein Wunder angesichts der schaurigen Höhlen und bodenlosen Spalten, denen gelegentlich die Luft als feiner Nebel oder schrill pfeifend unter Hochdruck entweicht. Im Schutz der unterirdischen Karstwelt versteckt vermutete Johann Weichard Valvasor sogar Drachen, und er berichtete, dass die Menschen um den See von Cerknica die Verfolgung von Hexen mit besonderer Inbrunst betrieben, da sie den Tanzplatz der gefährlichen Weiber auf dem Berg Slivnica am Nordostufer des Sees wähnten. Zu guter Letzt sei noch ein prominenter Dichter erwähnt, der sich angeblich vom Karst zu seiner literarischen Höllenfahrt animieren ließ: Dante Alighieri, so meinen zumindest die Slowenen, habe den 12. Gesang der ›Göttlichen Komödie‹ in der Höhle ›Dantejeva jama‹ nahe Tolmin geschrieben.

Postojnska jama (Adelsberger Grotte)

lassen. Termine mit einem Führer können telefonisch unter oben genannter Telefonnummer vereinbart werden.

Otoška jama
Slowenien Atlas: S. 236, C 2
Der Zugang ist nicht ganz leicht zu finden. Von Postojna geht's in Richtung Predjamski grad. Man passiert das Dorf Veliki otok und zweigt 1 km weiter an der Kirche Sv. Andrej nach rechts in Richtung Tourist Resort Pivka jama ab. Nach 300 m weisen Schilder die Richtung zur Otoška jama über einen befahrbaren Waldweg. Früher war diese Höhle durch natürliche Gänge mit der Postojnska jama verbunden; heute ist dieser Zugang eingestürzt, so dass man nur noch per Boot auf der Pivka weiterkommt. Die Besichtigung der mit schönen Tropfsteinen geschmückten Grotte (Weglänge 600 m) ist ein kleines Abenteuer, denn sie ist nicht beleuchtet (gute Taschenlampe mitnehmen!). Führungen gibt es normalerweise nur an den Wochenenden. Für Terminvereinbarungen und Sonderaktionen wie die Bootsfahrt kontaktiert man die Höhlenverwaltung (Telefonnummer s. S. 135).

Jama pod gradom
Slowenien Atlas: S. 236, C 2
Der für Besuchergruppen begehbare Teil der Höhle unter der Burg Predjamski grad ist 7,5 km lang, der 900 m lange Rundgang dauert eine Stunde. Das System stufenförmig untereinander liegender Grotten wurde, wie Funde belegen, bereits in der Jungsteinzeit benutzt. In späteren Jahrhunderten diente es unter anderem auch als Unterschlupf für Räuberbanden, die älteste datierte Unterschrift eines Höhlenbesuchers stammt aus dem 15. Jh. Besichtigt werden die erste und zweite ›Etage‹ des Systems; die dritte und vierte Etage sind nur Fachbesuchern mit entsprechender Ausrüstung vorbehalten. Reservierungen und Terminabsprachen können unter Tel. 05/751 6015 vereinbart werden, Besichtigungszeiten für Normalbesucher sind in der Saison täglich um 11, 13, 15 und 17 Uhr, der Eintritt beträgt 1100 SIT.

Planinska jama
Slowenien Atlas: S. 237, D 2
Die Planina-Grotte befindet sich 10 km von Postojna östlich der Regionalstraße über Logatec nach Ljubljana. Am Ortsanfang von Planina sieht man zunächst die Burgruine **Mali grad** (Kleines Schloss), im Volksmund Ravbarjev stolp genannt, weil hier Räuber (ravbarji) ihr Unwesen getrieben hätten. Von der aus dem 14. Jh. stammenden Anlage ist nur noch ein Wachturm erhalten, der restauriert wurde. Einige Meter weiter endet der Weg an einer Felswand mit dem Höhleneingang, aus dem der Fluss Unica (zuvor Pivka) entspringt, sich ins Planinsko polje ergießt und schließlich nach weiteren unterirdischen Eskapaden als Ljubljanica wieder erscheint. Planinas besonderer Reiz ist das Wasser, das sich aus verschiedenen Richtungen kommend in der Höhle vereint. Der normal begehbare Weg misst einen knappen Kilometer (ca. 1 Stunde) und liegt über dem Flusssystem; speziell ausgerüstete und erfahrene Höhlenforscher können die Höhlen auch mit einem Boot erkunden. Normale Besichtigungszeiten sind April

bis September Sa um 15 und 17 Uhr, So auch um 11 Uhr, im Juli und August zusätzlich werktags um 17 Uhr. Eintritt für Erwachsene 1700 SIT. Sondervereinbarungen mit der Höhlenverwaltung sind rechtzeitig über Jamarsko društvo Planina, Planina 2, 6232 Planina; Tel. 041/33 86 96 zu treffen.

Die Burg Predjamski grad

Slowenien Atlas: S. 236, C 2
Zwischen lieblichen Hügeln und Feldern verbirgt sich eine der beeindruckendsten Burgen Sloweniens: Predjamski grad, die ›Vorhöhlenburg‹. Von Postojna fährt man in Richtung Veliki otok und Bukovje und folgt dort den Hinweisschildern Predjama, bzw. Predjamski grad (ca. 10 km). Die Burganlage liegt am Ende eines schluchtartigen Einschnitts an einer 123 m hohen Felswand über dem Bett des Baches Lokva, vier Stockwerke hoch, aus grauem Stein, der sich kaum vom Kalkfels der Umgebung abhebt. Zu ihren Füßen befindet sich der Eingang zur Höhle von Predjama. Die wuchtigen, aus dem Fels herauswachsenen Bauten und der dunkle Höhlenschlund wirken in dem schmalen, stets schattigen Felsrund wie aus einer Sage gestiegen; unwillkürlich vermeint man, im Rauschen des Baches das Brüllen gefangener Drachen oder das Klirren von Eisenketten verlorener Seelen zu vernehmen. Viele Geschichten ranken sich um das Schloss, die berühmteste (und historisch verbriefte) ist die Legende vom guten Räuber Erasmus (s. S. 141).

Schloss Predjama besteht aus zwei Bauten unterschiedlicher Epochen: Die Grafenfamilie von Luegg ließ im 13. Jh. eine Festung in die Höhle setzen, zum Teil in den Fels schlagen. Im 16. Jh. errichtete die Familie Kobencl davor das Renaissanceschloss. Die Lage des Schlosses gewährte optimale Verteidigungsmöglichkeiten. Hoch oben im Fels war es von vorne nicht zugänglich – die Zugbrücke wurde hochgezogen, und zwischen Angreifern und Belagerten gähnte ein tiefer Schlund. Bei längeren Belagerungen konnten die Herrschaften das verzweigte Höhlensystem hinter ihrem Domizil als Flucht- und Versorgungsweg nutzen. Alte und neuere Burg sind so komplex, dass darin auch heute noch Entdeckungen gemacht werden. So barg man erst 1991 einen versteckten Schatz! Einige Räume dienen als Museum, das die Geschichte der Burg und ihrer Adelsgeschlechter dokumentiert. Die Ausstellung ist nicht gerade überwältigend – unbedingt sehenswert aber ist die al-

Mit Seil und Stirnlampe

Bei Franc Facija treffen sich alle, deren liebstes Hobby die unterirdische Welt ist. Im Speläologen-Camp Laze gibt's einen Zeltplatz und einige Privatzimmer zum Übernachten und dazu jede Menge Informations- und Erfahrungsaustausch. Auch Laien sind willkommen und können geführte Touren unternehmen: Speleocamp Laze, Tel. 01/7 54 47 60, www.speleocamp.com.

te Burg mit aus dem Fels gehauenen Treppen und Räumen und dem **Erasmusgang,** jenem geheimen Verbindungsweg, der in der Raubrittergeschichte eine so wichtige Rolle spielt (Besuchszeiten Nov.–März Di–So 10 bis 16 Uhr; Mai–Sept. werktags 9–18 Uhr, Sa/So 9–19 Uhr, Eintritt 1100 SIT).

Ausflüge von Postojna

Cerknica-See (Cerkniško jezero)
Slowenien Atlas: S. 237, D 2
Nicht nur Bäche und Flüsse versickern im Karst, auch einige Seen verschwinden periodisch von der Oberfläche: Das berühmteste Beispiel ist der Cerkniško jezero östlich von Postojna: Gespeist wird der See von einem einzigen beständigen Flusslauf und von unzähligen Quellen. In den Wintermonaten und nach ergiebigen Herbstregen bedeckt die Wasserfläche 26 km², und die Bauern fangen Fische. Im Sommer versickert das Wasser in den Spalten und Schründen des Kalksteinbodens. Dann säen die Landwirte auf dem großen polje Getreide und mähen das Gras. Bereits der griechische Historiker Strabo beschrieb dieses Phänomen, und Johann Weichard Valvasor erschrieb sich im 17. Jh. mit dem Untersuchungsbericht über den See die Mitgliedschaft in der angesehenen Londoner Royal Society.

Der Untergrund des Cerkniško jezero besteht aus unterschiedlichen Gesteinsarten: nördlich und nordöstlich wasserundurchlässiges Dolomitgestein, im Süden und Südwesten typische Kalksteinformationen des Karstes. Dort liegt die ›Höhlenbucht‹, ein schwer zugängliches, noch kaum erforschtes System von Zu- und Abflüssen. Das Wasser versickert, erscheint einige Kilometer weiter im Norden beim Höhlen- und Schluchtensystem von Rakov Škocjan als Fluss Rak an der Oberfläche, verschwindet nach einem kurzen Weg wieder unter der Erde und tritt schließlich im Planinsko polje wieder zu Tage.

Am eindrucksvollsten ist der Besuch des Cerkniško jezero in den Herbstmonaten und im Winter, wenn der See Wasser führt und im südöstlichen Teil Karstquellen in den See sprudeln. Nur wenige Meter tief, friert er fast jedes Jahr zu und blitzt als grenzenlose, herrliche Eislaufbahn in der Sonne. Im Spätsommer zeigt er sich im grünen Gewand wogender Felder und Wiesen: Nach der Heuernte stehen die typi-

Im stillen Karsttal

Slowenien Atlas: S. 237, D 2
Im Naturpark Rakov Škocjan lassen sich die typischen Erosionsformen des Karstes entlang eines Lehrpfads studieren: Dieser begleitet den Bach Rak auf seinem 2 km langen oberirdischen Weg zwischen der Höhle Zelške jame und der Tkalca jama, wo er wieder in der Unterwelt verschwindet. Dabei fließt er unter kleiner (Mali) und großer (Veliki) Naturbrücke (naravni most) hindurch. Unterkunft im Hotel Rakov Škocjan, Rakov Škocjan 1, Tel. 01/7097470, www.h-rakov-skocjan.com, DZ um 16000 SIT/70 €.

VON WEGELAGERERN UND EDELLEUTEN

Ende des 15. Jh. war Predjamski grad im Besitz der Familie von Luegg. Einem der ihren, dem Ritter Erasmus, wog das habsburgische Joch zu schwer. Immer häufiger widersetzte er sich seinem Kaiser, begann, selbst Recht zu sprechen und tötete schließlich im Jähzorn einen hohen Beamten des Wiener Hofes. Predjamski grad wurde zu seinem Fluchtpunkt. Hier setzte sich Ritter Erasmus fest, beherrschte mit harter Hand die abhängigen Bauern, überfiel und plünderte die Händler, die durch das ›Tor von Postojna‹ von der Adria nach Ljubljana und weiter nach Wien zogen. Ebenso drangsalierte er seine Untertanen – und dennoch ging er in die Geschichte als der ›gute‹ Ritter ein. Der Volksmund hat seine Gestalt verklärt, seine Taten umgedichtet. Er habe, so erzählt man, immer nur Reiche überfallen, um die Beute an die Armen zu verteilen.

Die Mutation des wilden Erasmus zu einer Art slowenischem Robin Hood ist seinem Widerspruchsgeist zu danken. Denn schließlich hat er's den Herren aus Wien ordentlich gezeigt, sie ein Jahr lang genarrt und wäre nie besiegt worden, hätte es nicht einen Verräter gegeben. Die Geschichte: Wien, der Aufsässigkeit seines Untertans überdrüssig, setzte im Herbst 1483 von Triest ein Heer in Marsch, das unter Führung eines Hauptmanns Raubar den Ritter bändigen sollte. Der lockte in seinem Übermut die Verfolger bis zum damals noch nicht bekannten Schloss Predjama, wo die Angreifer angesichts der unbezwingbaren Anlage beschlossen, den Ritter auszuhungern. Raubars Soldaten wussten nichts von den Geheimgängen, durch die sich die Belagerten bequem mit Nahrung versorgen konnten. Schon wähnte man nach einem harten Winter die Schlossbewohner am Verhungern – da ließ Erasmus am Faschingsdienstag seinen Feinden einen gebratenen Ochsen hinunterwerfen. Raubars Mannen hielten dies für eine verzweifelte List, doch als es acht Wochen später zu Ostern Lammbraten von der Burg regnete und die Soldaten im Frühsommer die ersten Kirschen und frische Fische zugeworfen bekamen, mussten sie erkennen, dass Erasmus sie die ganze Zeit über genarrt hatte. Schließlich versorgte Erasmus seine Belagerer regelmäßig mit Vorräten und ließ seinen Schreiber Geschenke an Hauptmann Raubar übergeben. Doch der Diener wurde bestochen und verriet den Soldaten, wo sein Herr, täglich zur gleichen Zeit, sein Geschäft zu verrichten pflegte. Als die Stunde der nächsten ›Sitzung‹ gekommen war, beschoss Raubar das stille Örtchen. Ritter Erasmus starb auf dem Klo – nicht von Kugeln getroffen, sondern von herabstürzenden Felsen erschlagen. Seitdem ist der Raubritter ein Held.

An die guten alten Zeiten der Ritter und Burgfräulein knüpft heute eines der malerischsten Festivals Sloweniens an: Ende August wird um das Schloss Predjama das ›Erasmus-Turnier‹ gefeiert. In Harnisch und lanzenbewehrt gehen die edlen Ritter auf ihren Rössern aufeinander los, während die Damen ihren jeweiligen Favoriten anfeuern. Danach wird der Staub des Turniers mit Wein und Bier hinuntergespült.

schen ostrnice wie eine Armee stummer Soldaten über den ›Seeboden‹ verteilt. Es sind Holzpflöcke, auf die das abgemähte Gras zum Trocknen geschichtet wird.

Schloss Snežnik
Slowenien Atlas: S. 237, E 2
Nicht weit vom Südufer des Cerknica-Sees entfernt steht das Schloss Snežnik in einem von hohen Bäumen bestandenen Park. Die Mauern der dreigeschossigen Anlage, die 1268 erstmals erwähnt wurde und eine Zeitlang den Patriarchen von Aquileia gehörte, spiegeln sich im Wasser zweier künstlich angelegter Seen. Snežnik birgt ein Museum zur Geschichte des Schlosses, dessen heutige Gestalt von der Renaissance geprägt ist. Im Inneren ist die Originaleinrichtung der letzten Eigentümer, der Grafen Schönburg-Waldenburg, erhalten; Jagdtrophäen schmücken die Wände. Im Sommer werden im Rahmen des Snežnik-Festivals im Schloss Konzerte gegeben (Besichtigung von Mi–Fr 10 bis 13, 15–18 Uhr, Sa/So durchgängig, 2005 wegen Renovierung geschl.).

Nach Norden: Bergwerksstadt Idrija und Cerkno

Dichte Mischwälder prägen die unwegsame und ungebändigte Naturlandschaft zwischen Triglav-Nationalpark und Postojna, die im Zweiten Weltkrieg slowenischen Widerstandskämpfern Schutz vor den deutschen und italienischen Besatzern bot. Besiedelt war die Region um Idrija und Cerkno, wie Funde in der Karsthöhle Divje babe ergeben haben, bereits in der Eisenzeit. Im 7. Jh. verliefen die Wanderwege der slawischen Völker von Škofja Loka durch das Idrijca-Tal nach Tolmin im Westen und nach Istrien. Wie auch das Soča-Tal gehörten Idrija und Umgebung abwechselnd zu Venedig und Habsburg, was die Architektur mit ihren venezianischen Anklängen dokumentiert.

Quecksilber und Spitzen: Idrija

Slowenien Atlas: S. 236, C 1
Idrija liegt in einem schmalen Tal, das der Fluss Idrijca in den Karst des Voralpenlandes gegraben hat. Sloweniens älteste Bergwerksstadt wird von einer mächtigen Festung mit Rundtürmen beherrscht, der **Burg Gewerkenegg.** Kurz nach Idrijas Gründung um 1490 entstand die Burg; sie diente vor allem der Lagerung des wertvollen Quecksilbers, das in den Bergen um Idrija gefördert wurde, und als Verwaltungssitz der Bergwerksgesellschaft. Im 18. Jh. trug man die vom Barock inspirierten Wandmalereien im Innenhof auf, die heute in restauriertem Glanz erstrahlen. Das *Museum* in den Burgräumen beschreibt auf vorbildliche Weise die Geschichte des Bergbaus und seine Bedeutung für die Stadt.

Lebendiges Silber
Die Entdeckung des Quecksilbers in Idrija wird einem Fassmacher zugeschrieben, der sein Werkstück in einen Bach legte und es mit ›lebendem Silber‹ – so der slowenische Name – wie-

Südländisches Flair: Museum in der Burg Gewerkenegg

der herauszog. Aus den anfangs spontan in den Boden gegrabenen Trichtern und Schächten entwickelte sich das zweitgrößte Quecksilberbergwerk der Welt. Die Idrijci deckten in der Blütezeit 13 % des Weltmarktes ab. Für den Stollenbau wurden große Mengen Holz von den umliegenden Wäldern auf der Idrijca in den Ort verschifft. Etwa 30 000 m^3 waren es jährlich zu Beginn des 20. Jh. Ein im 18. Jh. genial konstruiertes Wehr, **Klavže** genannt, steuerte den Wasserzufluss und den Transport der Baumstämme. Bevor die Schleusen geöffnet wurden, mussten die Einwohner Idrijas die Umgebung des Flusses verlassen, denn es kam häufig vor, dass die Flut unkontrolliert nicht nur das Flussbett, sondern auch die Straßen überschwemmte. Historische Fotografien, detaillierte Minenpläne, eine geologische Ausstellung, ein volkskundlicher Flügel und eine Sonderausstellung zum Thema Klöppelspitze bilden zusammen eine wirklich eindrucksvolle Ausstellung, die unbedingt besuchenswert ist (geöffnet tgl. von 9–18 Uhr).

Antonijev row

Heute ist der Bergbau in Idrija unrentabel geworden, die Stollen werden nacheinander geschlossen, von ursprünglich 1300 Menschen sind nur noch 50 im Bergwerk beschäftigt; 2006 soll der letzte Stollen versiegelt werden. Viele Bergleute verdienen sich jetzt als Arbeiter in der Elektromotorenfabrik ihr Geld, so dass der Stadt größere Probleme durch Arbeitslosigkeit erspart geblieben sind. Eine Vorstellung von den Arbeitsbedingungen gibt der 500 Jahre alte, jetzt stillgelegte **Antonijev row,** der Antonius-Stollen, den man begehen und sich darin altes Handwerksgerät und eine interessante Ton-Bildschau ansehen kann (Eingang auf dem Marktplatz von Idrija, Führungen wochentags um 10 und 15 Uhr, Sa, So und feiertags auch um 10, 15, 16 Uhr, im Winter nur nach telefonischer Vereinbarung unter Tel. 05/3 77 11 42).

Im Altstadtkern des Städtchens sind einige alte Bergwerkshäuser erhalten, in denen die Minenarbeiter und ihre Familien untergebracht waren. Sie sind schmal und mehrstöckig und unterscheiden sich deutlich von den ›normalen‹ Bürgerhäusern anderer Siedlungen. Die Ähnlichkeit mit den ›Mietskasernen‹ des Schmiededorfes Kropa (s. S. 109f.) ist frappierend.

Die Kunst der Frauen

Während die Männer der unterirdischen Knochenarbeit nachgingen, entwickelten die Ehefrauen eine alte Handarbeitskunst zur Vollendung: die **Klöppelei.** 1838 soll eine Frau die Kunst der Klöppelei nach Idrija gebracht haben, 1876 wurde in Idrija die erste Klöppelschule eröffnet und die bis dahin in Heimarbeit überlieferte Fertigkeit familienübergreifend gelehrt. Noch heute ist es Ehrensache, dass alle Mädchen von Idrija nach dem Pflichtschulunterricht die Klöppelkurse besuchen. Die geklöppelten Deckchen, Sofakissen, Servietten und sogar Bettwäsche sind ein erfolgreiches Exportprodukt des Städtchens und zugleich ein beliebtes Souvenir von Slowenienreisenden. In Idrija gibt es zahlreiche Geschäfte, die Klöppelarbeiten verkaufen – wie die kunstvollsten (und unbezahlbaren) Stücke aussehen, zeigt das Museum in der Burg Gewerkenegg und eine *Ausstellung* in der *Klöppelschule* (Prelovčeva ul. 2, Tel. 05/3 73 45 70, Mo–Fr 8–15 Uhr).

TIC, Lapajnetova ul. 7, Tel./Fax 05/3 77 38 98, www.rzs-idrija.si.

Privatzimmer vermittelt das Touristenbüro, dort ist auch eine Liste von **Bauernhöfen** erhältlich, die Gästezimmer anbieten.

Mlinar, Spodjna Idrija, Žirovska ce. 4, Tel. 05/3 77 93 16. Auf der Spei-

Wohnen und Speisen im Schloss

In Spodnja Idrija, einer von Industrie geprägten Siedlung etwa 4 km flussaufwärts, steht das zauberhafte **Hotel Kendov dvorec.** Das ehemalige Gutshaus stammt aus dem Jahre 1377, wurde 1996 restauriert und bietet elf mit Originalstücken aus dem 19. Jh. möblierte Zimmer. Berühmt ist das Restaurant für seine lokalen Spezialitäten wie žlikrofi und das selbstgebackene und mit Estragon gewürzte Brot. 5281 Spodnja Idrija, Na griču 2, Tel. 05/3 72 51 00, Fax 05/3 75 64 75, www.kendov-dvorec.com. DZ um 35 000 SIT, 150 €.

sekarte beim ›Müller‹ steht viel Wild sowie ebenfalls die Regionalspezialität žlikrofi. Hauptgericht um 18 000 SIT, 8 €.

Den Spitzen hat die Stadt auch ein eigenes **Festival** gewidmet, das jedes Jahr im August abgehalten wird. Über den genauen Termin informieren die slowenischen Fremdenverkehrsämter.

Busbahnhof, Vodnikova ul. 2, Tel. 05/3 72 67 00. Stündlich Busse nach Ljubljana, mehrmals täglich nach Bovec, Tolmin, einmal/Tag nach Nova Gorica.

Cerkno und das Franja-Hospital

Slowenien Atlas: S. 232, C 3/4

Cerkno selbst lohnt besonders in der Faschingszeit einen Besuch, wenn am Faschingsdienstag die *Laufarji-Masken* furchterregend durch das Städtchen toben, um dem Winter endgültig den Garaus zu machen. Die alte, wohl noch aus heidnischen Zeiten stammende Überlieferung wurde 1956 wieder zum Leben erweckt. 24 Masken stellen einen Gerichtsprozess dar, in dem der ›Fasching‹, pust, für alles Übel verantwortlich gemacht wird, das im vergangenen Jahr den Ort heimgesucht hat. Nach der Verurteilung wird mit fröhlichen Tänzen gefeiert. Im **Museum** von **Cerkno** sind die traditionell aus Lindenholz geschnitzten Masken der *laufarji* ausgestellt. Eine andere Abteilung widmet sich den Ereignissen und Folgen des Zweiten Weltkrieges in der Region, doch darüber kann man sich im nahen Franja-Hospital wesentlich anschaulicher informieren (Berkova 12, Tel. 05/3 72 31 80, nur im Sommer Di–So 10–13, 14–18 Uhr).

Das **Partisanenkrankenhaus Franja** liegt in einem schmalen Tal 5 km nordöstlich von Cerkno, beim Weiler **Dolenji Novaki** am Ende einer Klamm (ca. 15 Min. Fußweg). Nachdem Italien 1943 kapituliert hatte, gelang es den Partisanen, Idrija mit seinen Quecksilberminen zu befreien. Sie wurden aber kurz darauf von deutschen Truppen wieder aus ihren Stellungen verdrängt. Etwa sieben Monate tobten schwere Kämpfe in der Region, und durch die Notwendigkeit, Verwundete heimlich pflegen zu können, entstand der Plan, in dem abgelegenen Tal ein Partisanenkrankenhaus einzurichten.

Von Dezember 1943 bis 1945 versahen hier slowenische Ärzte, unterstützt von freiwilligen Helfern aus aller Herren Länder, ihren Dienst. 522 Verwundete wurden in Franja versorgt – und zwar nicht nur Widerstandskämpfer, sondern auch feindliche Soldaten, von denen sich einige nach ihrer Genesung den Partisanen anschlossen. Diese Einstellung brachte den Ärzten von Franja nicht nur Lob ein; mehrmals forderte das Oberkommando sie auf, sich auf die Betreuung der Partisanen zu beschränken.

Heute freilich listet die im Krankenhaus erhältliche Broschüre stolz die Namen der ausländischen Patienten auf. Erhalten sind einige Krankenbaracken und die Behandlungsräume. Besichtigungszeiten sind von 1. April bis 30. Sept. tgl. von 9–18 Uhr, März, Okt., Nov. 9–16 Uhr, Auskunft unter Tel. 05/3 72 31 80.

DURCHS VIPAVA-TAL ANS MEER

Von Nova Gorica an die Adria begleiten Hänge voller Weinreben und mittelalterliche Wehrstädtchen den Reisenden. Moderne Kunst und alte istrische Architektur finden harmonisch in Štanjel zusammen. Rund um das Dorf Osp hängen Europas beste Freeclimber in den Felsen.

Wein und Wind

Das fruchtbare Karsttal des Flusses Vipava verbindet die südlichen Alpenausläufer mit dem adriatischen Raum. Es ist ein Korridor, der, wie archäologische Funde belegen, bereits von den Menschen der Jungsteinzeit benutzt wurde. Unter römischer Herrschaft wurde das Tal durch eine Straße erschlossen, und in den Wirren der Völkerwanderung diente es als Passage auf dem Weg nach Süden. Nach dem Ersten Weltkrieg wurde es Italien zugesprochen, nach 1945 fiel es schließlich an Jugoslawien.

Im südlichen Vipava-Tal keltern die Bauern Rotweine, für die Sloweniens Küstenregion berühmt ist, Merlot, Refošk, Teran. Weiter nach Norden liegen die Anbaugebiete für hervorragende weiße Tropfen. Weinterrassen und Obstbaumkulturen säumen die Straße und die Hügel im Hinterland, ein Garten Eden, so scheint es – und doch gilt das Tal als eine der am schlimmsten von der *burja* heimgesuchten Regionen Sloweniens! Burja oder Bora, der eiskalte, von Nordosten meerwärts blasende Wind, tobt hier durchschnittlich an 42 Tagen im Jahr. Die eisigen Sturmböen gefährden nicht nur die Landwirtschaft, auch Autofahrer auf der Strecke Razdrto – Nova Gorica werden an exponierten Stellen vor den unberechenbaren Stößen der Burja gewarnt. Vielerorts geben elektronische Messtafeln die augenblickliche Windgeschwindigkeit an.

Auf eine ganz eigenwillige Art verbinden sich im Vipava-Tal sanfte, von Reben bestandene Hügel mit der zurückhaltenden, strengen Architektur seiner Dörfer, Burgen und Kirchen. Die Burja hat die Architektur der Karstdörfer und die landwirtschaftliche Nutzung des Tals geprägt. Alte Siedlungen und moderne Bauten öffnen sich nach Südwesten. Wuchtige Steinmauern schützen die dem Wind zugewandte, nordöstliche Seite, mit Steinen sind die Dachschiefer beschwert und gesichert. Nur an Südhängen finden sich Wein- und Obstpflanzungen, während die nach Norden gerichteten Seiten von Mischwald bedeckt sind. Nicht nur Naturgewalt, auch die exponierte Lage an einer uralten Handels- und Heerstraße manifestiert sich in der Architektur. Mittelalterliche

Siedlungen wie Štanjel (s. S. 148f.) gleichen unbezwingbaren Festungen, in denen die Menschen versuchten, gegen anbrandende Eroberer zu bestehen.

Vipava

Slowenien Atlas: S. 236, C 2
Das Städtchen (1600 Einw.) ist ein wichtiger Anlaufpunkt für Weinliebhaber. Die Tradition reicht bis 1894 zurück, als hier Sloweniens erste Weinbauerngenossenschaft gegründet wurde. Im 1964 erbauten **Weinkeller** *(Vinska klet)* kann man die schweren Weine der Region verkosten und natürlich auch kaufen (geöffnet 12–22 Uhr, So u. Mo geschlossen).

Die Siedlung zu Füßen der aus dem 12. Jh. stammenden Burgruine *Stari grad* wirkt verschlafen; im Park vor dem **Stadtschloss Lanthierijev grad** (18. Jh.) treffen sich Pensionäre zum Plausch, und außer den beiden Schlössern und einigen wenigen älteren Bauten ist das Stadtbild nicht gerade ansprechend. Doch Vipava kann mit einem klassischen Karstphänomen aufwarten: In der steilen Felsmauer Skalica hinter dem neuen Schloss entspringt der Fluss Vipava aus mehreren Karstquellen, die Wasser des Einzugsgebietes Nanos und Postojna mit sich führen. Es gibt sogar eine Verbindung zur Höhle unter dem Predjamski grad. Durch gefärbtes Wasser konnten die unterirdischen Kanäle nachgewiesen werden; erforscht sind sie allerdings nicht, weil der Wasserstand zu hoch ist.

Gostišče Pri Lojzetu, Dvorec Zemono, Tel. 05/3 68 70 07. Mo und Di geschlossen. Inmitten von Weinbergen liegt 1 km außerhalb von Vipava in Richtung Ajdovščina das **Schlösschen Zemono,** 1689 als Sommersitz der Grafen Lanthieri erbaut. Der Renaissancebau im Stil der Palladio-Villen birgt heute ein hervorragendes Restaurant, das weit über die Grenzen des Tales berühmt ist. Vor allem Hochzeitsgesellschaften nutzen das romantische Ambiente für die Familienfeier – deshalb ist das Restaurant an den Wochenenden häufig ausgebucht. Hauptgericht um 2500 SIT, 10 €.

Vipavski križ

Slowenien Atlas: S. 236, B 1
Die zum Teil verlassene, mauerbewehrte Dorfanlage auf einem steilen Hügel gegenüber Ajdovščina fand 1252 erstmals Erwähnung. Im 15. Jh. wurde sie mit Burg und Stadtmauer gegen die Überfälle von Venezianern und Türken befestigt, im 16. Jh. erlebte sie ihre Blütezeit. Bis 1864 gehörte Vipavski križ den Grafen von Attems, dann wurde die Burg aufgegeben. Damit begann der Niedergang der Stadt.

Man betritt den Ort durch das südliche Stadttor und findet sich inmitten alter istrischer Steinhäuser und Bauernhöfe. Wein und Efeu ranken am grauen Stein, in Blumentöpfen vor Fenstern und Türen wachsen Oleanderbüsche und Geranien, doch kaum ein Mensch ist zu sehen. Besuchenswert sind die gut erhaltenen Überreste des **Schlosses** und des 1636 gegründeten **Kapuzinerklosters.** Der Ort steht unter Denkmalschutz.

Štanjel

Slowenien Atlas: S. 236, B 2
Das mittelalterliche Städtchen in 311 m Höhe über einem Seitenarm des Vipava-Tales galt als Paradebeispiel eines typischen Karstdorfes. Die Häuser ziehen sich gestaffelt an den südlichen und südwestlichen Hängen des Hügels Turn entlang. Fenster und Türen öffnen sich auf die mit Reben bestandene Landschaft; die Rückseiten trotzen im Winter der Burja.

Illyrer, Römer und Osmanen

Die Siedlung geht auf die Hallstattzeit zurück (s. Novo Mesto, S. 201), aus der ein illyrisches Gräberfeld stammt. In römischer Zeit war Štanjel wie viele andere Städte entlang des Tales ein Castrum und sicherte den Handelsweg. Einzig sichtbarer Rest dieser Epoche ist der ledenica, Eiskeller, genannte Stumpf eines römischen Wachtturms auf dem Hügel. Ab dem 12. Jh. ist das Dorf Štanjel verbrieft, im 16. Jh. wurde es gegen die Einfälle der Türken mit einer Stadtmauer befestigt, Ende des 16. Jh. wurde auf den Fundamenten der alten Burg das neue Schloss der Grafen Kobencl errichtet. Heute besitzt Štanjel noch knapp 300 Einwohner, die fast alle in das neue Dorf am Fuß des Hügels umgezogen sind. Nur noch einige ältere Leute trotzen im historischen Štanjel dem Sog der Neuzeit und deren Komfort.

Die Farben und Stimmen des Karstes

Über eine monumentale Treppe gelangt man vom Parkplatz durch einen Festungsturm der Stadtmauer auf den Schlosshof und sieht gegenüber das ›Wahrzeichen‹ von Štanjel, die **Kirche Sv. Daniel** mit der steinernen Turmspitze, die an osmanische Minarettarchitektur erinnert. Böse Zungen behaupten, sie sei einer Bischofsmütze nachgebildet. Sehenswert ist ein Marmorrelief auf dem Hauptaltar: Es bildet das Panorama von Štanjel und dessen Burg ab und stammt aus dem 17. Jh.

In der **Burg** residiert heute eine Kunstgalerie, die Werke des in Triest gebürtigen Malers *Lojze Spacal* ausstellt. In seinen abstrakten Graphiken, Gemälden und Textilarbeiten spiegeln sich die Farben und Strukturen der heimatlichen Karstlandschaft. Ihre Symbolik ist erst richtig zu würdigen, wenn man den Nährboden, aus dem sie entstanden ist, gesehen hat. Der Spaziergang durch die schmalen Gassen von Štanjel führt die Wurzeln seiner Kunst vor Augen: Alles ist grauer Stein, sogar die Regenrinnen, die das Wasser in Zisternen ableiten, und der Fassadenschmuck – Türbogen, Fenstereinrahmungen, ein kleines Relief an der sonst schmucklosen Wand aus Bruchsteinen – ist aus dem gleichen Material gearbeitet. Holz war und ist Mangelware im Karst. In dieses Grau setzen Blumentöpfe mit strahlend-roten Geranien und Petunien, Oleanderbüsche in zartem Flieder und die grünen Tupfer von Basilikum, Petersilie und Minze aus dem Küchengarten farbige Akzente. Geometrische Strukturen und intensive Farbflächen – so spiegelt sich diese Umgebung schließlich in Spacals Werken. Der vielseitige Künstler wurde mit zahlreichen internationalen Preisen

Karstdorf Štanjel über einem Seitenarm des Vipava-Tals

ausgezeichnet und lebt in seiner Geburtsstadt Triest.

Noch ein bedeutender Slowene ist eng mit der Karstlandschaft verbunden: der Lyriker *Srečko Kosovel*, geboren 1904 in Sežana und 1926 im Alter von 22 Jahren gestorben. Seine Gedichte kreisen wie Spacals Bilder um diese karge und geheimnisvolle Landschaft und um ihre einsamen Dörfer.

Traditionelle Architektur und Volkskultur

Das traditionelle Leben im Karst dokumentiert die Ausstellung von Einrichtungsgegenständen und Hausrat in der **Kraška hiša** (Karsthaus). Im Augenblick wirkt das Sammelsurium noch etwas improvisiert – die Kuratoren haben einfach zusammengetragen, was im Dorf aufzutreiben war: Kleidertruhen, Werkzeug, ein einfaches Bett. Typisch ist auch die Črna kuhinja, die schwarze Küche, so benannt, weil sie aus einer offenen Feuerstelle ohne Rauchabzug bestand. In der unteren Etage des an den Hang gebauten Karsthauses ist eine ›Werkstatt‹ zu besichtigen. In den ersten Stock kommt man von der hinteren Hausseite, wo der terrassierte Boden einen ebenerdigen Zugang schafft. Der typische, istrische Brunnen davor wird noch heute genutzt (Führungen durch Štanjel sowie Öffnungszeiten von Galerie und Kraška hiša nur im Sommer Mo, Mi–Sa 11–17, So 14–16 Uhr, Voranmeldung empfohlen unter Tel. 05/ 7 69 01 97.

Fabianis Villa

Štanjel steht, wie die Kunstausstellung beweist, nicht nur für vergangene Traditionen, sondern ebenfalls für einen kühnen Ausflug in die Moderne. Nicht weit entfernt wurde einer der größten slowenischen Architekten geboren: *Maks Fabiani,* dessen Werk jedoch hinter den spektakulären Bauten seines Zeitgenossen Plečnik etwas verblasst. Fabiani hat mit finanzieller Unterstützung seiner Familie einen Rettungsversuch für das historische Ensemble Štanjel unternommen, doch wurde seine Arbeit 1944 von Partisanen stark beschädigt. Zu besichtigen sind die verwahrlosten Überreste seiner **Villa Ferrari** und des Parkes unterhalb der Stadtmauer. Eine 1998 eingeweihte Ausstellung in den Burgräumen würdigt das Wirken Fabianis. Der Architekt starb fast hundertjährig 1962 und wurde in der Familiengruft auf dem Friedhof, eine Hügelkuppe weiter, beigesetzt.

Grča in Hruševica, etwa 1 km von Štanjel entfernt, Tel. 05/7 69 02 24. Eine typisch istrische Landgaststätte mit hübschem, schattigem Innenhof in einem alten Landgut. Serviert werden alle Köstlichkeiten der istrisch-mediterranen Küche, darunter der deftige Bohneneintopf Jota oder Ajdovi žganci aus Buchweizenmehl. Im Sommer/Herbst stehen Spezialitäten aus Wild und Pilzen auf der Speisekarte. Dazu trinkt man den schweren istrischen Teran. Eine der besten Feinschmeckeradressen in Slowenien! Geöffnet nur an Wochenenden (Fr, Sa, So) von 10–22 Uhr. Hauptgericht um 2400 SIT, 10 €.

Per Auto oder Fahrrad

Štanjel und die anderen Orte im Vipava-Tal sind am besten mit dem Auto zu erkunden; öffentliche Verkehrsverbindungen abseits der Hauptroute Razdrto – Ajdovščina – Nova Gorica sind rar. Das Hügelland mit seinen vielen Nebensträßchen und Wegen eignet sich auch ideal für Fahrradtouren; empfehlenswert sind hierfür die Ausflugskarten des slowenischen Geodetski zavod im Maßstab 1:50 000.

Nanos

Slowenien Atlas: S. 236, C 2
Mit 1262 m Höhe, gekrönt von einem 10 km langen Hochplateau, begrenzt der Nanos wie ein wuchtiger, dunkler Klotz das Vipava-Tal nach Nordosten. Von oben bietet sich ein wirklich einzigartiger Rundumblick: nach Westen über Weinterrassen und den Steilabbruch des Črni kal (s. S. 155) hinunter auf den Golf von Triest, nach Norden auf die wild gezackten Gipfel der Julier, nach Osten über die Karsthochebenen bis ans Becken von Ljubljana und nach Süden tief ins kroatische Istrien hinein. Dies natürlich nur an ganz klaren Tagen, für die hier die Burja sorgt. Wenn sie weht, sollte man sich zwar besser nicht an den Aufstieg und auch nicht auf die Fahrt hinauf machen, denn oben schlägt der Sturm ungehindert und brutal zu. Aber nach einer Burja-Phase ist der Himmel klar und die Fernsicht fantastisch. Zu Fuß sind es vom Dorf **Razdrto** etwa zweieinhalb Stunden steiler Anstieg zum Gipfel; bequemer geht's mit dem Auto, denn die Forststraße führt bis zur **Hütte Vojkova koča.** Der Rückweg zu Fuß passiert das **Kirchlein des hl. Hie-**

ronymus, das im 17. Jh. von den Gemeinden errichtet wurde, die hier oben ihre Schafe weiden ließen, und in dem bis heute noch ein paar Mal im Jahr Messen gelesen werden.

Škocjanske Jame (Höhlen von St. Kanzian)

Slowenien Atlas: S. 236, C 2
Die Grotten von Škocjan können sich an Vielfalt und Schönheit der Tropfsteinformationen nicht mit Postojna messen. Was sie auszeichnet, ist die Wildheit der unterirdischen Natur, durch die beständig das Tosen und Rauschen des Flusses Reka hallt. Und im Gegensatz zu Postojna bekommen Besucher auf dem etwa 1 km langen Rundweg den Fluss auch zu Gesicht. Zu den Škocjanske jame gehören mehrere tiefe Dolinen, natürliche Felsbrücken und oberirdische Schluchten. 1959 wurden die Höhlen in die UNESCO-Liste der schützenswerten Naturdenkmäler aufgenommen.

Postojna ist durch Eisenbahn und geschickt angelegten Rundgang in einem leichten Spaziergang zu besichtigen, die Grotte von Škocjan stellt dagegen Ansprüche an die Kondition. Wer nicht gut zu Fuß oder nicht schwindelfrei ist, sollte auf den etwa zweistündigen Besuch besser verzichten. Wegen der niedrigen Temperaturen (13° C) unbedingt warme Kleidung mitnehmen; da der Boden oft sehr glitschig ist, sind gute Wanderschuhe von Vorteil.

Vom Besucherzentrum unweit des Dorfes Matavun werden die Gruppen auf einem knapp 15-minütigen Fußweg zum Einstieg in einem Einsturztrichter und über einen künstlich angelegten Gang zu den ›**stillen Höhlen**‹ *(Tihe jame)* geführt. Den ersten Höhepunkt bildet der **Große Saal** mit seinen Tropfsteingebilden, darunter der berühmten Stalagtitenformation ›*Orgel*‹. Dann wird das Rauschen des Flusses lauter, das Höhlensystem verbreitert sich zu einer riesigen Halle, in der im Halbdunkel in 100 m Tiefe der Fluss **Reka** durch einen *Canyon* schießt. Eine Brücke überquert die Schlucht, dann folgt der in den Fels geschlagene, schmale Pfad hoch oben dem Flusslauf. Nach dieser schwindelerregenden Passage steigt er allmählich an, durchquert eine Höhle mit faszinierenden Sinterterrassen und erreicht schließlich den Höhlenausgang in der **Großen Doline** *(Velika dolina),* die von knapp 160 m hohen Felswänden umgeben ist. Hier verschwindet der Fluss wieder unter der Erde, um 40 km süd-

Virtuelle Höhlenwelt

1991 wurden Gänge und Grotten neu entdeckt; sie können allerdings nur bei niedrigem Wasserstand von entsprechend ausgerüsteten und erfahrenen Höhlenforschern besucht werden. Informationen hierzu gibt's beim slowenischen Speläologenverband SPEGU, Premančan 28, 6280 Ankaran, E-Mail: franc.maleckar@guest.arnes.si. Ein virtueller Rundgang durch Skocjan ist im internet unter http://www.park-skocjanske-jame.si/Burger/ParkSkocjanskeJameENG.html aufzurufen.

westlich als Duino zu erscheinen und in den Golf von Triest zu münden. Aus der Velika dolina geht's über Stufen nun steil hinauf und zurück zum Besucherzentrum. Ein elektrischer Lift verkürzt den Weg um einige Höhenmeter. (Nov.-März 10 und 13 Uhr, so auch 15 Uhr, April, Mai, Okt. 10, 13 und 15.30 Uhr, Juni–Sept. 10, 11, 12, 13, 14, 15, 16, 17 Uhr, Auskunft unter Tel. 05/7 63 28 40, Fax 05/7 08 21 05, www.park-skocjanske-jame.si, Eintritt 2500 SIT Erwachsene, 1000 SIT Kinder. Mit etwas Glück kann man an der Kasse eine hervorragende, von der UNESCO herausgegebene Karte des Höhlensystems erstehen.)

Nächster **Bahnhof** ist *Divača* mit Verbindungen nach Ljubljana und Koper. Vom Bahnhofsgebäude führt ein etwa einstündiger, deutlich markierter und überaus hübscher Wanderweg durch Karstlandschaft mit Dolinen und Einsturztrichtern zum Besucherzentrum bei Matavun.

Des Kaisers schöne Pferde – Lipica

Slowenien Atlas: S. 236, B 2

Erstaunlicherweise bringt kaum jemand Slowenien in Verbindung mit der anmutigen und doch so robusten Pferderasse der Lipizzaner. Zu mächtig ist der Ruf, den die Spanische Hofreitschule in Wien mit der Dressur der weißen Rösser begründet hat. Dass das ›Rohmaterial‹ für die eleganten und zierlichen Dressurstückchen der Wiener aus einem Dorf im slowenischen Karst kam, ist in Vergessenheit geraten.

Von Linden und Pferden

Lipica heißt kleine Linde, doch ist der Nationalbaum der Slowenen aus dem Landschaftsbild um Lipica schon fast verschwunden. Kastanien, Buchen und Steineichen haben sich auf den porösen Kalkböden ausgebreitet. Nur die schattige, schnurgerade Allee, die von der Straße Lokev - Sežana zum Gestüt führt, schmückt sich mit Linden, denen im alten slawischen Volksglauben auch mythische Bedeutung als Sitz von Naturgeistern zukam. Doch ist die Allee nicht nur deshalb ein magischer Ort: Sie erinnert an die stolzen Reiter, die jedes Jahr die von Wien erwählten Junghengste von Lipica über diese Straße auf den langen Weg in die Hofreitschule brachten. Jeder, der mit der ehrenvollen Aufgabe betraut war, durfte zum Andenken an den bedeutendsten Moment seiner Gestütskarriere drei Bäume an der Straße pflanzen. So nähert sich der Besucher – flankiert vom baumgewordenen Symbol einer fast 500jährigen Zusammenarbeit zwischen Lipica und Wien – dem Gestüt, das zwischen Golfplatz und Hotelbauten fast verborgen ist. Nur die schneeweißen Pferde und ihre grauschwarzen Fohlen auf den Weiden geben Pferdefreunden einen Vorgeschmack auf das Herz dieses Touristenressorts.

Robustheit und Eleganz

Gegründet wurde das Gestüt von Lipica offiziell im Jahre 1580, doch die Tradition der Pferdezucht in dieser Region ist wesentlich älter. Bereits die Römer sollen die für ihre Schnelligkeit und Ausdauer bekannten Pferde aus dem Karst geschätzt haben. Die Bauern aus der

Hartes Training macht aus den Lipizzanern elegante Tänzer

Gegend benützten die Pferde vor allem als Zugtiere für die Warentransporte zwischen Triest und dem Landesinneren. Der österreichische Erzherzog Karl gab schließlich den Auftrag, in Lipica mit der systematischen Zucht dieser Karströsser für den Hof zu beginnen. 1704 wurden im Zentrum des Gestüts Ställe für die Zuchthengste errichtet, die noch heute das Kernstück der Anlage bilden. Mehrmals wurden die Pferde aus Lipica evakuiert, zweimal brachten sie die Bauern auf der Flucht vor Napoleons begehrlichem Arm nach Ungarn, einmal landeten sie in Kroatien. Die Unruhe hatte weitreichende Folgen für die Zucht, der Bestand der Lipizzaner ging zurück und überschritt erst Ende des 19. Jh. wieder die Zahl von 300. Im Ersten Weltkrieg folgte eine neue Evakuierung, diesmal nach Wien. Als Lipica nach Kriegsende an Italien fiel, wurden zwar einige Junghengste zurückgegeben, der Großteil der Herde aber verblieb an der Hofreitschule, wo die Wiener schließlich ihre eigene Zucht in Piber (Steiermark) begannen. Den Neubeginn wagte Lipica nach den Wirren des Zweiten Weltkriegs mit ganzen 11 Pferden, die dem Gestüt von den Alliierten restituiert wurden. Heute ist die Herde wieder auf 260 Tiere angewachsen; etwa 500 Lipizzaner soll es in Slowenien, rund 3000 weltweit geben. Neben der Spanischen Hofreitschule in Wien gilt das italienische Gestüt Monte Rotondo als wichtigster Konkurrent für Lipica.

Tanzende Pferde

Ausgebildet werden die Lipizzaner nach den Regeln der Spanischen Reitschule, zu ihren besonderen Kunststücken gehören Figuren wie die *Levade* und die *Courbette.* Höhepunkt einer

Lipizzaner-Dressur ist die *Kapriole,* bei der das Pferd mit allen vier Beinen zwei Meter hoch in die Luft springt und die Hinterläufe wie ein »fliehendes Reh« nach hinten streckt. Faszinierend ist der perfekte Gleichklang, in dem die Lipizzaner die verschiedenen Schrittfiguren absolvieren.

Wer auf echten Lipizzanern **Reitunterricht** nehmen möchte, sollte die Stunde rechtzeitig reservieren und seine Ausrüstung (Stiefel, Kappe, Reitgerte) mitbringen. Anfänger, die nur mal ausprobieren wollen, wie man auf einem Rassepferd sitzt, werden nicht angenommen, Kinder unter 10 Jahren ebenso. Für die Kleinen stehen in Lipica Shetlandponies bereit, deren Sturheit sprichwörtlich ist und wirklich kein besonderes Vergnügen verspricht.

Als hübsche Alternative für Pferdefreunde bietet sich eine **Kutschfahrt** durch das Gestüt an. Die Tour dauert je nach Absprache eine halbe bis eine Stunde und führt über Wiesen und schattige Alleewege durch die Anlage. Auf der Fahrt kann man von der erhöhten Position auf dem Kutschbock gut die vom Karst gezeichnete Landschaft mit ihren Dolinen und Einbruchtrichtern studieren und die weißen Pferde auf der Weide beobachten. Gestütsbesichtigung je nach Saison zwischen 5 und 6 € /Person. Besichtigung und Dressurvorführung um 12 €/ Person Auskunft und Reservierung unter Tel. 05/7 39 15 80, www.lipica.org.

Die Feen-Höhle

Genug von Pferden? Auch bei Lipica können sich Liebhaber unterirdischer Gänge und Grotten in Hades´ Reich aufmachen: Die **Höhle Vilenica** liegt nur wenige Kilometer vom Gestüt entfernt in der Nähe des Dorfes Lokev, aus dem auch die meisten Angestellten des Gestüts stammen. Vilenica ist die älteste, touristisch erschlossene Höhle Europas; bereits 1633 wurde sie unter offizielle Verwaltung gestellt und galt lange Zeit als schönste und typischste Karsthöhle. Mitte des 19. Jh. verblasste der Stern zugunsten der spektakuläreren Grotten von Postojna, und erst 1963 machten sich Liebhaber aus Sežana daran, das Kleinod wieder herzurichten.

Mit 1,3 km Länge und knapp 500 m für Touristen erschlossenem Fußweg ist Vilenica nicht gerade groß, aber ihre Tropfsteinformationen mit roten Sintervorhängen und dem berühmten *›Kristall von Vilenica‹* sind durchaus konkurrenzfähig. Im großen Tanzsaal wird jedes Jahr ein Literaturwettbewerb ausgetragen und der Vilenica-Preis vergeben. Vilenica, ›kleine Fee‹, heißt die Höhle, weil die Menschen der Region in ihr die Heimstatt der koketten Geisterfrauen vermuteten. (Besuch möglich nur So um 15 Uhr oder nach telefonischer Voranmeldung unter Tel. 05/7 34 42 59, www.vilenica.com).

Majestoso und **Klub Lipica,** Tel. 05/7 39 15 80, Fax 05/7 34 14 09: Beide Hotels wurden renoviert, sind aber gemessen an Ausstattung und Komfort überteuert und teils recht lieblos geführt (DZ zwischen 18000 und 22000 SIT, 75 und 100 €). Sehr hübsch eingerichtete Gästezimmer vermietet Gostilna Grahor in Sežana (s. u.).

Restaurants und **Café-Bars** in beiden Hotels. In den beiden Gasthöfen von Lokvar isst man sicher origineller und besser. Wer gute mediterran-slowenische Kost probieren möchte, besuche **Gostilna Grahor** in *Sežana* (im Vorort Dane), Tel. 05/7 31 20 60, eine der besten Restaurantadressen dieser Region. Hauptgericht um 1800 SIT, 8 €.

Reiten: Auskunft und Reservierung unter Tel. 05/7 39 15 80: Reitunterricht in Gruppen 22 €/Stunde, Reitunterricht individuell 40 €/Stunde, Kutschenfahrt 30 Min. 20 €/4 Personen.
Golf: Einputten in der sanft hügeligen Karstlandschaften und die weißen Pferde schauen zu. 9-Loch, 2670–3120 m, Par 36, Green Fee um 18–23 €; Auskunft und Reservierung s. oben.

Dörfer am Črni kal

Slowenien Atlas: S. 236, B 3
Nahezu senkrecht bricht die Karsthochebene am Steilabbruch des Črni Kal zur Region Primorska an der Adria ab. Winzige Dörfer und eine malerische Festung klammern sich an die steile Bergflanke oder ducken sich in ihren Schatten. Wie ein außerirdisches Ungetüm mutet in dieser archaischen, herben Landschaft das Betonband der Autobahn Ljubljana – Koper an, an dem seit Jahren gebaut wird und das bald mit einem spektakulären Tunnel und kühnen Brückenkonstruktionen dieses natürliche Hindernis überwinden wird. 2005 soll dieses Teilstück der Öffentlichkeit übergeben werden.

Burg Socerb

Mehr als 300 m steiler Fels trennt Schloss Socerb vom flachen, meeresnahen Karstland; deshalb ist nur ihre Ostflanke durch eine Mauer geschützt, denn von Westen her war sie uneinnehmbar. Bereits die Illyrer siedelten hier oben; ab dem 11. Jh. gab's Festungsbauten und im 13. Jh. wurden die Fundamente für die heutige Burg gelegt, die nach mehreren Bränden Anfang des 20. Jh. restauriert wurde.

In ihren Räumen residiert ein Restaurant, das für seine gepflegte Küche mindestens ebenso berühmt ist wie für das Panorama, das sich von der Terrasse über den Golf von Triest eröffnet. **Grad Socerb,** Socerb 7, Tel. 05/6 59 23 03, Mo geschl., Hauptgericht um 2000 SIT, 9 €, unbedingt reservieren!

Črni kal

Nicht nur Pisa hat einen ›schiefen Turm‹, auch das Dorf Črni kal, am Fuße des Karstabbruches auf einem steilen Flyschhang gelegen, muss tatenlos zuschauen, wie sich der venezianische

Nur für Schwindelfreie

Ein Fußpfad führt von Schloss Socerb über das gleichnamige alte Dorf in engen Serpentinen durch den Fels hinunter in den Weiler Osp (s. S. 156). Schwindelfreie Wanderer können den Weg in einer halben Stunde bewältigen und wenn noch genug Energie bleibt von Osp ins Dörfchen Tinjan weiterspazieren, das angeblich das schönste Panorama über das slowenische Istrien bietet (insgesamt 1,5 Std.).

Turm seiner St.-Valentinskirche von Jahr zu Jahr stärker neigt und inzwischen über einen Meter von der Senkrechten abweicht. Im Dorf mit seinen knapp 200 Einwohnern stehen alte, istrische Steinhäuser, an einem ist eine Inschrift in Glagolica, der altkroatischen Kirchenschrift eingemeißelt; viele der Bauten stammen noch aus dem 16. und 17. Jh., als hier eine nun in Ruinen liegende Festung die Handelsstraße vom Meer zum Tor von Postojna (s.S. 132) beschützte.

Osp

Mit 155 Einw. nicht gerade eine ›Weltstadt‹, aber dank der Steilwand über dem Ort in der ganzen Welt als einer der besten europäischen Freeclimber-Spots berühmt – Osp ist deshalb in den Sommermonaten bevölkert von jungen Leuten, die alle nur das eine wollen: Zelt aufschlagen und hinein in den Fels. Unterhalb dieser Wand gähnt der schwarze Schlund der **Osapska jama,** einer Wasserhöhle, die nur unter kundiger Führung und bei Trockenheit besichtigt werden kann. An ihrem Eingang finden sich die Ruinen der früheren Burg (grad), weshalb die Höhle oft auch Jama grad genannt wird. Auch in diesem Dorf finden sich einige alte, istrische Häuser.

Campingplatz: Drago Vovk, Osp 20, Tel. 05/6 59 25 00, Fax 05/6 59 25 81, Mobil-Tel. 041/23 46 02. Vater und Sohn Vovk führen einen einfachen, sauberen und sehr sympathischen Zeltplatz am Ortsrand, der zugleich die Info-Börse für Freeclimber ist. Übernachtung um 6 €/Person.

Totentanz-Fresko von Hrastovlje: Vor Gevatter Tod sind alle gleich

DAS FRESKENWUNDER VON HRASTOVLJE

Slowenien-Atlas: S. 236, C 3
Istrien war zwischen dem 15. und 16. Jh. immer wieder das Ziel türkischer Überfälle. Mit einer Kette von Burgen entlang des Karstabbruches und des Sežana-Tales versuchte die Bevölkerung, ihr Hab und Gut zu sichern. Von den ehemaligen Befestigungsanlagen sind nur noch spärliche Reste erhalten, darunter der venezianische **Wachtturm in Podpeč,** die Festung in **Kubed** und **Zanigrad,** wo auch noch ein spätromanisches Kirchlein mit Freskenbemalung zu sehen ist. Im Vergleich zu diesen in Ruinen liegenden Denkmälern ist die **Wehrkirche von Hrastovlje** in hervorragendem Zustand.

Die Dreifaltigkeitskirche Sv. Trojica thront auf einem Hügel über dem Karstdorf Hrastovlje und ist eine der anrührendsten Sehenswürdigkeiten dieser Region. Die dreischiffige Kirche wurde im 13. Jh. aus Steinquadern errichtet; im kriegsgeplagten 16. Jh. entstand um sie eine nahezu quadratische Wehrmauer mit zwei wuchtigen Rundtürmen an der südöstlichen und der nordwestlichen Ecke, über die nur die Spitze des Kirchturmes herauslugt. Wenn osmanische Verbände wieder einmal die Sicherungslinien überwunden hatten, zogen sich die Menschen in den Schutz der schwer erstürmbaren Kirche zurück. In Anlehnung an den alten slowenischen Begriff *tabor,* der Versammlung bedeutet, wurden solche Wehrkirchen ebenfalls Tabor oder Taborišče genannt.

Im Jahre 1490 wurde das Innere der Kirche von einem istrischen Maler, Janez aus dem Dorf Kastav, über und über mit Fresken bemalt. Neben den üblichen Themen wie der Christuspassion oder dem Besuch der Hl. Drei Könige hat sich Meister Janez in Hrastovlje etwas sehr Originelles einfallen lassen: Eine Wand ist mit dem ›Totentanz‹ geschmückt. Gevatter Tod führt in einer Art Polonaise die verschiedensten Menschen – vom Kind über den Bauer bis hin zum Bischof – in sein Reich. Ganz gleich, welchen Stand ein Mensch im Leben inne hat – im Tod sind alle gleich. Neben den herrlichen Fresken kann man im Inneren der Dreifaltigkeitskirche auch mehrere Inschriften in der Glagolica, der glagolitischen Schrift, erkennen, die von den Slawenaposteln Kyrill und Method für die Transkription slawischer Kirchentexte ersonnen wurde.

Eine ähnliche Kirche mit fast identischen Motiven findet sich übrigens im kroatischen Teil Istriens bei dem Dorf *Beram.* Auch dort wird ein Meister aus Kastav als Urheber der Fresken angeführt, diesmal mit dem Namen Vincent. Offensichtlich hat Kastav in der Nähe Opatijas eine sehr kreative Künstlerfamilie hervorgebracht. Wenn das Gotteshaus geschlossen ist, kann man den Schlüssel im Haus Nr. 30 holen.

Restaurant: **Gostilna Šwab,** Hrastovlje 53, Tel. 041/68 81 56. Istrische Spezialitäten, Hauptgericht um 1500 SIT, 6 €.

KOPER UND DIE SLOWENISCHE ADRIA

Venedigs Architektur prägt die Hafenstädtchen an Sloweniens kurzem Stück Adriaküste; Strandhotels und Pensionen reihen sich entlang der tiefen Bucht von Portorož. Früher sorgten Salinen und Fischfang für Wohlstand, heute sind es der Badetourismus und der große Industriehafen von Koper.

Slowenisches Küstenland

Mit einer Meeresküste von ungefähr 40 km Länge – die Angaben variieren je nachdem, wie genau Buchten und Landzungen mitgerechnet werden – kann Slowenien Badetouristen nicht gerade verwöhnen. Aber dieses kurze Stückchen Küste besitzt so viele Sehenswürdigkeiten – venezianische Städte, romantische Kirchen und einsame Dörfer in den Bergen über dem Meer –, dass dieser Mangel an attraktiven Stränden durchaus ausgeglichen wird.

Koper

Slowenien Atlas: S. 236, B 3

Wohl jeder, der in Erwartung von Sonne, Strand und Meer von Postojna kommend durch Tunnels und über kühne Brücken auf der neuen Autobahn endlich das Ortsschild Koper/Capodistria erreicht, ist zunächst einmal bitter enttäuscht. Rauchende Schlote, Hafenkräne, sumpfiger, schilfbestandener Morast und flache Fabrikbauten sind die Vorboten der alten Hafenstadt. Über eine verwirrende Vielzahl von Über- und Unterführungen wird der Reisende auf Koper zugeleitet, und die futuristische Architektur von Banken und Einkaufszentren auf freiem Feld links und rechts der Schnellstraße vermag den ersten negativen Eindruck nicht zu korrigieren. Erst das zierliche Stadttor Vrata Muda versöhnt mit der unattraktiven Umgebung.

Das Haupt Istriens

Koper, das Haupt Istriens (Capud Histriae oder Capodistria, wie die Italiener es nennen) ist mit 25 000 Einwohnern eine der größeren Städte Sloweniens und ein bedeutender Wirtschaftsstandort. Der Hafen konkurriert mit Triest um die Gunst internationaler Spediteure, die Fährverbindungen für Lastentransporte reichen nach Albanien und bis in den Nahen Osten, und für den NATO-Beitritt Sloweniens wird in Koper eine Marinebasis aufgebaut. Hinter seinem Industriegürtel überrascht Koper mit einer romantischen und angesichts der Bauwut in der Umgebung erstaunlich unberührten Altstadt. Cafés und hübsche Läden, sehenswerte Museen und als Höhepunkt die klassische venezianische Piazza lassen den Besucher die aus touristischer Sicht unerfreulichen Außenbezirke schnell vergessen.

Griechische Wurzeln

Koper wurde auf einer der Küste vorgelagerten Insel gegründet. Bezeugt sind Spuren der römischen Siedlung Capris, die wahrscheinlich bereits eine griechische Vorgängerin hatte. Ab dem 8. Jh. ließen sich Slawen in Koper nieder, 932 schlossen die Inselbewohner einen Beistandspakt mit Venedig, dessen Schutz sie ab dem 13. Jh. mit einigen Unterbrechungen bis zum Sturz der Republik Ende des 18. Jh. genossen. Hafen, Fischerei und Salzgewinnung sorgten für den Lebensunterhalt der Bewohner, dazu kamen die Erträge aus dem Obst- und Gemüseanbau im fruchtbaren Hinterland. Im 19. Jh. wendete sich das Blatt: Die Habsburger setzten auf Triest und ließen den Hafen ausbauen. 1857 fuhr der erste Zug von Wien nach Triest; Kopers Bedeutung war dahin. Ein Revival erlebte die Stadt erst wieder nach der Rückgabe 1954 an Jugoslawien. In Konkurrenz zum Triestiner Hafen wurde die flache Bucht ausgebaggert, das Meer zwischen Festland und Insel trockengelegt und eine moderne Hafenstruktur geschaffen.

Vom Stadttor zur Loggia

Vom Festland kommend betritt man den mittelalterlichen Stadtkern im Süden durch das einzige noch erhaltene Stadttor **Vrata muda** 1 (Parkmöglichkeiten entlang der Ringstraßen Vojkovo nabrežje und Pristaniška ulica). Dahinter öffnet sich der hübsche Platz Prešernov trg mit dem ehemaligen Stadtbrunnen von Koper, dem **Pontejev vodnjak** 2 aus dem Jahre 1666. Angesehene Familien haben den Brunnen gestiftet, der noch bis 1898 von den Koperčani, den Bewohnern Kopers, benutzt wurde. Vom Platz führt die *Župančičeva ulica* nach links leicht ansteigend in die Altstadt hinein und trifft auf die Haupthandelsstraße, **Čevljarska ulica** 3, die Straße der Schuster. Die schmale Straße ist gesäumt mit Modegeschäften, Juwelieren, Cafés, Konditoreien und kleinen Kaufhäusern. In der Čevljarska trifft man sich beim Einkaufsbummel, tauscht Neuigkeiten aus, genießt die schattigen Plätze zu einer Kaffeepause oder einem Glas Bier oder Wein.

Italiens Nähe ist spürbar: Glockenturm des Doms von Koper

Die Straße mündet auf dem Hauptplatz von Koper, **Titov trg,** salopp Piazza genannt. Das Bauensemble mit Loggia, Dom und Prätorenpalast stammt aus dem 15. Jh. und zählt zu den schönsten venezianischen Platzanlagen nicht nur Sloweniens, sondern des gesamten Adriaraumes. Der **Prätorenpalast** 4 wurde im Stil der venezianischen Gotik konzipiert und später mit Renaissanceelementen (Rundbogenfenster und Zinnen) ausgeschmückt (s. Abb. S. 43). Stadtwappen und der venezianische Löwe zieren die Fassade, die nach jahrelangen Restaurationsarbeiten in frischen Farben erstrahlt. Bis zum 18. Jh. war der Prätorenpalast Sitz der venezianischen Kapitäne, die Koper verwalteten. Links erhebt sich der venezianische Glockenturm der **Domkirche** 5, deren Fundamente auf das 12. Jh. zurückgehen. Der ursprünglich gotische Bau wurde im 15. Jh. im Renaissancestil und im 18. Jh. im Geiste des Barock erweitert, wobei man die alten Dekorationselemente wie das schöne *Eingangsportal* bewahrte. Im Inneren beeindruckt das *Altarbild der Madonna* auf dem Himmelsthron von *Vittore Carpaccio.* Als besondere Kostbarkeit gilt auch der *Marmorsarkophag* des Schutzpatrons, des *hl. Nazarius* aus dem 15. Jh. Vom *Kirchturm* (geöffnet 9.30–13 und 15.30–19 Uhr) lässt sich die Struktur der Stadtanlage mit Piazza und den auf sie zuführenden Achsen gut erkennen. Hinter dem Gotteshaus steht eingezwängt zwischen Wohnhäusern die **Rotunde Johannes des Täufers** 6, das Baptisterium der Domkirche, in ihrer hoffentlich bald restaurierten Gestalt ein harmonischer, romanischer Baukörper.

Das dritte und vielleicht schönste Bauwerk des Platzes ist die **Loggia** 7: Zierliche gotische Bögen bilden den Eingangsbereich zu dem strahlendweißen Bau, der ebenfalls im 15. Jh. errichtet wurde. Hier, wo heute bequeme Korbsessel zu einer kühlen Rast bei einer

Sehenswürdigkeiten

1 Vrata muda
2 Pontejev vodnjak
3 Čevljarska ulica
4 Prätorenpalast
5 Domkirche
6 Rotunde Johannes des Täufers
7 Loggia
8 Fontico
9 Ribiški trg
10 Ethnologisches Museum
11 Palazzo Belgramoni (Regionalmuseum Pokrajnski muzej)
12 Haus des Malers V. Carpaccio
13 Hafenbecken
14 Marina
15 Stadtbad

Übernachten

16 Koper
17 Žusterna
18 Villa Andor
19 Vodišek
20 Konvent
21 Dijaški dom
22 Camping Adria

Essen und Trinken

23 Norbedo
24 Skipper
25 Istrska klet

Tasse Espresso laden, wurden früher die städtischen Ratsversammlungen abgehalten. Im ersten Stock hat sich die ambitionierte Galerija Meduza ganz der modernen Kunst verschrieben und organisiert sehenswerte Ausstellungen.

Ins Fischerviertel

Am Dom entlang nach Osten schließt sich der hübsche **Trg revolucije** an. Die Koperčani nennen ihn in alter Tradition einfach *Brollo.* Der von Barockbauten gesäumte Platz diente früher als Sammelfläche für Regenwasser, das in eine unterirdische Zisterne abfloss – zwei Steinbrunnen erinnern heute noch an diese Funktion. Im **Fontico** 8 lagerten die Stadtherren überschüssiges Getreide, das in Jahren der Not wie anlässlich der verheerenden Pestepidemie 1630/31 an die Menschen verteilt wurde. Nach Nordosten zu liegen die engen Gassen des *Fischerviertels* mit schmalen, hohen Steinhäusern. Der Wohnbereich lag im ersten und zweiten Stock, und vom Eingang im Erdgeschoss gelangte man zuerst in einen ebenerdigen Lagerraum, in dem auch die Fischerboote abgestellt wurden. Über Schienen ließ man sie ins Wasser gleiten. Heute haben die modernen Hafenanlagen den jahrhundertealten Zugang der Fischer zum Meer versperrt. Dennoch ist am

›Fischerplatz‹, **Ribiški trg** 9, noch etwas vom früheren Flair zu spüren.

Die Kultur der Fischer, Bauern und Salinenarbeiter wird im **Ethnologischen Museum** 10 dokumentiert, das in einem architektonisch interessanten, alten Stadthaus mit vorkragendem ersten Stockwerk residiert, dessen Fundamente wohl aufs 15. Jh. zurückgehen (Gramscijev trg 4, Tel. 05/6 27 20 28, Mo–Fr 9–13 Uhr, Sa 9–12 Uhr, im Juli und August wochentags auch 18 bis 20 Uhr).

Von der Piazza zum Hafen

Zurück auf der Piazza folgt man nun der **Kidričeva ulica,** Kopers zweiter wichtiger Einkaufsstraße, nach Westen. In dieser Straße hat 1960er-Jahre-Architektur manch alten Palazzo verdrängt, doch gibt es durchaus Sehenswertes wie den barocken **Palazzo Belgramoni-Tacco** 11, der heute das *Regionalmuseum Pokrajinski muzej* beherbergt. Ein Besuch des kleinen Museums lohnt besonders wegen der Sammlung römischer Fundstücke aus Koper (geöffnet Mo–Fr von 9–13 Uhr, Sa 9–12 Uhr, Juli/August wochentags auch 18–20 Uhr).

Die Kidričeva ul. endet am *Carpacciev trg* mit dem im 14. Jh. errichteten **Haus des Malers V. Carpaccio** 12. Eine Häuserzeile trennt den kleinen Platz vom alten **Hafenbecken** 13. Jachteigner bevorzugen allerdings die nördlich davon neu angelegte **Marina** 14 mit allem technischen Komfort. Zwischen Carpacciev trg und der Marina liegt auch das **Stadtbad** 15, direkt gegenüber den Hafenanlagen. Das Freibad ist bei den Koperčani sehr beliebt – über die Qualität des Wassers an dieser Stelle sollte man sich allerdings keinerlei Illusionen hingeben!

TIC, im Prätorenpalast, Titov trg 3, Tel. 05/6 64 64 03, www.koper.si.

Koper 16, Pristaniška c. 3, Tel. 05/6 10 05 00, Fax 05/6 10 05 94, www.terme-catez.si. Komfortables Stadthotel. 114 Zimmer, DZ um 25 000 SIT, 110 €.

Žusterna 17, Istriska c. 67, Tel. 05/6 63 80 00, Fax 05/6 63 80 10, www.terme-catez.si. Hotel mit großer Meeres-Badeanlage. 217 Zimmer, DZ um 26 000 SIT, 115 €.

Villa Andor 18, Vinogradniška c. 9, Ankaran, Tel. 05/6 15 50 00, Fax 05/6 15 50 17. Restaurant, Casino und 30 sehr hübsch eingerichtete Gästezimmer in einer alten Villa mit Blick aufs Meer. DZ um 14 000 SIT, 60 €.

Vodišek 19, Kolodvorska c. 2, Tel. 05/6 39 24 68. Modernes Komforthotel direkt am Bahnhof. 63 Zimmer, DZ um 15 000 SIT, 60 €.

Konvent 20, Jadranska c. 25, Ankaran, Tel. 05/6 63 73 00, Fax 05/6 63 73 20. Ferienanlage (Hotel, Bungalows und Camping) um ein altes Kloster, grün und schattig. DZ um 20 000 SIT, 80 €.

Dijaški dom 21, Cankarjeva ul. 5, Tel. 05/6 27 32 50, Fax 05/6 27 31 82. Jugendherberge im Juli und August.

Camping Adria 22, Jadranska c. 25, Ankaran, Tel. 05/6 63 73 50, Fax 05/6 63 73 60. Einfacher Platz.

Norbedo 23, Spodne Škofije 18A, Tel. 05/6 54 91 20. Hervorragendes Fischlokal im Vorort Škofije etwa 2 km vom Zentrum. Hauptgericht um 2500 SIT, 12 €.

Villa Andor (s. Unterkunft): Sehr gute Meereskost, hübsche Lage. Hauptgericht um 2000 SIT, 9 €.

Skipper 24**,** in der neuen Marina, Tel. 05/6261810: Beliebt bei der Jugend von Koper, gute Fische und Meeresfrüchte. Hauptgericht um 1500 SIT, 6,5 €.
Istrska klet 25**,** Župančičeva ul. 39, Tel. 05/6276729: Originell aber winzig, Weinausschank mit Imbiss wie dem Karstschinken pršut. Hauptgericht um 1200 SIT, 5,5 €.

Koper ist trotz der (Billig-)Konkurrenz des nahen Triest eine lebhafte Einkaufsstadt mit Läden für jeden Geldbeutel und Geschmack. Mehrere Juweliergeschäfte (zlatar) in der Čevljarska ulica verkaufen Filigranschmuck, zum Teil mit Korallen veredelt, zu recht stolzen Preisen.
Art, Župančičeva ul. 41. Ein origineller Laden, vollgestopft mit handgefertigtem Kunsthandwerk aus Ton. Neben Wandschmuck, Duftkissen und sogar Christbaumanhängern aus Ton und Strohblumen gibt es auch hübsche Halsketten und Ohrringe.

Dancing Club Elite, Carpacciov trg 6, Tel. 05/6 10 05 00. kopers beliebteste 0815-Disco. Wer viel Geld hat (und viel auf sich hält) muss ins Ambasada Gavioli in Izola (s. S. 164).

Aquapark Žusterna, neben dem gleichnamigen Hotel, Tel. 05/6 63 80 00, Eintritt um 3000 SIT/Tag. Kopers lebhaftestes Freibad liegt im Vorort Žusterna an der Straße nach Izola. Erst kürzlich wurde es komplett umgebaut und in eine wunderschöne Badelandschaft mit Meer- und Süßwasser und Rutschen verwandelt.
Wenige Meter weiter (und kostenlos zugänglich) ist ein kleines gemauertes Bootsbecken, auf dem sich Kopers Teenies zum Stelldichein treffen.
Auf der Landzunge im Norden gegenüber der Stadt liegt das früher sehr beliebte **Seebad Ankaran** mit aufgeschüttetem Kies/Sandstrand. Hübsch ist die mit viel Grün bewachsene Strandlinie immer noch; die Wasserqualität hat unter dem Mammuthafen direkt gegenüber aber stark gelitten.

Istrischer Biergarten

Richtung Šalara und Šmarje ist nach kurzer Fahrt das Dörfchen Pomjan auf der Karsthochebene über Koper erreicht; hier befindet sich die urige Gastwirtschaft Istrska klet mit großem, schattigen Biergarten, rustikalen Tischen und Bänken und deftigen Spezialitäten wie pršut mit Oliven oder jota (Eintopf). Dazu gibt es kräftige Rotweine. Hauptgerichte ab 1200 SIT, 5,5 € (Pomjan 17, Tel. 05/6 56 95 20, Mo und Di Ruhetag)

Busbahnhof und **Bahnhof** liegen südöstlich der Stadt an der Kolodvorska cesta. Häufige Verbindungen in Richtung Ljubljana, Triest, Rijeka. Auskunft: Bus Tel. 05/6 39 52 69, Bahn Tel. 05/6395263.

Izola

Slowenien Atlas: S. 236, B 3
Wie in Koper würde man angesichts von Hafen und Neubausiedlungen kaum auf die Idee kommen, dass sich hinter den modernen Randbezirken ein hübscher Altstadtkern verbirgt. Izolas Geschichte verlief ähnlich der von Koper. Überreste der römischen Hafenanlage Halialetum sind bei starker Ebbe heute noch im Meer westlich des

Städtchens im **Simonov zaliv** sichtbar. Von 1280 bis 1797 beherrschte Venedig das Geschick der alten Fischerstadt, danach folgten Habsburg und Italien, bis es als Teil der Zone B an Jugoslawien fiel. Als Badeort ist Izola ebenso wie Koper nicht von Bedeutung; fischverarbeitende Industrie und Hafen sorgen für den Lebensunterhalt der Menschen. Bei einem Bummel durch die schmalen, von hohen Häusern gesäumten Gassen zwischen dem runden Hafenbecken und dem venezianischen Turm der **Mauruskirche** kann man so manches architektonische Kleinod entdecken. Als herausragende Sehenswürdigkeit des Städtchens wird der Rokoko-Palazzo **Besenghi degli Ughi** gefeiert (Gregorčičeva ul.), dessen elegante, mit Stuck und Schmiedeeisen dekorierte Fassade im Inneren ihr Pendant mit einem von Fresken und umlaufendem Holzbalkon geschmückten Saal findet.

Belvedere, Dobrava 1, 6310 Izola, Tel. 05/6 60 51 00, Fax 05/6 60 51 71, www.belvedere.si. Hotel und Campingplatz, großer Meerwasserpool, schöne Lage oberhalb der Bucht von Izola. 262 Zimmer, DZ um 20 000 SIT, 82 €.
Delfin, Tomažičeva 10, Tel. 05/6 60 70 00, Fax 05/6 60 74 20. Modernes Hotel mit Indoor-Pool an der Marina von Izola. 400 Zimmer, DZ um 25 000 SIT, 110 €.

Sidro, Sončno nabrežje 24, Tel. 05/6 41 47 11. Beliebtes Fischrestaurant. Hauptgericht um 2000 SIT, 9 €.

House- und Technofans reisen von weither an, um in Istriens bester Rave-Disco **Ambasada Gavioli** am östlichen Stadtrand abzutanzen. Der Laden fasst über 2000 Besucher, darunter sind Italiener meist in der Überzahl, denn nur die können sich den hohen Eintritt wirklich leisten. Infos unter www.ambasada-gavioli.com.

Wer in Izola baden will, findet den besten Strand etwas außerhalb (nach Südwesten) jenseits der Marina im **Simonov zaliv.** Er ist in den Sommermonaten allerdings hoffnungslos überlaufen. Die Strände nördlich der Altstadt befinden sich recht nah an den Hafenanlagen und wirken nicht gerade attraktiv.
Um Izola auch touristisch aufzuwerten, wurde südwestlich der Altstadt eine moderne **Marina** gebaut, die sich wegen der günstigen Liegegebühren nicht nur bei Slowenen großer Beliebtheit erfreut.

In der Umgebung

Strunjan

Strunjan ist eine alte Ansiedlung der Salinenarbeiter, die in der tief eingeschnittenen, flachen Lagune seit Jahrhunderten Salz aus dem Meerwasser gewonnen haben. Die Salinen sind heute weitgehend aufgegeben, einige alte Steinhäuser zwischen den aufgemauerten Wasserbecken aber sind noch erhalten. An der Landspitze nördlich der Lagune verbirgt sich zwischen Pinien und Zypressen das *Kurzentrum Strunjan* mit Hotel und Bungalows. Der dazugehörige Strand, angelegt zwischen der Lagune und dem offenen Meer, kann auch von Nicht-Hotelgästen gegen Eintritt benützt werden. Zwar wurde die Uferlinie zubetoniert, um den Einstieg ins Wasser zu erleichtern, doch im Gegensatz zu den meisten anderen Strandbädern an der slowenischen Küste ist der Beton von einem hübsch ge-

ZONE B – EIN HISTORISCHER ZANKAPFEL

Historisch und kulturell ist das slowenische Istrien seit über einem Jahrtausend mit dem Schicksal der Seerepublik Venedig verknüpft gewesen. Die Spuren venezianischer Herrschaft sind nicht nur in der Architektur überdeutlich, Italienisches begegnet dem Reisenden in diesem Teil Sloweniens auf Schritt und Tritt: zweisprachige Ortsschilder, Radio- und Fernsehsender in italienischer Sprache und nicht zuletzt die vielen Menschen, denen Italienisch zur Muttersprache geworden ist.

Mit dem Niedergang Venedigs 1793 war die ›italienische‹ Ära Istriens politisch vorbei. Auf das kurze Intermezzo als Teil von Napoleons Illyrischen Provinzen folgte ein Jahrhundert unter der schützenden Hand der Habsburger. Erst 1920 kehrte Istrien mit dem Vertrag von Rapallo zu Italien zurück – doch nicht für lange. Nach dem Zweiten Weltkrieg teilte man die zwischen Jugoslawien und Italien strittigen Regionen, in denen Menschen beider Nationalitäten lebten, in zwei Militärzonen: Zone A, Triest und dessen Hinterland, wurde anglo-amerikanischer, Zone B, etwa von Koper bis ins heute kroatische Novigrad reichend, jugoslawischer Militärverwaltung unterstellt. 1954 wurde das dies durch den Vertrag von London besiegelt.

In gesamtjugoslawischen Zeiten war der Unterschied im Lebensstandard zwischen den *Primorci,* den Bewohnern des Küstenstreifens der Zone B, und den nicht im Grenzgebiet lebenden Jugoslawen augenfällig. Die Küstenbewohner hatten die Grenze und das Einkaufsparadies Triest vor der Haustür. Als erste konnten sie neue Modetrends ausprobieren, konnten sich die aktuellen italienischen und internationalen Hits kaufen oder sich mit Literatur eindecken. Auf technisches Gerät wurde Zoll erhoben, doch gab es genügend Schlupflöcher, durch die Videorekorder, Waschmaschinen oder Fernsehgeräte unbemerkt über die Grenze gelangten. Schließlich kannte fast jeder im Küstengebiet jemanden, der an der Grenze beschäftigt war und aus Freundschaft (oder gegen ein kleines Trinkgeld) beide Augen zudrückte. Nach der Unabhängigkeit Sloweniens hat der Ansturm auf Triest ziemlich nachgelassen – das Angebot in einheimischen Geschäften ist inzwischen fast ebenso gut wie in Italien. Dafür gibt es nun eine gegenläufige Bewegung: Die Triestiner kommen nach Slowenien, um Naturprodukte (Olivenöl, Wein, Schnaps) zu kaufen, um gut und preiswert zu essen oder in Discos und Casinos die Nacht durchzufeiern oder um billig zu tanken.

Trotz aller Freundschaft und der guten Geschäfte wird das Gebaren Italiens hinsichtlich der Zone B mit Sorge betrachtet: Die vertragliche Regelung konnte nicht verhindern, dass vor allem von Italiens Rechten immer wieder Forderungen nach Rückgabe der ehemals von Venedig beherrschten Gebiete gestellt werden. Berlusconi ernannte sich zum Vertreter jener Italiener, die ihr Eigentum in Zone B aufgegeben hatten und nach Italien umgesiedelt waren. Auf sein Betreiben hin wurde Sloweniens Aufnahmeantrag in die EU blockiert, bis mehrere Gesetzesänderungen den Weg zur Entschädigung für enteigneten italienischen Besitz freigaben.

stalteten und schattigen Grünstreifen begrenzt. Die Strandbar Lambada serviert recht gute Fischgerichte und Pizza, man kann Tennis- und Minigolfspielen oder den Vögeln zusehen, die in der Lagune nach Futter suchen.

Zdravilišče Strunjan mit dem *Hotel Svoboda* und der Dependence *Vila Park,* Strunjan 148, Tel. 05/6 76 41 00, Fax 05/6 78 20 36, www.krka-zdravilisca.si. Die in die Jahre gekommene Anlage wurde gründlich überholt. Sehr schöne Lage in einem Park unweit des Strandbades, Therapien mit Salzschlamm. DZ 30 000 SIT, 125 €.
Laguna, Strunjan 128, Tel. 05/6 76 45 47, Fax 05/6 78 20 36. Ehemaliges Gästehaus eines Staatsbetriebes, das nun neu renoviert auch der Allgemeinheit zugänglich ist. Komfortable Zimmer, gutes Restaurant. DZ um 25 000 SIT, 110 €.
Salinera, Strunjan 14, Tel. 05/6 76 31 00, Fax 05/6 76 35 61, www.hoteli-piran.si. Am Strunjan gegenüberliegenden Ufer der Bucht mit schmalem Strand. DZ um 18 000 SIT, 75 €, auch Appartements.
Privatunterkünfte vermittelt das TIC in Portorož.

In den **Hotelrestaurants** oder in der Strandbar **Lambada** mit einfacher, aber guter Küche.

Portorož/Portorose

Slowenien Atlas: S. 236, A 3
Wenig Historisches, aber um so mehr Rummel erwartet den Feriengast in Sloweniens bedeutendstem Strandort Portorož. Bereits im 13. Jh. sollen Benediktinermönche die heilsamen Kräfte des Salzwassers und des besonders milden Klimas erkannt und angewendet haben. Portorožs Höhenflug als mondänes Kur- und Badezentrum begann 1890 mit dem Bau des ersten Heil- und Badekomplexes, 1908 entstand eines der schönsten Hotels an der Adria, das Palace. Bis zum Ersten Weltkrieg war Portorož ein exklusiver Ferienort der internationalen Adels- und Kulturschickeria in der Donaumonarchie, woran heute noch neben der traurigen Ruine des Palace zahlreiche hübsch renovierte Hotels und Villen erinnern, die an den mit tropischen und mediterranen Pflanzen bewachsenen Hängen über dem Lungomare liegen. Für die Bequemlichkeit der illustren Gäste sorgte damals eine elektrische Straßenbahn, die das Kurzentrum mit dem Städtchen Piran und dem Vorort Lucija verband.
Die Verwandlung des ›Rosenhafens‹ vom elitären Seebad zum Lieblingskind des Massentourismus begann Anfang der 1970er Jahre mit dem Bau mehrerer Hotelkomplexe (Emona, Metropol, Bernardin), deren Monstrosität den Charme des Städtchens völlig zunichte machte. Heute präsentiert sich Portorož als lebhafter Badeort mit (einmalig für die slowenische Adria!) Sandstrand und einer Kette von Hochhaus-Hotels, die den sehr beschränkten Baugrund entlang der Bucht optimal nutzen. Restaurants, Cafés, Strandbars, Wechselstuben, Spielhallen und Souvenirläden lassen keine Wünsche offen; das Sportangebot am Strand reicht vom Wasserski über Parasailing bis zu den laut knatternden Wasserscootern, nachts beschallen Autoradios und Diskotheken die Flanierstraße am Meer. Portorož ist gewiss kein Ort für Ruhesuchende. Nur in der Nebensai-

STRÄNDE AN DER SLOWENISCHEN ADRIA

Die Bucht von **Koper** mit den Badeplätzen Ankaran und Koper-Stadtbad ist nur abgehärteten Naturen zu empfehlen. Seit Kopers Hafen als Hauptumschlagsplatz für Österreichs Seehandel fungiert, ist das Meer endgültig von Abfällen und Öl verschmutzt.

Das **Strandbad Žusterna** an der Uferstraße von Koper nach Izola wurde kürzlich komplett renoviert und in eine attraktive Badelandschaft mit Pools, Wasserrutschen und Meeresschwimmbecken verwandelt, deren Wasser gefiltert und deshalb sauber ist. Bei schlechtem Wetter kann man im angeschlossenen Hallenbad ins warme Nass springen.

Izola besitzt mit der Bucht **Simonov zaliv** unterhalb des Aussichtshügels Belvedere einen lebhaften Felsen/Betonstrand.

Strunjan bietet über betonierte Rampen und Eisenleitern einen bequemen Zugang ins Meer. Schattige Rasenplätze, Cafés und ein Restaurant sorgen für das Wohl der Badegäste. Leider schwemmt die Strömung neben Seegras und Algen auch Abfälle in die Bucht.

Auf der gegenüberliegenden Seite liegt am Fuße einer bis zu 80 m hoch aufragenden Flyschwand das Strandbad **Salinera** mit Kiesstrand, der nachmittags allerdings im Schatten liegt.

Fiesa liegt Izola gegenüber am Anfang der Landzunge von Piran. Der kleine Strand schmiegt sich an einen Taleinschnitt zwischen den Felswänden und besitzt zwei Süßwasserseen, Relikte des Abbaus von Tonerde.

Piran ist nahezu ganz von Meer umgeben. Auf den zum Schutz der Stadt vor Flutwellen rundum aufgehäuften großen Felsblöcken tummelt sich die Jugend.

Emona/Bernadin ist ein Hotel- und Vergnügungskomplex auf der Landzunge zwischen Piran und Portorož. Die Strandlinie wurde mit Beton eingeebnet, Treppen und Leitern führen ins Meer, Schatten ist Mangelware.

Portorož/Lucijas flache Bucht wurde durch aufgeschütteten Sand attraktiver gemacht. Angesichts der Menschenmassen in der Hochsaison haben nur besonders gesellige Menschen Spaß, hier zu baden. Zudem ist das Wasser nicht besonders sauber.

Sečovlje: An der Landzunge zwischen Portorož und Sečovlje befindet sich vor dem Restaurant Ribič einer der wenigen ›wilden‹ Strände. Felsen natürlich, aber ganz hübsch – Badeschuhe sind von Vorteil.

Kanegra: Der Sprung über die kroatische Grenze endet am Strand von Kanegra, früher bei den Küstenslowenen wegen seines dichten Pinienwaldes und recht naturbelassenen Zustandes (Badeschuhe mitbringen) sehr beliebt. Der Strand gehört zu der gleichnamigen Feriensiedlung, kostet also Eintritt; das Wasser ist glasklar (wenn nicht gerade Algenblüte herrscht).

Portorož besitzt den einzigen Sandstrand an der Küste

son im Frühjahr und Herbst ist noch etwas von der Atmosphäre spürbar, die das Kurbad früher auszeichnete.

TIC, Obala 16b, Tel. 05/6 74 02 31, Fax 05/6 74 82 61, www.portoroz.si.

Grand Hotel Metropol, Obala 77, Tel. 05/6 90 10 00, Fax 05/6 90 19 00, www.metropolgroup.si. Kleeblattförmiges Hochhaus am Strand; z. Z. das erste Haus am Platz. Zum Metropol-Unternehmen gehören auch mehrere Komforthotels wie das Lucija, Tel. 05/6 90 30 00, Fax 05/6 90 39 00. An der gleichnamigen Bucht südlich des Ortes. DZ um 45 000 SIT, 190 €.
Grand Hotel Palace, Obala 43, Tel. 05/6 96 10 20, Fax 05/6 96 90 03, www.hoteli-palace.si. Hotel mit Thermalschwimmbad, Massage und allen medizinischen Anwendungen; fürstlicher Komfort. DZ um 50 000 SIT, 200 €.
Bernardin, Obala 2, Tel. 05/6 95 10 00, Fax 05/6 74 64 11. Um das Kirchlein des hl. Bernardin erbauter Hotelkomplex im Norden von Portorož mit Unterkünften verschiedener Kategorien; eine kleine ›Stadt‹ für sich mit Marina, Läden, Disco etc. Der Strand ist zubetoniert und meist sehr voll. DZ um 42 000 SIT, 180 €.
Marko, Med vrtovi 2, Tel. 05/6 17 40 00, Fax 05/6 17 40 11. Neues Hotel an der Uferpromenade in klassizistischer Architektur, hervorragend ausgestattete Zimmer, freundliches Personal, Gartencafé und Restaurant. DZ um 26 000 SIT, 110 €.
Tomi, Letovi,ka c. 1, Tel./Fax 05/6 74 02 22. Über der Bucht von Portorož mit schönem Fernblick. Durch den Restaurantbetrieb oft laut. DZ um 16 000 SIT, 70 €.

Camping: Lucija, Cesta Solinarjev, Tel. 05/ 3 90 60 00. Nur in den Sommermonaten. Eine preiswerte Alternative zum Hotel sind **Privatzimmer** und **Appartements,** die die Touristeninformation TIC vermittelt. Sie sind je nach Lage, Größe und Ausstattung in verschiedene Kategorien eingeteilt. Die Preise liegen in der Hauptsaison zwischen SIT 5000 und 12 000.

Tomi (s. Unterkunft) ist Portorožs beliebtestes Restaurant, allerdings hat der Service unter dem Ansturm ziemlich gelitten. Hauptgericht um 2000 SIT, 9 €.
Taverna im Hotel Lucija ist bekannt für seine gute Fischküche, man sitzt direkt am Meer. Hauptgericht um 1800 SIT, 8 €.
Asterina, Potvozna cesta 11, Lucija, Tel. 05/6 77 32 02. Exzellentes Fischrestaurant. Hauptgericht um 2200 SIT, 10 €.
Empfehlenswert ist auch das Restaurant **Gostilna Pri Mari,** Dantejeva 17, Tel. 05/6 73 47 35. Mehr Gasthaus denn Restaurant, einfache, slowenische Küche und freundliche Bedienung. Hauptgericht um 1600 SIT, 7,5 €.

Im Tivoli (Hotel Palace) und im Techhouse (Obrtna Cona Lucija) geht's an den Wochenenden und in der Hochsaison durch, bis die Sonne aufgeht.

Im futuristischen **Avditorij** (Senčna pot 10), dem Kulturzentrum von Portorož, wird ein buntes Unterhaltungsprogramm für Groß und Klein geboten: Vom Puppentheater über Miss-Wahlen bis zu klassischen Konzerten ist für jeden Geschmack etwas dabei. Auskunft Tel. 05/6 76 67 20, Fax 05/6 76 67 02.

Bootsfahrten entlang der Küste starten mehrmals täglich in den Sommermonaten im Hafen des Komplexes Bernardin.
Nächtliche **Segeltörns** nach Vereinbarung (Vermittlung durch das TIC).
Die **Unterwasserwelt** von einer Art Glasbodenboot aus zeigen Rundfahrten der Subaquatic, Tel. 05/6 41 83 01.
Tagesausflüge zur Serenissima ermöglicht die *Prince of Venice.* Das Tragflügelboot startet Fr., Sa und So morgens um 8 Uhr und erreicht Venedig ca. 10.30 Uhr. Um 17.30 Uhr ist Rückfahrt, Ankunft in Portorož ca. 20 Uhr.
Panoramaflüge über die Küste gibt's vom Flughafen in Sečovlje, Auskunft unter Tel. 05/6 72 25 25, Fax 05/6 72 25 30. Ein viertelstündiger Flug entlang der Küste kostet ca. 8000 SIT, **Tandemsprünge** (Fallschirm) ca. 30 000 SIT.

Busbahnhof hinter dem TIC, mehrmals tgl. in Richtung Postojna/Ljubljana, Maribor, Nova Gorica sowie Triest (I), Poreč (CRO) und Pula (CRO).
Die **Regionalbusse** entlang der Küste (Sečovlje, Piran, Izola, Koper) verkehren im halbstündigen Takt.

Piran

Slowenien Atlas: S. 236, A 3
Das Städtchen auf einer schmalen Landzunge zwischen den Buchten von Portorož und Strunjan ist das unbestrittene Juwel unter Sloweniens Küstenstädten und der Geburtsort des berühmtesten slowenischen Komponisten, des ›Teufelsgeigers‹ Giuseppe Tartini. Auch Piran war eine römische Siedlung. Der Name lässt aber vermuten, dass die weit ins Meer reichende Halbinsel bereits von den Griechen als markanter Signalpunkt genutzt wurde, der ihnen den Seeweg zu ihrer Kolonie Aegida (Koper) wies (Pyr = Wortstamm von Feuer).

Um den Tartiniplatz

Pirans Stadtbild mit alten Fischer- und Bürgerhäusern, mit Palazzi und Brunnen ist gänzlich von der venezianischen Herrschaft geprägt (s. Abb. S. 2/3). Auch die **Stadtmauer** geht auf die Venezianer zurück. Sie wurde Ende des 19. Jh. bis auf ein etwa 200 m langes Stück im südöstlichen Stadtteil Marčana abgerissen.

Während Koper und Izola immer auch von den Gaben ihres fruchtbaren Hinterlandes lebten, ist Piran gänzlich zum Meer orientiert. Das alte Hafenbecken *Mandrač* reicht tief hinein ins Stadtzentrum bis zum runden Hauptplatz **Tartinijev trg,** der selbst früher als Hafen diente und Ende des 19. Jh. aufgeschüttet wurde. Fischerei, vor allem aber Salzgewinnung und -handel sorgten für Wohlstand. Den Bewohnern von Piran gehörten die großen Salzlagunen von Strunjan, Lucija und Sečovlje. Unter venezianischer Herrschaft sollten sie zwar allen über den Eigenbedarf hinausgehenden Ertrag an Venedig abliefern – die listigen Stadtväter handelten aber immer wieder auf eigene Faust mit dem wertvollen Mineral und brachten es auf Schmuggelpfaden durch das ›Tor von Postojna‹ (s. S. 132) nach Ljubljana und Innerslowenien.

Der Tartiniplatz wirkt wie der steingewordene Ausdruck bürgerlichen Wohlstands. In zierlicher venezianischer Gotik präsentiert sich die Venezianerin (Benečanka), ein schmales, rot getünchtes Patrizierhaus mit weißem Steindekor. Hier, so die Legenden, hätte ein reicher Kaufmann seine Konkubine fernab der Heimat Venedig untergebracht. Böse Zungen behaupten allerdings, das Haus sei ein Hort käuflicher Liebe gewesen. Klassizistisch kommt das Rathaus Občinska palača daher, ein Zeugnis der K. und K.- Monarchie, die Piran von den Venezianern übernommen hatte. Postmoderne Architektur prägt das elegante Hotel Tartini. In den 1960er Jahren erbaut, wurde es nach der Unabhängigkeit komplett renoviert und geschickt in das historische Ensemble integriert. Im Mittelpunkt thront Pirans berühmter Sohn Tartini mit Lockenperücke und Geigenbogen. Zu seinen Füßen ziehen heute Inline-Skater ihre Kreise.

Domkirche und Altstadt

Vom Tartiniev trg steigen enge, mittelalterliche Gassen bergan zur Kirche St. Georg (1637) mit einem frei stehenden Glockenturm. Venedigs Campanile diente dem Kirchturm als Vorbild; der Dom beherbergt ein interessantes Gemälde von A. de Coster: Im Mittelpunkt des Bildes stehen Putten und Engel, die den Himmel bevölkern, darunter ist die Stadtsilhouette von Piran zu erkennen. Neben der Kirche erhebt sich das achteckige Baptisterium mit einem schönen, gotischen Christus. Römische, mit Delfinen geschmückte Spolien schmücken das Taufbecken. Besonders in den Abendstunden ist Pirans Aussichtspunkt ein beliebter Treffpunkt für Jungverliebte. Bei klarem Wetter reicht der Blick weit aufs Meer bis zur Bucht von Triest.

Mediterrane Atmosphäre und venezianische Architektur prägen Piran auch abseits der Hauptanziehungspunkte Tartiniplatz und Kirche. Schmiedeeiserne Tore und Fenstergitter, mit Stein-

Auf dem Tartiniplatz wacht Giuseppe Tartini würdevoll über die Jugend von Piran

metzarbeiten geschmückte Türeinfassungen oder schmale, gotische Fenster warten darauf, entdeckt und bewundert zu werden. Ein Bummel durch die engen Gassen bringt immer neue Perspektiven und Überraschungen. In den Mittagsstunden scheint Piran zu Stein erstarrt, doch je länger die Schatten werden, desto lauter dringt die Melodie südlichen Lebens aus dem Gassengewirr. Wer sich für die Geschichte der Schifffahrt und das unterseeische Leben in der Adria interessiert, kann sich im **Aquarium** und im **Ozeanographischen Museum** (Cankarjevo nabrežje 3, Tel. 05/6 71 00 40) informieren.

TIC, Tartiniev trg, Tel. 05/6 73 02 20, Fax 05/6 73 02 21.

Tartini, Tartinijev trg 15, Tel. 05/6 71 16 66, Fax 05/6 71 16 65, www.hotel-tartini-piran.com. Das Stadthotel ist ein geglücktes architektonisches Ensemble aus Alt und Neu. Von den Zimmern, die auf den Platz gehen, kann man das städtische Treiben herrlich beobachten, allerdings ist es auch nachts recht laut. DZ um 25 000 SIT, 105 €.

Piran, Stjenkova 1, Tel. 05/6 76 21 00, Fax 05/6 76 25 22, www.hoteli-piran.si. Am Rande der Altstadt direkt am Meer gelegen, mit hoteleigener Strandzone (Stein). DZ um 25 000 SIT, 110 €.

Barbara Fiesa, Fiesa 47, Tel. 05/6 17 90 00, Fax 05/6 74 69 38. Kleines, etwas vernachlässigtes Hotel nordöstlich der Altstadt an einem schönen Strandabschnitt. Ein hübscher Spazierweg führt in etwa 20 Min. nach Piran. DZ um 19 000 SIT, 79 €.

Val, Gregorčičeva ulica 38a, Tel. 05/6 73 25 55. Freundliche Pension und Jugendherberge in der Altstadt. DZ um 10 000 SIT, 40 €.

Privatzimmer vermittelt das Tourismusbüro (s. auch Portorož).

Camping Jezero Fiesa, Tel. 05/6 74 62 30. Im Sommer oft überfüllt.

Pavel, Gregorčičeva ul. 3, Tel. 05/6747101. Hervorragende Fischküche. Fisch/kg 7000 SIT, 28 €.
Fontana, Trg 1. maja, Tel. 05/6731200. Nettes Altstadtlokal mit guter, mediterraner Küche. Hauptgericht um 2000 SIT, 9 €.
Gostišče Neptun, Župančičeva ul. 7, Tel. 05/6734111. Einfaches Restaurant, gute istrische Gerichte, um 1500 SIT, 7 €.

Pirans Altstadt ist **autofreie Zone** (abgesehen von Fahrzeugen mit Sondergenehmigung, die es offensichtlich in großer Zahl gibt, und für die Gepäckabgabe in den Hotels). Der gebührenpflichtige Parkplatz liegt am Ortseingang zwischen der Hotelanlage Emona/Bernardin und der Stadt. Von dort verkehren **Minibusse** zum Tartiniev trg. Verkehrsverbindungen entlang der Küste siehe Portorož, ebenso **Busse** in andere Landesteile, nach Italien und Kroatien.

Weißes Gold – die Salinen von Sečovlje

Slowenien Atlas: S. 236, B 3
Auf der Küstenstraße in Richtung kroatischer Grenze (Grenzfluss Dragonja, Hinweisschilder ›Hrvatska‹) zweigt zwischen dem slowenischen und dem kroatischen Grenzposten (Ausweis mitnehmen!) ein Sträßchen zum Meer und dem Salinengelände von Sečovlje ab. Die größten Salinen Sloweniens werden nur noch zu einem kleinen Teil bewirtschaftet, die aufgegebenen Wasserbecken erobert die Natur zurück; die Steinhäuser, die der Lagerung des Salzes und als Arbeiterunterkunft dienten, verfallen. Da das 500 ha große Sumpfgebiet eine Vielzahl von Seevögeln anzieht und eine seltene Flora salzliebender Pflanzen besitzt, wurde es als krajinski park (Regionalpark) unter Naturschutz gestellt. Eines der Häuser inmitten der flachen Lagune wurde als *Museum* renoviert und dokumentiert Geschichte und Technik der Salzgewinnung (im Sommer Di–So 9–18 Uhr).

Ribič, Seča, Tel. 05/6770790. Eines der beliebtesten Restaurants an der ganzen Küste, schön in einem schattigen Garten am Meer gelegen, gute Fischgerichte. Anfahrt: Kurz hinter Seča zweigt eine Straße nach rechts ab, ihr folgt man bis zur Spitze der Landzunge. Hauptgericht um 2000 SIT, 9 €.

Dörfer im Karst

Die Karsthochebene verläuft etwas landeinwärts der slowenischen Küstenlinie als weich gegliederter Hügelzug, an dessen Hängen Reben und Olivenbäume stehen und der gekrönt ist von den Kirchtürmen kleiner Städtchen, die in der Vergangenheit die Küste bewachten und später die Grenzlinie bildeten zwischen Venedig und Habsburg. Touristisch wird das slowenische Istrien erst seit ein paar Jahren entdeckt und gefördert. Von den Küstenorten Koper, Izola und Portorož führen Straßen hinauf in den Karst.

Pomjan

Slowenien Atlas: S. 236, B 3
Einen schönen Logenplatz in 360 m Höhe mit Blick über die Bucht von Koper besitzt das 120-Seelen-Dorf um die **Kirche Sv. Marija,** an der man glagolitische Inschriften und alte Wandgemälde aus dem 15. Jh. bewundern kann. Auf dem Pomjanski hrib, einem Hügel in der Nähe, sind mit etwas Fan-

tasie Überreste prähistorischer Bauten auszumachen. Hauptattraktion des alten Städtchens aber ist die Istrska klet (s. S. 163), ein beliebtes Ausflugslokal der Primorci, wie die Küstenbewohner genannt werden.

Koštabona

Slowenien Atlas: S. 236, B 3

Knapp 200 Einwohner leben in dem Städtchen, dass auf seinem schmalen Bergrücken aus der Luft betrachtet aussieht wie ein Baum, dessen Äste von der Hauptstraße ausgehend die Gassen der Altstadt bilden. Die römische Siedlung Castrum Bonae soll hier bestanden haben, und wo früher im Tempel der Göttin Bona geopfert wurde, erhebt sich heute die **Kirche des hl. Cosmas,** erbaut im 15. Jh. und mit feierlichen Malereien geschmückt. Leider sind sie und die beiden anderen ebenfalls aus dieser Zeit stammenden Gotteshäuser meist verschlossen.

Krkavče

Slowenien Atlas: S. 236, B 3

Eng drängen sich die Häuser auf einem Bergrücken zwischen den Flusstälern der Dragonja und der Drnica. Berühmt ist das Dorf wegen eines hier gefundenen Steins mit einer eingemeißelten, stilisierten Menschengestalt. Man nimmt an, dass er aus keltischer Zeit stammt. Nach einigem Hickhack – der Stein wurde von Wissenschaftlern zur Untersuchung und zum Schutz nach Ljubljana gebracht, womit die Leute von Krkavče nicht einverstanden waren – steht er nun wieder an seinem Fundort auf offenem Feld, nicht weit vom kleinen Friedhof des Ortes entfernt.

Gostilna Korte, Korte 44, Tel. 05/642 02 00. Das alte Dorf Korte liegt am Rand des Karstabfalls hoch über Izola, und in der Gostilna wird deftig istrisch gekocht. Hauptgericht um 1800 SIT, 8€.

Sv. Peter

Slowenien Atlas: S. 236, B 3

Ein altes Steinhaus wurde in diesem Dörfchen zum **Museum Tonina hiša** umgestaltet, in dem alles so ist, wie es früher auf istrischen Höfen üblich war: Gekocht wird in der črna kuhinja, der Schwarzküche mit großer zentraler Feuerstelle, aber ohne Kamin im ersten Stock. Im Raum darunter steht eine traditionelle Olivenpresse; gezeigt werden außerdem Hausrat und Trachten (im Sommer Mo, Mi 9–12, Sa/So 16–19 Uhr oder nach Vereinbarung unter Tel. 05/6 71 00 40).

Von nahezu musealem Alter sind auch die Oliven- und Maulbeerbäume im Garten des Steinhauses.

Kreuz und quer

In den TIC-Büros Koper und Portorož bekommt man mit etwas Glück eine detaillierte Karte des slowenischen Istrien, die weitere Sehenswürdigkeiten, Gasthöfe, Weinschänken auflistet und sehr hilfreich bei der Orientierung auf den zahlreichen verschlungenen Sträßchen ist. Es lohnt sich, einfach ziellos durch die Gegend zu kutschieren (oder zu strampeln) und die Region selbst zu erkunden!

Maribor und der Südosten

Weinanbau in Haloze

Slowenien-Atlas S. 234, 235, 238

MARIBOR UND UMGEBUNG

Eingebettet zwischen Weinbergen und im Stadtkern geprägt vom Geist des Barock ist Maribor ein idyllisches, gemütliches Städtchen. Lebhaft ist es dagegen am Ufer der Drava, wo im Stadtteil Lent die besten Kneipen die Nacht zum Tage machen. Wanderungen erschließen das nahe Pohorje-Gebirge mit seinen dichten Wäldern.

Maribor

Slowenien Atlas: S. 234, C 2
Eingebettet zwischen den rebenbestandenen Hügeln nördlich der Drava (Drau) und dem Mittelgebirgszug des Pohorje südlich des Flusses schmiegt sich Maribor in eine überaus liebliche Landschaft. Trotz der Industrievororte, die den Reisenden von Österreich, Ljubljana oder Zagreb kommend empfangen, wirkt die mit 100 000 Einwohnern zweitgrößte Stadt Sloweniens überaus charmant und kleinstädtisch. Großzügige Parks und hochherrschaftliche Villenviertel schaffen luftige Räume, in denen sich herrlich promenieren lässt, Weinberge schieben ihre Ausläufer wie Zungen bis an den Rand des barocken Stadtzentrums, und die träge dahinfließende Drava begleitet mit ihrem Glucksen und Plätschern das lebhafte Treiben an der Uferpromenade der Lent.

Von der Marchburg zur Industriestadt

Maribor, zu deutsch Marburg, entwickelte sich erst um das 12. Jh. um die Burg (Marchburg) der Spanheimer Grafen, die sich auf dem heute Piramida genannten Hügel nördlich der Stadt erhob. Siedlungsspuren aus keltischer und römischer Zeit wurden um das Stadtgebiet entdeckt, doch deutet nichts darauf hin, dass an dieser Stelle eine größere Stadt gestanden hätte. Vielmehr scheinen die römischen Herren die Region zu Füßen des Pohorje-Gebirges als Sommerfrische geschätzt und sich komfortable Landsitze (villae rusticae) errichtet zu haben. Zwischen dem 12. und 15. Jh. erlebte Maribor eine erste Blütezeit als Handelszentrum, dessen Reichtum zahlreiche repräsentative Bauten der Renaissance, darunter das Rathaus, versinnbildlichen. Mit ca. 1000 vorwiegend slowenischstämmigen Einwohnern und zahlreichen niedergelassenen ausländischen Händlern war Maribor ein bedeutender Handelsknotenpunkt zwischen Alpen und Donauraum mit der Drava als Verkehrsweg. Maribor überstand mehrere Belagerungen (1481 Magyaren, 1532 Türken) und wurde schließlich durch verheerende Brände und eine Pestepidemie in ihren wirtschaftlichen Grundfesten erschüttert.

Zwischen dem 16. und 18. Jh. versank die Stadt in Bedeutungslosigkeit, dann leitete der Bau einer Straße von Wien nach Maribor die ökonomische Renaissance ein. Der Aufschwung fand seinen Niederschlag in einer regen Bautätigkeit, das gesamte heutige Stadtzentrum wurde im Geiste des späten Barock umgestaltet. Zu Beginn des 19. Jh. erfassten die Vorboten der Industrialisierung (Eisenbahnanschluss, Gerbereien, Holzindustrie) die Stadt, und Mitte des 19. Jh. wurde Maribor ein bevorzugter Wohnsitz vor allem deutscher Industrieller und Handelsunternehmen. Der Einfluss der Deutschen auf Wirtschafts- und Kulturleben war immens, im ›Deutschen Kulturbund‹ wurden die Traditionen der Heimat gepflegt und schließlich auch die Okkupation durch Nazideutschland vorbereitet (s. dazu auch S. 30).

Aber Maribor war natürlich nach wie vor eine slowenische Stadt, deren Bevölkerung sich heftig der Okkupation widersetzte. Hier entstanden die ersten Widerstandsgruppen und Partisanenverbände, die vom nahen Pohorje-Gebirge aus operierten. Wegen der bedeutenden Industrieansiedlungen wurde Maribor 1944 und 1945 von den Alliierten schwer bombardiert und zu zwei Dritteln zerstört. Ab den 1950er Jahren wurden zahlreiche Neubauviertel und Industriebetriebe errichtet; seit der slowenischen Unabhängigkeit erlitt die Stadt schwere wirtschaftliche Einbrüche und einen starken Anstieg der Arbeitslosenzahl, die der Dienstleistungssektor nicht völlig auffangen konnte.

Innenhof des Mariborer Rathauses

Glavni trg und Markt

Am Hauptplatz, dem lang gezogenen Glavni trg, bezaubert ein wunderbares Ensemble restaurierter Häuser aus der Renaissance und dem Barock. Das **Rathaus** [1] (Rotovž), 1515 errrichtet und 50 Jahre später im Stil der Renaissance umgebaut, ist mit venezianisch anmutenden Balkonen geschmückt. Durch einen Torbogen gelangt man in einen arkadengesäumten Innenhof, wo früher das Getreide abgewogen wurde. Schräg gegenüber begrenzen die Barockbauten des ehemaligen **Jesuitenklosters** [2] und der roséfarbenen, etwas nach hinten versetzten **Kirche des hl. Alois** [3] den Platz. Den Mittelpunkt des Rathausplatzes bildet die Mariensäule. Umgeben von den Statuen mehrerer Heiliger blickt die goldene Gottesmutter gen Himmel, wo die Taubenschwärme kreisen und auf Futter hoffen. Ursprünglich stand hier eine Pestsäule, die von Mariborer Bürgern in Erinnerung an die Opfer der Epidemien im 17. Jh. gestiftet wurde. 1743 wurde der aus der Štajerska stammende Bildhauer Jožef Straub damit beauf-

Sehenswürdigkeiten

1 Rathaus
2 Jesuitenkloster
3 Kirche des hl. Alois
4 Vodnikov trg
5 Koroška cesta
6 Ehemaliges Hafen- und Flößerviertel Lent
7 Weinstock
8 Dom
9 Post
10 Universitätsbibliothek
11 Theater
12 Gosposka ul.
13 Stadtschloss (Regionalmuseum Pokranjski muzej Maribor)
14 Wehrmauer
15 Denkmal für die Opfer des antifaschistischen Widerstandes
16 VINAG Maribor
17 Stadtpark
18 Piramida
19 Mestni vrh
20 Kalvarija
21 Trije ribniki
22 Vodni stolp
23 Židovski stolp
24 Ehem. Synagoge
25 Villa Rustica
26 Schloss Betnava

Übernachten

27 Piramida
28 Orel
29 Milena
30 Uni Hotel
31 Dijaški dom 26 junij
32 Habakuk

Essen und Trinken

33 Zimski vrt Zamorc
34 Pri treh ribnikih
35 Anderlič
36 Hugo
37 Tako's
38 Gostilna Štajerc

tragt, das schlichte Monument durch ein kunstvolleres Denkmal zu ersetzen.

Vom Glavni trg führt die Koroška cesta nach Westen zum **Vodnikov trg** 4, wo am Vormittag, besonders lebhaft aber an den Samstagen, Maribors Bauernmarkt abgehalten wird. An der viel befahrenen **Koroška cesta** 5 kann man noch mehrere Häuser aus dem 16. Jh. entdecken; Torbögen führen in romantische Innenhöfe, doch sind die meisten leider nicht restauriert und bieten daher ein deprimierendes Bild des Verfalls.

Das Flößerviertel Lent

Zwischen Koroška cesta und Drava liegt Maribors ehemaliges Hafen- und Flößerviertel **Lent** 6. Hier landeten jahrhundertelang kleinere Frachtschiffe und Flöße an, die Waren, vor allem aber Holz aus dem Pohorje und Kärnten auf der Drava in Richtung Donau und Schwarzes Meer transportierten. Durch Maribors Anschluss an die Eisenbahn wurde die Flößerei Mitte des 19. Jh. unrentabel und schließlich ganz eingestellt, als mit dem Bau des Wasserkraftwerks an der Drava der Ver-

Maribor, Blick auf das Kneipenviertel Lent an der Drava

kehrsweg abgeschnitten war. Die Lent, das Viertel der kleinen Leute und Arbeiter, entwickelte sich zum Tummelplatz von allerlei zwielichtigem Gesindel, bis sie in den 1980er Jahren als Kneipenviertel wieder- belebt wurde. Vor allem abends herrscht hier lebhaftes Treiben, Kneipen und Restaurants stellen in den Sommermonaten Tische und Stühle ins Freie, und der Gast hat die Auswahl von traditionell steirischem über italienisches, chinesisches bis hin zu mexikanischem Essen. Wenn im Juni das beliebte Lent-Festival abgehalten wird, bevölkern bis zu einer halben Million Fremder und Einheimischer die schmalen Gassen zwischen Drava und Hauptplatz. Wichtigste historische Attraktion der Lent ist der angeblich 400 Jahre alte (und somit laut Guiness Buch weltältester) **Weinstock** 7 am ehemaligen Wirtshaus Stara trta (Vojašniška ul. 8), die alljährlich Anfang Oktober feierlich abgeerntet wird. Der aus den Trauben gekelterte Wein wird als besonders edler und erinnerungsträchtiger Tropfen gerne ausländischen Staatsgästen als Präsent übergeben. Während die Rebe publicitywirksam gehegt wird, verfällt das alte Wirtshaus zusehends – eine Tatsache, die viele ältere Bürger empört, denn früher war es eines der beliebtesten Weinlokale in Maribor.

Rund um den Slomškov trg

Den Slomškov trg beherrscht der im 12. Jh. im romanischen Stil erbaute und im 14. und 15. Jh. **gotisierte Dom** 8, der Johannes dem Täufer geweiht ist. Im Inneren ist das wunderschöne Kreuzgratgewölbe über dem Mittelschiff erhalten, der gotische Skulpturenschmuck ist teils verloren, teils im städtischen Museum von Maribor zu bewundern. Mitte des 19. Jh. wurden unter dem Einfluss der deutschen Zuwanderer Teile der späteren, barocken Ausgestaltung des Doms entfernt und durch neogotische ersetzt. Die Slowenen, deren Herz am Barock hängt, beten seither am liebsten vor dem einzigen, noch erhaltenen Barockaltar rechts im Seitenschiff, der Maria geweiht ist.

Der Platz vor dem Dom diente früher als städtischer Friedhof; heute hat man eine hübsche Parkanlage eingerichtet, in deren Schatten Schüler, Studenten und ältere Damen den Nachmittag verdösen. Drei weitere sehenswerte Bauten sind am Slomškov trg zu finden: die frisch renovierte **Post** 9 im Stil der Neorenaissance (1894), die aus gleicher Zeit stammende **Universitätsbibliothek** 10, die den westlichen Abschluss bildet, und das klassizistische **Theater** 11 (gledališče) an der Nordseite, das mit einem modernen Anbau zum größten slowenischen Schauspielhaus erweitert wurde. In den 1990er Jahren war das Mariborer Theater unter dem jungen Intendanten Tomaž Pandur der Focus der modernen Theaterszene Sloweniens, seine Produktionen wurden international beachtet und gerühmt. Mitte der 90er kam es zu einem tiefen Zerwürfnis zwischen Pandur und den Stadtoberen, von finanziellen Unregelmäßigkeiten war die Rede und davon, dass Pandur mit seinem persönlichen Ehrgeiz das Theater in den Ruin geführt hätte. Der Intendant nahm den Hut und macht seither internationale Karriere. Mit ihm hat auch ein Großteil des Ensembles das Theater verlassen; die berühmten Inszenierungen Pandurs wie Dantes ›Göttliche Komödie‹, werden in Maribor nicht mehr aufgeführt. Das Theatercafé ist aber nach wie vor ein beliebter Treffpunkt der Kulturschickeria und der ideale Ort für eine Erholungspause.

Das Stadtschloss

Die **Gosposka ul.** 12 ist eine der Haupteinkaufsstraßen von Maribor mit Kaufhäusern, Banken, Boutiquen und Buchhandlungen. Über sie erreicht man den Grajski trg (Schlossplatz) mit dem **Stadtschloss** 13 von Maribor. Der dem Platz zugewandte Fassadenteil stammt aus dem Frühbarock und gilt als schönstes Bauensemble des Schlosses, vor allem das phantastische Treppenhaus mit seinen allegorischen Statuen im Inneren, Ende des 18. Jh. errichtet, ist sehenswert.

Im Stadtschloss residiert das *Regionalmuseum Pokranjski muzej Maribor* mit einer archäologischen und einer volkskundlichen Sammlung sowie einer sehr sehenswerten Ausstellung zur Kunstgeschichte der Stadt, in der auch mehrere gotische Skulpturen aus dem Dom ihre neue Heimat gefunden haben. Einige Räume zeigen Wohnkultur und Mode der vergangenen Jahrhunderte, Prunkstück ist eine Paradeuniform des ehemaligen jugoslawischen Partisanenführers und Präsidenten Tito. Beim Verlassen des Museums passiert man das Treppenhaus, das als eines der schönsten Bauensembles des Rokoko in Slowenien gilt (Tel. 02/2 28 35 51, April–Dez. Di–Sa 9–17, So 10 bis 14 Uhr).

Der Grundstein für das Stadtschloss wurde im 15. Jh. gelegt – damals sollte

Auf Schusters Rappen

Maribors Zentrum ist nicht sehr groß und lässt sich bequem zu Fuß erkunden; Parkmöglichkeiten gibt es südlich des futuristischen Busbahnhofs und entlang der Drava-Promenade Lent. Besonders hübsch ist der Spaziergang durch Weingärten auf den 386 m hohen Stadtberg Piramida, von wo der Blick über die Stadt und die Drava und das Pohorje-Gebirge reicht.

es die etwas schwach befestigte Nordwestecke der Stadtmauer sichern. Mehrere Um- und Zubauten haben die Anlage in den folgenden Jahrhunderten verändert; am Ostrand (Trg svobode) ist noch die alte **Wehrmauer** 14 zu erkennen, unter deren Arkaden heute ein beliebtes Café-Restaurant seine Gäste empfängt. Den Trg svobode schmückt ein 1975 aufgestelltes, monumentales **Denkmal für die Opfer des antifaschistischen Widerstandes** 15.

Vom Weinkeller zu den Drei Teichen

Fast immer zieht ein unverwechselbarer, weinseliger Geruch von den Kellereien der **VINAG Maribor** 16 über den Platz, die in den Gebäuden an seiner Ostseite residiert. Der gesamte Stadtbereich zwischen Burg, Trg Svobode und Stadtpark ist mit uralten Gewölben unterkellert, es gibt sogar einen (nicht mehr begehbaren) Fluchtweg vom Schloss zum Piramida-Hügel. Heute lagert die Weingenossenschaft hier ihre edlen Tropfen in Eichen- und Alufässern. Der 1881 ausgebaute Teil der alten Gemäuer gilt mit 20 000 m^2 und über 7 Mio. Litern gelagerten Weines als größter, unterirdischer Weinkeller Europas.

Der hübsche **Stadtpark** 17 von Maribor mit altem Baumbestand und romantischen Seen geht nach Norden direkt in die Weinberge mit den drei Hügeln **Piramida** 18 (386 m), **Mestni vrh** 19 (348 m) und **Kalvarija** 20 (375 m) über. In die Senke zwischen Mestni vrh und Piramida schmiegt sich eines der beliebtesten Ausflugsziele der Mariborčani: **Trije ribniki** 21, die ›drei Teiche‹. Die drei hintereinander liegenden, schmalen Seen sind eigentlich die Überreste des Wassergrabens, der im 14. Jh. die Marchburg auf der Piramida nach Westen sicherte. Heute haftet dem Park überhaupt nichts Kriegerisches mehr an; mit üppigen Rosenbepflanzungen, Parkbänken, klassizistischen Tempelchen und einem Bootsverleih bietet er ein Bild der perfekten Idylle, und die Ausflugsgaststätte Pri treh ribnikih sorgt mit hervorragenden Gerichten oder Kaffee und Kuchen für das leibliche Wohl der Spaziergänger.

An die Drava

Der Rückweg führt am Stadtpark die ulica heroja Staneta entlang durch das alte Villenviertel von Maribor (wer nach links in die Seitenstraßen einbiegt, kann herrliche alte Stadtschlösschen bewundern). Hier hatten sich die reichen Kaufleute von zumeist deutscher

Herkunft ihre Enklaven errichtet; nach der Vertreibung gegen Ende des Zweiten Weltkriegs wurden die meisten Anwesen slowenischen Familien oder verdienten Partisanen zugewiesen, die kaum die finanziellen Mittel besaßen, für deren Erhalt zu sorgen. Seit der Unabhängigkeit Sloweniens haben einige der Alteigentümer versucht, ihren enteigneten Besitz zurückzubekommen. Restituiert wird aber nur an diejenigen, die 1946 einen jugoslawischen Pass hatten.

Zurück am Drava-Ufer und zum Wasserturm **Vodni stolp** 22: Er wurde 1555 gegen die Türkengefahr errichtet und beherbergte lange einen sehr gut sortierten Weinladen, die Vinoteka, der 2004 leider geschlossen wurde. Der **Židovski stolp** 23, ein weiteres Relikt der ehemaligen Stadtmauer, dient heute als Kunstgalerie, in der interessante Arbeiten junger slowenischer Fotografen des ›Mariborer Kreises‹ gezeigt werden (Galerija Stolp, Di–Fr 15–19, Sa 10–12 Uhr). Daneben sieht man die ehemalige **Synagoge** 24 von Maribor, die nach Vertreibung der Juden aus dem Stadtgebiet Ende des 15. Jh. in eine Kirche umgewandelt wurde und ab 1785 als Lagerraum diente. Heute dient die renovierte Synagoge als Ort der Erinnerung, Ausstellungsraum und Konzertsaal.

Ziele am Stadtrand

Villa Rustica 25

Im Stadtteil *Tabor,* südwestlich der Drava, wurden am Rande eines Neubauviertels die Fundamente eines römischen Landhauses aus dem 2. Jh. sowie ein slawisches Gräberfeld aus dem 11. Jh. gefunden. Die Grabungsstätte wurde als Rasenfläche mit den restaurierten Grundmauern gestaltet und wirkt durch diese wohlgemeinte Aktion recht steril und nichtssagend. Als Ausflugsziel ist **Villa Rustica** vor allem wegen des gleichnamigen italienischen Restaurants interessant, das hervorragende mediterrane Küche serviert (Villa Rustica, Tel. 02/4 20 51 72, tgl. 11–22 Uhr, Hauptgericht um 1800 SIT, 8 €).

Weinverkostung

Der Weinkeller der VINAG ist wirklich sehenswert und kann nach Voranmeldung besichtigt werden (Tel. 02/2 20 81 14). Danach gibt es Weinverkostungen im kleinen Laden der VINAG. Sie kosten um 1500 SIT und beinhalten fünf verschiedene Sorten und etwas Käse und Brot, damit die edlen Tropfen nicht so schnell zu Kopfe steigen.

Schloss Betnava 26

Auch der Abstecher nach Schloss Betnava wenige Kilometer vom Zentrum in Richtung Süden (Straße nach Ljubljana) lohnt vor allem wegen der kulinarischen Genüsse – das Restaurant Grad Betnava gilt als die Gourmet-Adresse in Maribor. Das ursprüngliche Renaissanceschloss wurde im 18. Jh. barockisiert und mit einer barocken Parkanlage umgeben. Heute dienen seine Repräsentationsräume als Hochzeitssäle, und nach der Trauung wird im Park zünftig gefeiert.

Pohorje-Gebirge s. S. 185

MA-TIC, Partizanska c. 47, Tel. 02/2 34 66 11: Hervorragende Auswahl an Info-Material, sehr zuvorkommendes und hilfsbereites Personal.

Piramida 27**,** ul. heroja Šlandra 10, Tel. 02/2 34 44 00, Fax 02/2 34 43 60, www.termemb.si. Komfortables Stadthotel in der Nähe des Busbahnhofs, sehr freundlicher Service, 126 angenehme Zimmer, die Gäste können kostenlos den Pool- und Fitnessbereich des Kurzentrums ›Fontana‹ benützen. DZ um 30 000 SIT, 120 €.

Orel 28**,** Grajski trg 3a, Tel. 02/2 50 67 00, Fax 02/2 51 84 97, www.termemb.si. Freundliches, zentral gelegenes Komforthotel, das kürzlich renoviert wurde. 142 Zimmer, DZ um 20 000 SIT, 86 €.

Milena 29**,** Pohorska ul. 49, Tel. 02/6 13 28 08, E-Mail: hlebcek@siol.net. Angenehme Privatpension im südwestlichen Stadtteil Zgornje Radvanje unweit der Talstation der Pohorje-Seilbahn. 38 Zimmer, DZ um 17 000 SIT, 55 €.

Uni Hotel 30**,** Grajski trg 3a, tel. 02/2 50 67 00, Fax 02/2 51 84 97, E-mail: uni.hotel@termemb.si. Ein Gästehaus für Studenten, in dem man in den Semesterferien recht günstig und zugleich komfortabel unterkommen kann. Offizielle Preise gibt's nur für Langzeitgäste, so kostet ein EZ um 40 000 SIT, 160 €/Monat.

Dijaški dom 26 junij 31**,** Železnikova 12, Tel. 02/4 80 17 10, Fax 02/4 80 17 10, www.maribor.uni-mb.si/26junij/html/index.html. Studentenwohnheim im Stadtteil Pobrezje südöstlich des Zentrums, das in den Semesterferien als Jugendherberge fungiert.

Preiswerte **Privatzimmer** gibt es in den Vororten zwischen Pohorje und Drava, Informationen und Buchung gibt's über MA-TIC.

Zimski vrt Zamorc 33**,** Grajski trg 3a, Tel. 02/2 50 67 18: Ein heller, freundlicher Wintergarten mit slowenischer und internationaler Küche im Hotel Orel. Hauptgericht um 2000 SIT, 9 €.

Pri treh ribnikih 34**,** Ribniška c. 3, Tel. 02/2 34 41 70: Beliebtes Ausflugsrestaurant im nördlichen Teil des Stadtparks mit hervorragender steirischer Küche, im Herbst Wild und Pilze im Überfluss. Hauptgericht um 1800 SIT, 8 €.

Anderlič 35**,** Za Kalvarijo 10, Tel. 02/2 34 36 50: Der Geheimtipp in Maribor, wenn es koline gibt – wenn also im Herbst/Winter geschlachtet wird und Wurst und Fleisch frisch auf den Tisch des Hauses kommen. Es werden auch Zimmer vermietet. Hauptgericht um 1500 SIT, 7 €.

Hugo 36**,** Limbuško nabrežje 10, Tel. 02/4 21 56 80. Vor allem an lauen Sommerabenden eine nette Adresse: schöner Garten am Drava-Ufer, gute slowenische Küche (im westlichen Vorort Limbuš an

Wellness, Wandern, Super-Gi

Maribors absolutes Superhotel befindet sich an der unteren Seilbahnstation in Zgornje Radvanje, direkt an der durch den Super-Gi bekannten Ski-Abfahrt vom Pohorje. Modernen Komfort, schöne, geräumige Zimmer, absolute Ruhe, eine herrliche Badelandschaft mit Sauna und Dampfbad, Wanderwege und Skiabfahrten vor der Türe – dies alles bietet das Fünf-Sterne-Haus **Habakuk** 32, Pohorska c. 59, Tel. 02/3 00 81 00, Fax 02/3 00 81 94, www.termemb.si. 277 Zimmer, DZ um 40 000 SIT, 165 €.

der südlichen Dravaseite, ca. 6 km). Hauptgericht um 1600 SIT, 7,5 €.
Tako's 37**,** Mesarski prehod 3, Tel. 02/2 52 71 50: Maribors In-Mexikaner im alten Flößerviertel Lent. Hauptgericht um 1200 SIT, 4,5 €.
Gostilna Štajerc 38**,** Vertrinjska 30, Tel. 02/2 34 42 34. Das urige Wirtshaus braut eigenes Hefebier; dazu gibt's deftig-slowenische Koste. Hauptgericht um 1800 SIT, 7,5 €.

Satchmo Jazz Klub, Strossmayerjeva 6, Tel. 02/2 50 21 50. Eine der besten Jazz-Adressen Sloweniens; nette Stimmung.
Pekarna, Ob Železnici 8, Tl. 02/3 00 68 50, an den Wochenenden Punk und House.
KGB, Vojašniški trg 5. Tel. 02/2 52 30 77. Tanztempel.
Narodni dom, ul. Kneza Koclja 9, bietet ein umfangreiches Abendprogramm für Junge und Junggebliebene.

Weine kann man in der VINAG (s. S. 183) verkosten und kaufen.
Geschmackvolle Souvenirs und Kunsthandwerk gibt's bei Rokus am Glavni trg.
Suha roba, Vetrinjska ul. 13, Tel. 02/2 50 98 56. Korbwaren und Holzschnitzereien.
Wanderkarten und Informationen zu Bergtouren in der Umgebung kann man beim Alpenverein bekommen: Planinsko društvo, Jurčičeva ul. 8/I., geöffnet werktags von 8-12 Uhr.

Maribors **Busbahnhof** an der Mlinska ulica ist das Vorzeige-Objekt der modernen slowenischen Architektur. Es ist riesig, übersichtlich geordnet und mit Läden, Cafés, Schnellrestaurants etc. hervorragend ausgestattet. Busverbindungen gibt es in alle Teile des Landes, Auskunft unter Tel. 02/2 34 46 52 oder www.maribor.si.

Der **Bahnhof** an der Partizanska cesta 50 ist zwar nicht so hübsch, besitzt aber ebenfalls ein dicht geknüpftes Netz; fast stündliche Verbindungen nach Ljubljana, alle zwei Stunden kann man in Richtung Ormož fahren. Auskunft unter Tel. 02/2 91 33 32, www.maribor-tourism.si.

In der Umgebung

Pohorje-Gebirge
Slowenien Atlas: S. 234, A–C 2/3
Wer direkt von Maribor ins Pohorje will, braucht nur den Bus Nr. 6 nach **Zg. Radvanje** zu besteigen und von der Endhaltestelle mit der Seilbahn auf 1020 m Höhe zu fahren (zu Fuß eine Wanderung von ca. 1,5 Stunden). Eine besonders romantische Ecke des Pohorje finden Wanderer um den Gipfel der **Rogla** (zu erreichen auf der Autobahn in Richtung Celje, die man an der Ausfahrt Slov. Konjice verlässt und der Beschilderung in Richtung Zreče und Rogla folgt). Der 1517 m hohe Berg ist eines der beliebtesten Skigebiete des Pohorje; ein Hotel und zahllose Privatvermieter bieten Zimmer in allen Preisklassen an. Vom Parkplatz erreicht man in etwa einer Stunde das Hochmoor der Lovrenška jezera. Die 21 Weiher und Seen liegen wie kleine Saphire zwischen dichten, dunklen Wäldern, die Wege führen teils auf Stegen durch einzigartige Sumpflandschaft.

Auf der Rückfahrt in Richtung Maribor lohnt es sich, zum Abendessen bei Smogavc, Gorenje 27, Tel. 03/7 57 35 50, in Zreče einzukehren. Das Gasthaus besuchen Freunde der slowenischen Küche von weither, und die Portionen sind so riesig, dass man sie getrost mit dem Partner teilen kann.

PTUJ UND DER OSTEN

Štajerska ist eine bäuerliche, stark vom Weinbau geprägte Region voller sanfter, grüner Hügel, Bauernhöfe und barocker Städtchen; die großen Kellereien von Ormož und Ljutomer oder einer der vielen kleinen, privaten Winzer laden den Gast zur Verkostung. Jenseits der Mura muten Architektur und Landschaft recht ungarisch an.

Ptuj, Ljutomer und Prekmurje im Südosten

Durch die ebene, von Mais- und Getreidefeldern geprägte Landschaft des Dravsko polje (Draufeld) ist in einer knappen halben Stunde von Maribor nach Südosten das Städtchen Ptuj erreicht. Beiderseits der Straße stehen Heuharfen (kozolci), an denen Maiskolben und Gras geschützt durch ein kleines Holzdach zum Trocknen aufgehängt werden. Und wer seinen Blick von den weiten Feldern nach oben auf Dächer und Kamine der Häuser hebt, kann hier Storchennester entdecken.

Ptuj

Slowenien Atlas: S. 235, D 3
Um Ptuj wurden Sloweniens bedeutendste Funde aus römischer Zeit gemacht, und so führt ein Besuch des liebenswerten Städtchens an der Drava weit zurück in die Geschichte des römischen Noricum.

Heerlager und Bollwerk
Bereits um 69 n. Chr. beschreibt der Historiker Tacitus die Siedlung Poetovio, ursprünglich ein Militärlager, das sich schnell zu einer blühenden Stadt am rechten Drava-Ufer entwickelte, während am linken Ufer eine wahrscheinlich illyrisch-keltische Siedlung bestand. Die Römer errichteten eine steinerne Brücke über die Drava und schlossen die beiden Gemeinwesen zusammen. Per Aquädukt wurde frisches Quellwasser aus dem Pohorje-Gebirge nach Poetovio geleitet. Im Gegensatz zu vielen anderen Städten wurde Ptuj nach dem Zerfall des Römischen Reiches nicht aufgegeben. Es bestand auch in den Wirren der Völkerwanderung fort und erreichte im Mittelalter eine neue, wirtschaftliche Blüte. Unter Ägide der Salzburger Bischöfe war Ptuj eine der wichtigsten Städte des Bistums, nach einem kriegerischen Intermezzo (Türkenbelagerung, Magyareneinfälle) fiel die Stadt im 16. Jh. an die Habsburger, wurde stark befestigt und durch Renaissancebauten verschönert. Ende des 16. Jh. war Ptujs goldene Ära vorbei. In den folgenden Jahrhunderten konnte die Stadt nur noch ihre Bedeutung als

Agrarzentrum der Region bewahren, die internationalen Handelswege hatten sich verlagert und bevorzugten nun Maribor als Knotenpunkt. Ähnlich wie Maribor erlebte Ptuj ab Mitte des 19. Jh. den Zuzug deutscher Kaufleute und Unternehmer, die bis zum Ende des Zweiten Weltkriegs das politische und Geistesleben der Stadt prägten. Bis heute spielt die Stadt eine wichtige Rolle als Umschlagplatz für den Agrarsektor, vor allem für die Weine, die in den südlich gelegenen Haloze gezogen werden.

Zum Slovenski trg

Das **Rathaus** 1 vom Anfang des 20. Jh. und ein **Florians-Denkmal** 2, das den Schutzpatron der Feuerwehrleute beim Löschen einer Feuersbrunst zeigt, schmücken den **Mestni trg.** Aufgestellt wurde der Heilige 1745, ein Jahr, nachdem ein Brand fast den gesamten Altstadtbereich vernichtet hatte. Bergan geht's weiter zum **Slovenski trg** mit dem Stadtturm **Mestni stolp** 3, der im Mittelalter die östliche Begrenzung des Stadtgebiets bewachte und Ende des 16. Jh. gründlich umgebaut wurde. In den Seitenwänden sind römische Gedenksteine eingemauert. Im Turm ist heute die *Touristeninformation TIC* untergebracht, die sehr gutes Prospektmaterial besitzt. Den Platz schmückt ein weiterer römischer Grabstein, das **Orpheus-Denkmal** 4 aus dem 2. Jh. Die 5 m hohe, aus einem Stein gehauene Tafel zeigt ein Relief des blinden Sängers umgeben von wilden Tieren, die seinem Spiel lauschen. Gesäumt ist der Platz von einigen gut erhaltenen Renaissancehäusern, so dem **Alten Rathaus** 5 und der **Propstei** 6. Beherrscht wird der Platz von der **Kirche des Sv. Jurij** 7. Sie geht auf einen einschiffigen, romanischen Bau aus dem 12. Jh. zurück, doch gibt es Berichte, dass hier bereits im 4. Jh. ein frühchristliches Gotteshaus gestanden hat. Im 14. Jh. wurde die Kirche mit zwei Seitenschiffen erweitert und später mit schönen Kreuzgratgewölben gotisiert, im 17. Jh. folgte eine erneute Umgestaltung mit barocken Seitenkapellen. Trotz dieses Eingriffes präsentiert sich das Kircheninnere ganz im Geiste der Romanik und Gotik, wertvolle Wandmalereien aus dem 13. bis zum 15. Jh. sind an den Seitenwänden erhalten, und die Taufkapelle schmückt ein herrlicher Flügelaltar aus der Mitte des 15. Jh. Hinter der Kirche befindet sich der Marktplatz **Tržnica** 8, auf dem vormittags Bauern und Händler ihre Produkte und Waren verkaufen.

Spaziergang ins Mittelalter

Die **Prešernova ulica** zeigt sich im schönsten Gewand des späten Mittelalters. In der Fassadengestaltung vieler Häuser sind romanische und gotische Details zu erkennen, so im **Romanischen Haus** 9 und gegenüber im **Spätgotischen Haus** 10. Wer durch die schmalen Durchgänge in die Seitengassen bummelt (z. B. Grajska ul.), findet sich in einem durch und durch mittelalterlichen Stadtbild wieder.

Eine stolze Burg
Unübersehbarer Mittelpunkt Ptujs ist die **Burg Ptujski grad** 11, die hoch über dem Altstadtkern thront. Der älteste Bau, der **Westturm** 12 etwas abseits der eigentlichen Burg, stammt aus dem 10. Jh., der Kern der hufeisenförmigen Anlage wurde im 14. Jh. errichtet und später gegen die Türkeneinfälle von Renaissance-Baumeistern befestigt. Eine weitere Umgestaltungsphase folgte im 17. Jh. im Geiste des Barock – so präsentiert sich Schloss Ptuj heute dem Besucher; die älteren Bauelemente sind aber noch in einigen Details erhalten (z. B. am Südtrakt des Schlosses, wo noch die bogenförmigen Fenster aus dem 12. Jh. zu erkennen sind, und in der Anlage des gotischen Arkadenhofes). Vom unteren Burghof öffnet sich ein herrlicher Panoramablick über das mittelalterliche Dächergewirr der Stadt.

Burgherren und Kurenten
In der Burg gibt es ein sehr sehenswertes **Museum,** das Geschichte und Wohnkultur des Schlosses dokumentiert. Besonders interessant ist die Sonderausstellung über die Tradition der Ptujer Faschingsriten. Kostüme, Masken und das seit Jahrhunderten überlieferte Brauchtum um die Austreibung der Wintergeister sind anschaulich dargestellt, leider aber meist nur slowenisch beschriftet. Aber die Exponate und Archivfotos sprechen für sich, so dass sich jeder mit etwas Phantasie

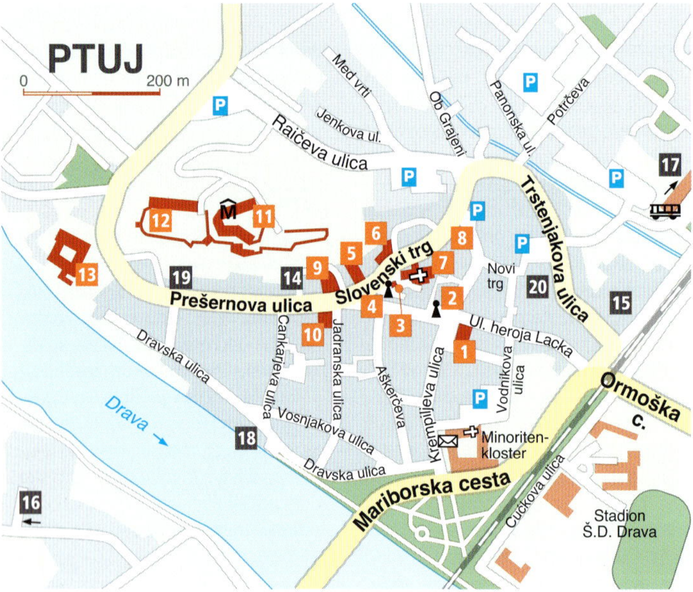

vorstellen kann, wie es ist, wenn in Ptuj und Umgebung am Faschingswochenende die Post abgeht (geöffnet im Winter tgl. 10–17 Uhr, in den Sommermonaten 9–18 Uhr).

Das Dominikanerkloster

Die bedeutendste Sammlung des Landesmuseums Ptuj ist im ehemaligen Dominikanerkloster **Dominikanski samostan** 13 am Westrand der Altstadt untergebracht. Das Kloster selbst ist ein unbedingt besuchenswertes Ensemble der späten Romanik und frühen Gotik, das wie üblich in späteren Jahrhunderten barockisiert wurde. Im Inneren (Kreuzgang) sind die Bauformen der Gründungszeit (1230) aber noch gut erhalten und in vielen Details lebendig (15. April–1. Nov. tgl. von 10 bis 17 Uhr, im Sommer bis 18 Uhr). Die museale Attraktion des Klosters ist die **Sammlung prähistorischer und römischer Fundstücke** aus *Poetovio,* darunter Grabsteine, Statuen und rituelle Gegenstände, die zum Mithraskult gehörten. Die von persischen Einflüssen geprägte Religion fand vor allem unter den römischen Soldaten und in der Beamtenschaft Anhänger. Praktiziert wurde sie als eine Art Geheimkult in höhlenartigen Tempelräumen, und keiner der Mithras-Adepten durfte öffentlich über seinen Glauben berichten. Den Kern des Kultes bildete die Vorstellung vom bevorstehenden Letzten Gericht und der finalen Auseinandersetzung zwischen Gut (Mithras) und Böse, die die guten Kräfte für sich entscheiden würden. In Ptuj wurden mehrere Mithras-Tempel, so genannte *Mithräen* gefunden, so dass man davon ausgehen kann, dass diese Region zu den bedeutendsten Zentren der Kultgemeinde gehörte. Eine der Kultstätten wurde in der *Krypta* des Dominikanerklosters wiederaufgebaut und bietet mit ihren in der düsteren Enge zusammengestellten Altären und Grabreliefs ein eindrucksvolles Bild vom Kultgeschehen. Mithras ist bei seiner Geburt aus einem Felsen und bei der Opferung eines Stiers an den Sonnengott zu se-

Sehenswürdigkeiten

1 Rathaus
2 Florians-Denkmal
3 Mestni stolp (TIC)
4 Orpheus-Denkmal
5 Altes Rathaus
6 Propstei
7 Kirche des Sv. Jurij
8 Tržnica
9 Romanisches Haus
10 Spätgotisches Haus
11 Burg Ptujski grad (Museum)
12 Westturm
13 Dominikanerkloster (Sammlung prähistorischer und römischer Fundstücke)

Übernachten

14 Mitra
15 Poetovio
16 Terme Ptuj
17 Jugendherberge Kurent

Essen und Trinken

18 Ribič
19 Amadeus

Einkaufen

20 Vinska klet

Einst Stätte des Mithras-Kults: Ptuj

hen. Weitere Mithräen befinden sich in *Zgornji breg* und *Spodnja hajdina* (westlich der Drava an der Straße in Richtung Maribor bzw. Zagreb), sind aber nur unregelmäßig geöffnet.

TIC, Slovenski trg, Tel. 02/7 71 56 91, www.ptuj-tourism.si: Info-Material, Zimmervermittlung. Das Büro kann den Besuch einer Maskenwerkstatt (s. Exkurs, S. 193) organisieren.

Mitra [14], Prešernova ul. 6, Tel. 02/7 87 74 55. Freundliches Stadthotel mit Spuren eines weiteren Mithräums (s. o.) im Inneren. 35 Zimmer, DZ um 15 000 SIT, 65 €.

Poetovio [15], Trstenjakova ul. 13, Tel. 02/7 79 82 01, Fax 02/7 79 82 41. Modernes Hotel am Rande der Altstadt, durch Kneipen- und Discobetrieb recht laut. 50 Zimmer, DZ um 9500 SIT, 40 €.

Terme Ptuj [16], pot v Toplice 9, Tel. 02/7 82 78 21, Fax 02/7 83 77 71, www.terme-ptuj.si. Bungalows und Campingmöglichkeit im Thermalbad am südwestlichen Drava-Ufer. Die Therme wird 2005 umfassend umgebaut und erhält ein Vier-Sterne-Hotel.

Jugendherberge Kurent [17], Osojnikova 9, Tel. 02/7 80 55 40, Fax 7 79 21 81, www.youth-hostel.si, ganzjährig geöffnet.

Ribič [18], Dravska ul. 9, Tel. 02/7 49 06 35: Internationale Küche mit Schwerpunkt Fisch. Im Sommer sitzt man auf der idyllischen Terrasse über der Drava. Hauptgericht um 2200 SIT, 10 €.

Amadeus [19], Prešernova 36, Tel. 02/7 71 70 51. Spezialitäten der steirischen Küche, darunter deftige *štruklji* und Leber mit Buchweizensterz. Hauptgerichte um 2000 SIT, 9 €.

In der Altstadt gibt es mehrere kleine **Pizzerias** und **Imbiss-Stuben.**

Hiša usnja Herman, Dolane 8, Borl, Tel. 02/7 61 20 01, www.herman.si. Von Ptuj in Richtung Cirkulane gibt's nach der Drava-Brücke alles aus Leder und dabei tatsächlich recht preiswert. Es wird auch nach Maß geschneidert. Nach dem Shopping kann man sich im angeschlossenen Restaurant bei guter slowenischer Küche erholen.

Ptujer ›Kurentenlaufen‹ von Faschingssonntag bis -dienstag.

Busbahnhof, Osojnikova c. 11, Tel. 02/7 71 14 91. Busse in Richtung Maribor und Ormož verkehren häufig, nach Ljubljana etwa viermal täglich. Nach Rogaška Slatina, Murska Sobota und Ljutomer etwa drei Busse am Tag.
Bahnhof, Osojnikova c. 2, Tel. 02/2 92 47 34. Per Bahn sind die Verbindungen nach Ljubljana häufiger.

In der Umgebung

Ptujska gora
Slowenien Atlas: S. 235, D 3
Die Kirche hoch oben auf einem Hügel wurde Ende des 14. Jh. erbaut; um sie herum entwickelte sich ein Städtchen, das heute stark im Zeichen des Wallfahrts-Tourismus steht. Sehenswert ist die *Muttergotteskirche* vor allem wegen ihres nahezu unveränderten, gotischen Äußeren und einer der berühmtesten Skulpturen der slowenischen Kirchenbildhauer, der tief verehrten Schutzmantelmadonna über dem Altar. Nach zwei Türkenüberfällen wurde die Kirche mit Wehrmauer und Türmen gesichert, von denen einer heute noch steht. An allen Marienfeiertagen pilgern die Menschen den Berg hinauf, und auch sonst kommen immer wieder fromme Gruppen oder Bittsteller, die sich von der Madonna die Erfüllung eines Wunsches erhoffen.

Haloze
Slowenien Atlas: S. 235, D 3
Die Weinbauregion Haloze zieht sich mit reben- und waldbewachsenen Hängen entlang der slowenisch-kroatischen Grenze hin. Straßen und Sträßchen erschließen diese eigenartige und noch heute sehr abgelegene Region mit ihren steilen Hügeln und den darauf thronenden Bauernhöfen. Durch die extrem steilen, dicht an dicht stehenden konisch geformten Berge ist die Gegend sehr unwegsam. Viele Weinbauern siedeln sehr isoliert inmitten ihrer Weingärten, und noch in den 1960er Jahren ging ein großer Teil der Kinder nicht zur Schule. Armut und mangelnde Bildung haben bei den reichen Nachbarn allerlei Vorurteile über die Bauern aus Haloze entstehen lassen, und hartnäckig halten sich Gerüchte, dass hier die Säuglinge nicht mit Milch, sondern mit Wein genährt würden,

Wine and Sound

Im **Weinkeller Vinska klet** 20 kann man die köstlichen Tropfen aus den Haloze verkosten und günstig erwerben. Davor wird in einer Diashow eindrucksvoll die Geschichte des Weinkellers und des Weinbaus in der Region erzählt. Besichtigung nach Voranmeldung, Trstenjakova 6, Tel. 02/7 87 98 10, www.haloze.com, tgl. von 8–20 Uhr.

Furchterregende Geisterjäger: Kurenten

denn Wein ist das einzige, was die Menschen auf diesem Boden überhaupt ziehen können. Dazu graben sie in mühsamer Arbeit Terrassen in die steilen Hänge.

Die von Weinreben überzogenen Bergkuppen wirken auf den Außenstehenden überaus malerisch, hier und dort blinkt ein Kirchturm über das Grün, und an besonders exponierten Stellen findet man kleine Buschenschänken, Gasthäuser, die nur nach der Weinernte öffnen und den jungen Wein zu deftiger Kost ausschenken. Die Haloze sind ein herrliches Gebiet für Wanderer und Radfahrer. Noch gibt es kaum Ausschilderung oder Karten; Infos kann das private Reisebüro in **Cirkulane** zur Verfügung stellen: Cirkulane 56, Tel. 02/ 7 95 32 00, www.halo.si.

Von Ptuj nach Osten: Ormož, Jeruzalem und Radenci

Die östliche Štajerska steht ganz im Zeichen des Weinanbaus. Es ist ein sanft gewelltes Land, über das die Reihen der Rebstöcke gerade Linien zeichnen. Zwischen den Pflanzungen lugen einfache Bauernhöfe und Gastwirtschaften hervor, Marterl und Kirchlein wachen über die verschlungenen Wege und Straßen, und über der ganzen Region liegt im Sommer und Herbst, wenn die Trauben reif sind, das beständige Klappern der klopotci, das die räuberischen Vögel von den süßen Früchtchen fernhalten soll.

Ormož

Slowenien Atlas: S. 235, E 3

Die südlichste Weinstadt der Štajerska ist Ausgangspunkt der ›Weinstraße‹ (vinska cesta) durch das Anbaugebiet von Jeruzalem nach Ljutomer. Die Siedlung am Hochufer der Drava war bereits im Neolithikum bewohnt, auch eine keltische Niederlassung ist nachgewiesen, nur Rom scheint der direkten Umgebung von Ptuj den Vorrang gegeben zu haben. Erst im 13. Jh. wird Ormož als Holermuos urkundlich erwähnt. In der jüngsten Geschichte Sloweniens hatte die Stadt eine große strategische Bedeutung im zehntägigen Unabhängigkeitskrieg 1991. Hier fanden heftige Kämpfe zwischen der jugoslawischen Armee und den slowenischen Territorialeinheiten statt – kein Wunder, denn die Grenze zu Kroatien verläuft entlang des Drava-Ufers.

DIE KURENTEN SIND LOS

Zottelige Gestalten mit eigenartig geformten Masken – halb Mensch, halb Tier – erobern am Faschingssonntag die Straßen von Ptuj. Ihre Kleidung ist aus Schafsfell, vom Gürtel hängen schwere Kuhglocken, und den Kopf schmücken Masken aus Leder und Fell, die mit bunten Gänse- und Truthahnfedern geschmückt sind. In Gruppen ziehen sie durch die Straßen, treiben allerlei Schabernack, sie drehen sich und hüpfen, bis das durchdringende Gebimmel der Glocken jedes andere Geräusch übertönt. *Kurenti,* die Kurenten, läuten das Ende des Winters und den Beginn des neuen landwirtschaftlichen Jahres ein.

Wie alt dieser Brauch ist und woher er stammt, liegt im Dunkeln. Volkskundler vermuten, dass er seine Ursprünge in prächristlichen Riten der alten Slawen, vielleicht sogar der Kelten oder Illyrer hat. Soweit die Menschen in Ptuj und im Drau-Feld (*Dravsko polje*) zurückdenken können, hat es die Faschingsriten gegeben. Früher wurden sie allerdings nicht in der Stadt, sondern auf den Dörfern praktiziert. Ein jedes hatte seine Faschingsgruppe, bestehend aus jungen Männern, und seine ganz besonderen Trachten und Gestalten. Es gab ›Rösser‹, vier als Pferde verkleidete Männer, die von einem peitschenknallenden Antreiber begleitet wurden. Da war der ›Bär‹, geführt von einem Zigeuner, der das Tier tanzen ließ, die ›Vögel‹, die sich meist mit den weißen Unterröcken der Frauen und mit bunten Papierbändern maskierten, und ›Greis und Greisin‹ ein buckliges, humpelndes Paar. Sie zogen von Haus zu Haus, führten ein Tänzchen oder Kunststücke auf und säten schließlich vor der Schwelle etwas Getreide aus, damit die Ernten auch im neuen Jahr guten Ertrag brächten. Zum Abschluss erhielten die ›Sammler‹, die ebenfalls zu jeder Gruppe gehörten, Wein, Würste und Brot als Belohnung.

Einen ganz besonderen Brauch gab es im Dörfchen Cirkovci: Wenn sich im vergangenen Jahr kein Mädchen aus dem Dorf verheiratet hatte, wurde eine Kutsche mit einem Strohbräutigam durch die Straßen gezogen. Die jungen Männer zersägten dabei einen Holzklotz und verehrten jedem heiratsfähigen Mädchen ein Stückchen davon, als Glücksbringer für eine baldige und glückliche Ehe. Zusammen mit diesen Fruchtbarkeitsbringern traten die furchterregenden Kurenten auf – und sie sind es auch, die bis heute das Faschingsgeschehen bestimmen, das sich inzwischen nach Ptuj verlagert hat und zu den touristischen Hauptattraktionen der Stadt zählt.

Mann und Weib, Hochzeitskutsche, Bären- und Pferdekostüme sieht man in den Straßen Ptujs nicht mehr. Sie haben ihre wohl verdiente Ruhe in den kühlen Räumen des Burgmuseums gefunden, wo sie zusammen mit historischen Aufnahmen die Geschichte des Ptujer Faschings dokumentieren. Und die Kurentenkostüme, die früher von den jungen Männern selbst hergestellt und von Generation zu Generation weitergereicht wurden, werden inzwischen in einer Maskenwerkstatt geschneidert.

GORENJE UND RADENSKA

Nachdem Sloweniens traditionelle Abnahmeländer, die Partnerrepubliken im ehemaligen Jugoslawien, dem unabhängigen Land per Wirtschaftsboykott die Tür vor der Nase zugeschlagen hatten, begann die verzweifelte Suche der slowenischen Unternehmen nach neuen Handelspartnern. Viele hatten bereits vor der slowenischen Wende ins mitteleuropäische Ausland exportiert, doch waren die Umsätze verglichen mit denen innerhalb Jugoslawiens relativ gering. Inzwischen haben sich einige Unternehmen mit Erfolg nach dem europäischen Markt gestreckt. Zwei von ihnen sollen hier beispielhaft vorgestellt werden:

Nicht jeder, der sich einen neuen Kühlschrank kauft, weiß, dass das Produkt nicht aus dem deutschen Sprachraum, sondern von **Gorenje** aus Slowenien stammt! Das Unternehmen liefert zwar auch unter dem eigenen, gut angesehenen Firmennamen aus, die größeren Außenhandelsumsätze aber erzielt es mit der Herstellung von Elektrogeräten, die unter Fremdlabel verkauft werden. Begonnen hat Gorenje 1950 als Metallwerkstätte zur Herstellung von Herden und landwirtschaftlichen Maschinen im gleichnamigen slowenischen Ort. Schon bald wurde die Produktpalette erweitert und der Stammsitz des Unternehmens in die Industriestadt Velenje verlegt. Vor der slowenischen Unabhängigkeit kam kaum ein Jugoslawe an den Haushaltsgeräten von Gorenje vorbei. Italienische und deutsche Markenartikel waren nur durch gute Beziehungen zu beschaffen. Heute hat sich die Situation gewandelt, und die Konkurrenz ist größer geworden. Für das Unternehmen, das lange vor dem Auseinanderdriften Jugoslawiens auf den Handel mit Mitteleuropa gesetzt hatte, birgt diese Entwicklung aber kaum Probleme: Mit knapp 10 000 Beschäftigten und einem Gesamtumsatz von 880 Mio. €, von denen ein Großteil aus dem Exportgeschäft stammen, zählt es nach wie vor zu den bedeutenden slowenischen Betrieben. Allein knapp 200 Mio. € werden von der hauseigenen Vertriebstochter in der Bundesrepublik jährlich eingefahren.

In Slowenien kommt man an den ›Drei Herzen‹ von **Radenska** nicht vorbei. Die grünen Glas- und (häufiger) weißen PE-Flaschen mit dem sprudelnden Herzlogo werden in jedem Restaurant aufgetischt, und sie füllen mit den verschiedenen Nebenprodukten, der kalorienarmen Limonade Deit und anderen Fruchtsäften ganze Meter in den Kühlregalen der Supermärkte. 1869 wurden die Mineralquellen von Radenci entdeckt, 1902 wurde der Ort zum Hoflieferanten von Mineralwasser am kaiserlichen Hof in Wien und am Vatikan geadelt. Durch seinen hohen Mineralgehalt (3 g pro Liter) gilt Radenska als eines der gesündesten Mineralwasser der Welt.

Heute werden jährlich 140 Mio. Liter des mit natürlicher Kohlensäure versetzten Wassers im Stammhaus in Radenci abgefüllt, etwa 36 % gehen in den Export vornehmlich in die Staaten des ehemaligen Jugoslawien, nach Italien und Österreich, eine verschwindend geringe Menge, etwa 1 Mio. Liter, werden nach Deutschland geliefert.

Ein hübscher historischer Stadtkern, einige Industrie (Zuckerrübenverarbeitung) und ein imposanter, moderner **Weinkeller** – viel mehr gibt's in Ormož nicht zu sehen. In dem 1967 ins Drava-Hochufer gebauten Weinkeller werden 5,8 Mio. Liter köstlichsten Rebensaftes gelagert. Das Anbaugebiet Ormož/Jeruzalem umfasst etwa 2500 ha Rebfläche und produziert fast ausschließlich Weißwein von hervorragender Qualität. Weine aus Ormož werden auf internationalen Wettbewerben regelmäßig mit hohen Preisen ausgezeichnet, etwa 25 % der Produktion werden exportiert, und die Winzer wünschen sich natürlich, dass dieser Anteil steigen möge. Die Besichtigung der Kellerei (vinska klet) kann man telefonisch vereinbaren (Tel. 02/7 41 57 00), nach dem Rundgang werden die Besucher zur Weinverkostung geladen.

Ein Abstecher zum **Barockschloss Velika Nedelja** mit seiner sehenswerten ethnologischen Ausstellung sei all denjenigen empfohlen, die sich für die stark ungarisch beeinflusste Volkskultur der Region interessieren. Sehenswert ist besonders die Ausstellung der Faschingsmasken und auch das Schloss selbst, das dem Deutschritterorden gehörte und mit vier Rundtürmen eher elegant denn wehrhaft befestigt ist (Di–Fr 10–16 Uhr, Sa 10–17, So 10–13 Uhr, Tel. 02/7 19 81 89).

Hotel Ormož, Tel. 02/7 40 11 21 Fax 02/7 40 02 06. Hier kann man auch die steirischen Spezialitäten genießen, für die die Hotelküche berühmt ist. 66 Zimmer, DZ um 10 000 SIT, 41 €.

Die Weinstraße

Slowenien Atlas: S. 235, E 2/3
Die Weinstraße von Ormož nach Ljutomer führt durch Weinberge und an vielen privaten Weinkellereien entlang. Mittelpunkt der Region ist **Jeruzalem,** mit 55 Einwohnern ein winziges, auf der Bergkuppe thronendes Dörfchen, das einem der besten Weine dieser Region seinen Namen gegeben hat, dem *Jeruzalemčan.* Etwas außerhalb befindet sich die weit über die Weinberge hinaus bekannte *Gaststätte Taverna,* auf deren Terrasse man bei kühlem Weißwein und köstlichen Wildspezialitäten gut den Nachmittag verbummeln kann (Tel. 02/7 19 40 15). Das Klappern der Windräder, der *klopotci,* sorgt für eine stimmungsvolle Atmosphäre, der Blick schweift über Rebenterrassen und kleine, schmucke Winzerhäuser, und man versteht, warum einer Legende zufolge Kreuzritter auf ihrem langen Rückweg aus dem Heiligen Land ausgerechnet diesem idyllischen Ort das Bild der ›Traurigen Muttergottes‹ stifteten, das sie aus Jerusalem mitgebracht hatten. Die Siedlung nannte sich fortan Jeruzalem, und dem Bild wurde eine hübsche **Kirche** erbaut. Die Kreuzritter mögen sich derweil an dem Wein gelabt und dem Himmel für ihre gesunde Rückkehr in dieses Paradies gedankt haben.

Ljutomer

Slowenien Atlas: S. 235, E 2
Von Jeruzalem führt die Weinstraße hinunter in die Ebene in die aufstrebende Provinzstadt mit gut erhaltenem

Altstadtkern und eigener Weinkellerei. Historische Berühmtheit erlangte Ljutomer als Sitz des ältesten slowenischen *Trabervereins* – ein bei den hiesigen Bauern beliebter Sport. Bemerkenswert ist, dass in Ljutomer nicht die Großgrundbesitzer und Adeligen die Zucht der Rennpferde aufnahmen sondern die Bauern selbst. Im Hippodrom werden viermal jährlich wichtige Rennen ausgetragen. Ebenso bedeutend für die slowenische Geschichte ist Ljutomer als Gründungsort der ersten *tabori, Volksversammlungen.* Ab Mitte des 19. Jh. kamen die Menschen mehrmals auf einer Wiese am Rande des Ortes zusammen, um Autonomie oder gar Unabhängigkeit für das Habsburgerische Slowenien zu fordern. Die Bewegung griff später auch auf andere Landesteile über und wird im Regionalmuseum im Rathaus anhand von Schriftstücken und Fotografien dokumentiert (Glavni trg 2, Tel. 02/5 81 12 95, Mo–Fr 8–15, Sa 8–12 Uhr).

Freiluftmuseen

Rund um Ljutomer haben findige oder engagierte Privatleute Themenmuseen eröffnet, in denen die traditionelle Kultur vorgestellt wurd: Die der Imker im **Bienenzuchtmuseum** von Drago Šalamun, Krapje 22, Tel. 02/5 82 10 55 (Voranmeldung erforderlich); die Arbeit der **Schmiede** wird in Razkrožje 16, Tel. 02/5 89 10 72, tgl. 8-19 Uhr gezeigt, und im *Freiluftmuseum Ralo,* Cuber 20, Tel. 02/5 81 14 63 kann man nach Voranmeldung **landwirtschaftliches Gerät** besichtigen.

LTO Ljutomer-Prlekija, Jureša Cirila 4, Tel. 02/5 84 83 33 , Fax 02/5 84 83 34, www.lto-prlekija.si. Das lokale Tourismusbüro ist sehr engagiert. Es hat allerhand Fahrrad- und Autorouten um Ljutomer zusammengestellt und hat dazu ausführliches Informationsmaterial.

Terme Banovci, Banovci 1a, Tel. 02/5 13 14 00, Fax 02/5 87 17 03, www.radenska.si. Bungalows und Campingmöglichkeiten in einer modernen Thermenanlage mit schöner Badelandschaft.

Radenci

Slowenien Atlas: S. 235, D 2

Das hier gewonnene Mineralwasser Radenska mit seinem Logo der Drei Herzen ist weit über Slowenien hinaus bekannt. Die Geschichte des Heilbades reicht nicht so weit zurück wie das der Konkurrentin Rogaška Slatina. Erst 1833 entdeckte der Österreicher Karl Hrenn die Thermalquelle und deren medizinische Bedeutung, und ab Mitte des 19. Jh. wurde der Kurbetrieb aufgenommen. Inzwischen hat man 22 Quellen angezapft, und ein Großteil des Wassers landet in den Abfüllanlagen der Getränkefabrik, wo neben der überall in Slowenien servierten Radenska auch Limonaden verschiedener Geschmacksrichtungen hergestellt werden.

Der Kurort selbst ist stark von den drei modernen Hotels Terapija, Miral und Radin geprägt und besitzt leider nicht den K. und K.-Charme von Rogaška. Im modernen **Kurzentrum** mit seinem großen Thermalschwimmbad kann man sich aber herrlich erholen und pflegen lassen, denn auch hier setzt man längst auf Wellness, Ayurveda und alle anderen Schlagworte, die gerade durch die Frauenzeitschriften geistern. Die waldige Umgebung lädt zu Fahrradtouren und Spaziergängen ein, und die Kurverwaltung sorgt mit Konzerten und Theateraufführungen dafür, dass es den Gästen auch abends nicht langweilig wird (Reservierung für alle drei Hotels unter Gesundheitsbad Radenci, Zdraviliško naselje 12, 9502 Radenci, Tel. 02/5 20 10 00, Fax 02/5 20 27 23, E-Mail: prodaja.zdravilisce@radenska.si, www.radenska-zdravilisce.si; ein DZ mit Halbpension kostet im Vier-Sterne-Haus Radin in der Hauptsaison um 60 €/Person. In der Umgebung werden auch viele Privatzimmer vermietet.

Prekmurje

Slowenien Atlas: S. 235, E 1/2
Der Fluss Mura (Mur) bildet nicht nur die Grenze zwischen Štajerska und Prekmurje, dem Land »jenseits der Mur«, sondern auch zwischen hügeligem Weinland und den flachen Ausläufern der Pannonischen Tiefebene. Unübersehbar im Landschaftsbild und in der Architektur drängt sich nun der Einfluss Ungarns in den Vordergrund. Niedrige, strohgedeckte Bauernhäuser lugen zwischen den modernen Einfamilienhäusern der Streusiedlungen hervor, und Storchennester krönen die Kamine.

Murska Sobota, der Hauptort von Prekmurje, ist eine moderne Stadt, deren einzige historische Attraktion das *Stadtschloss* aus dem 16. Jh. bildet. Der Weiler **Bogojina** in der Nähe von Murska Sobota lohnt aber einen Besuch, denn dessen *Kirche* wurde von Sloweniens Stararchitekten *Jože Plečnik* entworfen. 1924–27 wurde sie in der für Plečnik typischen Mischung klassizistischer und moderner Bauelemente um eine alte romanische Kirche errichtet, deren Teile im Inneren noch erhalten sind und heute den Chor bilden. Der romanischen Apsis stellte Plečnik auf der anderen Querseite einen runden Kirchturm gegenüber, die Längsseite des romanischen Vorgängerbaus verlängerte er durch das moderne Kirchenschiff, das er mit Holz und Keramik dekorierte.

Entlang der Mura stehen noch einige alte **Wassermühlen;** die interessan-

Kulturlandschaft Kozjansko

Slowenien Atlas: S. 238, C 1
Die aus dem 12.Jh. stammende **Burg Podsreda** über dem Bistrica-Tal ist Sloweniens am besten erhaltene romanische Burg und Mittelpunkt eines noch im Aufbau befindlichen Regionalparks, in dem Zeugnisse der Volkskultur ebenso wie botanische Besonderheiten dieser Region präsentiert werden sollen. Auf Podsreda ist eine ständige *Ausstellung der lokalen Glasbläserkunst* zu sehen; Wanderwege führen zu historisch wie naturkundlich interessanten Sehenswürdigkeiten (April–Okt. Di–So 10–18 Uhr, Tel. 03/5 80 61 18, www.sigov.si/kp/).

teste ist **Babičev mlin** bei *Veržej,* denn sie ist eine der wenigen noch voll funktionsfähigen Mühlen Sloweniens, in der wie seit Jahrhunderten Getreide zu Mehl gemahlen wird. Von der Wasserkraft angetrieben, rattert im Inneren des Holzhauses das Mühlwerk, während die Müllersfamilie das weiße Puder in Säcke abfüllt. Man kann das Mehl hier auch kaufen, was den von neugierigen Besuchern geplagten Müllern zumindest ein Trostpflaster für die beständige Störung ihrer Arbeit ist (Besuch wochentags 7–17 Uhr, Sa 7–13 Uhr).

Rogaška Slatina und Umgebung

Slowenien Atlas: S. 234, C 4

Rogaška Slatina an der kroatischen Grenze südwestlich von Ptuj ist der altehrwürdige Kurort Sloweniens mit eleganten, klassizistischen Hotels, großzügigen Parkanlagen sowie dem medizinisch hervorragend ausgestatteten Kurkomplex. Die Geschichte des heilkräftigen Wassers ist ab Ende des 16. Jh. schriftlich belegt, doch lassen römische und keltische Funde vermuten, dass die Quellen schon viel früher besucht wurden. 1665 wurde der kroatische Feudalherr Peter Zrinjski in Rogaška Slatina von einer schweren Krankheit geheilt, und damit begann der Aufstieg des Ortes zu einem der bedeutenden Kurbäder Europas. Anfang des 18. Jh. lieferte Rogaška jährlich 20 000 Flaschen des Heilwassers an den Hof nach Wien. Anfang des 19. Jh. bestand bereits ein reger Kurbetrieb, die Hauptquelle wurde gefasst und mit einem klassizistischen Tempelchen bekrönt; Mitte des 19. Jh. wurden einige der noch heute bestehenden Hotels errichtet und Rogaška erlebte seine größte Blüte als Kurort des Adels und von Künstlern aller nur erdenklichen Nationalitäten. Mit der sozialistischen Ära verblasste der mondäne Ruf, zahlreiche neue, funktionale Bauten veränderten das Ortsbild. Inzwischen haben die klassizistischen Hotels ein ›Facelifting‹ bekommen. Die Heilkraft des Wassers ist ungebrochen, dank seines sehr hohen Magnesiumgehaltes wirkt es vor allem bei Krankheiten von Leber und Galle, bei Diabetes und hohem Cholesterinspiegel.

Mondän: Kurhaus in Rogaška Slatina

TIC, Zdraviliški trg, Tel. 03/ 5 81 44 14, Fax 03/8 19 01 54. Freundliche Beratung, Vermittlung von Hotel- und Privatzimmern.

Grand Hotel Rogaška, Zdraviliški trg 10, Tel. 03/8 11 20 00, Fax 8 11 20

12, www.terme-rogaska.si. Die gute alte Zeit wird in diesem luxuriös renovierten k.u.k.-Kurhotel mit 156 Zimmern und allem Komfort wiederbelebt. DZ um 35 000 SIT, 150 €. Die ebenfalls renovierten Hotels Styria und Strossmayer sind etwas günstiger (gleiche Tel. und Website).

Janezov hram, Kidričeva ul. 44, Tel. 03/5 81 39 57. Spezialitäten der slowenischen Küche wie Wild und Süßwasserfisch, dazu hausgebrannter Kirschschnaps und selbst gekelterter Wein. Hauptgericht um 22 000 SIT, 10 €.

Rogaška ist Sloweniens bekannteste Adresse für feines Kristall. In der **Glasbläserschule** am Ortsrand gibt es eine hübsche Auswahl aller möglichen Kristallwaren für jeden Geschmack zu günstigen Preisen (Steklarska ul. 1, Tel. 02/8 18 20 27). Der **Fabrikverkauf** der Kristallfirma Rogaška liegt einige Häuser weiter und besitzt eine große Auswahl des klassischen Bleikristalls im traditionellen aber auch im modernen Design (Mo–Fr 8–18, Sa 8–13 Uhr).

In der Umgebung

Schloss Olimje
Slowenien Atlas: S. 234, C 4
Das ehemalige Schloss inmitten tiefgrüner Hügel wurde hervorragend restauriert und bietet mit seinem barocken Fassadenschmuck einen eigenwilligen Eindruck, der mit kaum einem anderen Bau in Slowenien vergleichbar ist. Errichtet wurde Olimje im Jahre 1550, hundert Jahre später wurde es in ein Kloster der Paulinerinnen umgewandelt und die einschiffige **Kirche Mariae Himmelfahrt** angefügt. So präsentiert sich Olimje als Mischung

Auffälliger barocker Fassadenschmuck: Schloss Olimje

von mit Rundtürmen bewehrtem Schloss mit dem ›Anhängsel‹ Kirche in einem sehr uneinheitlichen Baustil, der durch den dunkel abgesetzten Fassadenschmuck etwas gemildert wird. In seiner weiteren Geschichte wechselte Olimje zwischen kirchlichen und weltlichen Herren (1782 Auflösung des Klosters, bis Ende des Zweiten Weltkriegs im Besitz der Grafen Attems, ab 1990 Minoritenkloster).

Heute stehen die Kirche und die berühmte **Klosterapotheke** (1765 in einem der beiden Rundtürme eingerichtet) zur Besichtigung frei. Vor allem das mit dunklem Marmor dekorierte, barocke Innere der Kirche ist unbedingt sehenswert; in der Apotheke sind schöne Wand- und Deckenfresken erhalten (Führungen Mo–Sa 10, 15, 16, So 15, 16 Uhr).

DOLENJSKA UND DER SÜDEN

Dichte Wälder säumen die Flusstäler von Krka und Kolpa, romantische Schlosshotels locken mit Himmelbetten und Karsthöhlen zum Besuch der Unterwelt. Die Region um Novo Mesto und nach Südwesten entlang der kroatischen Grenze ist ein noch kaum erschlossener, wilder Teil Sloweniens.

Novo Mesto und das Krka-Tal

In Dolenjska stehen die herrlichsten Schlösser und Klöster. Der Bestand an historischen Gemäuern ist so hoch, dass nur die wertvollsten erhalten werden können, und auch die Natur hat den südlichen Teil Sloweniens mit mäandernden Flüssen und dichten Wäldern reich beschenkt. ›Schlafende Schönheit‹ nennen die Tourismuswerber diesen Teil Sloweniens, und noch wirkt er tatsächlich recht verschlafen. Doch die Prinzen, die dieses Dornröschen wach küssen und zu einem der bedeutendsten Fremdenverkehrsgebiete des Landes entwickeln wollen, sind schon dabei, die Dornenhecke zu überwinden.

Novo Mesto

Slowenien Atlas: S. 238, A/B 2
Die *Neue Stadt* (Novo mesto) ist der Verwaltungsmittelpunkt von Dolenjska. Der Name hält zum Glück nicht, was er verspricht, denn Novo Mesto besitzt einen außerordentlich hübschen Altstadtkern, der sich in die Rundung einer Krka-Schlinge schmiegt. Drumherum ist eine moderne, von Industriebetrieben und Wohnsiedlungen geprägte Stadt gewachsen, die mit 22 000 Einwohnern recht übersichtlich ist. Novo Mesto ist ein ideal gelegener Ausgangspunkt zur Erkundung der Region, schöner und

Sehenswürdigkeiten

1 Novi trg
2 Rathaus
3 Markt
4 Domkirche des hl. Nikolaus
5 Dolenjski muzej
6 Kandijski most

Übernachten

7 Krka
8 Apartmaji Ravbar

Essen und Trinken

9 Breg
10 Loka
11 Pri Vodnjaku

romantischer als in der Stadt wohnt man aber etwas außerhalb in Otočec oder in einem der Thermalbäder, die es hier in Hülle und Fülle gibt.

Illyrische Siedler, osmanische Belagerer

Um 1000 v. Chr. siedelten Illyrer an den Hügeln um die Krka-Schlinge. Die bronze- und eisenzeitlichen Funde aus dieser Epoche zählen zu den spektakulärsten in Europa und sind im Dolenjski muzej von Novo Mesto ausgestellt. Um 33 n. Chr. übernahmen römische Kolonisatoren die alten Dörfer und legten eine Stadt an, deren Namen nicht bekannt ist. Im Jahre 400 wurde die römische Niederlassung aufgegeben und von den durchziehenden Völkerscharen der unruhigen Jahrhunderte nach dem Zusammenbruch des Römischen Reiches zerstört.

Etwa 1000 Jahre vergingen, bis sich wieder ein historisches Datum fassen lässt: 1365 ließ Erzherzog Rudolf IV. die Stadt Rudolfswert gründen, die von den einheimischen Slowenen sogleich Novo Mesto genannt wurde. Wehrmauern und eine starke Garnison stellten sicher, dass dieser Vorposten im 15. Jh. von den Türken nicht eingenommen werden konnte. Bis auf eine kurze Unterbrechung im 17. Jh. war Rudolfswert ein wichtiger Verwaltungsort und ein Zentrum des lokalen Handels und Handwerks. Nach dem

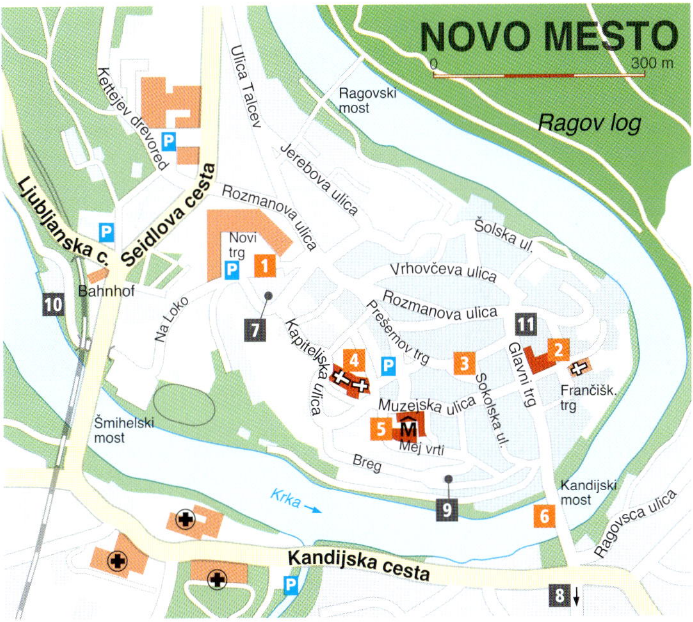

Traumhafte Lage am Fluss: Novo Mesto

Ersten Weltkrieg begann der Aufstieg Novo Mestos zu einer Industriestadt, die im sozialistischen Jugoslawien vor allem Betriebe der Möbel- und Pharma-Industrie als Standort wählten. Das Firmenschild des größten Pharmaunternehmens KRKA ist im Stadtbild unübersehbar.

Durch die Altstadt

Der modern gestaltete **Novi trg** 1 mit Hotel Krka und Stadtverwaltung ist die einzige Stelle in Novo Mestos Zentrum, wo man sein Fahrzeug parken kann. Über die *Rozmanova ulica* geht's in Richtung Altstadtkern, den man an der Kreuzung mit dem Glavni trg erreicht. Der ›Hauptplatz‹ ist gesäumt von teils gut renovierten historischen Bauten, deren Fundamente auf das 16. und 17. Jh. zurückgehen und die im 19. Jh. erneuert wurden. Offene Arkaden sind das charakteristische Merkmal fast aller Häuser hier; in ihrem Schatten waren Läden und Handwerksateliers untergebracht. Um 1900 wurde das neugotische **Rathaus** 2 errichtet, das zwischen den älteren Häusern etwas fremd wirkt und sie um einiges überragt. Der Glavni trg ist eine wichtige Einkaufsstraße, an der mehrere Cafés und Restaurants zur Rast laden. Westlich des Platzes liegt in den schmalen Gassen um den *Florijanov trg* der lebhafte **Markt** 3 von Novo Mesto. Etwas über der Altstadt steht die **Domkirche des hl. Nikolaus** 4 auf dem Hügel *Kapiteljski hrib.* 1429 wurde sie an Stelle eines gotischen Gotteshauses erbaut. Stolz überragt der über 50 m hohe Kirchturm den Bau, der gründlich barockisiert heute im Inneren die ursprünglich gotische Bausubstanz kaum noch erkennen lässt. Sehenswert ist das Altarbild, das Ende des 16. Jh. von Tintoretto gemalt wurde.

Dolenjski muzej
In der Museumsstraße *Muzejska cesta* befindet sich das in mehrere Ausstellungsgebäude aufgeteilte, moderne Museum von Dolenjska, **Dolenjski muzej** 5. Es besteht aus der überaus sehenswerten Archäologischen Sammlung *(Arheološka zbirka)*, einem ethnographischen Teil, einer Ausstellung moderner Kunst *(Jakčev dom)* und einer sehr interessanten Abteilung, die sich dem Partisanenkampf in der Region widmet (zbirka NOB).

Im **archäologischen Teil** des Museums sind vor allem Funde ausgestellt, die bei Grabungen auf einem Feld nördlich der Altstadt gemacht wurden. Auf einer Fläche von 22 000 m² wurden über 50 Gräber aus der späten Bronzezeit (9. und 8. Jh. v. Chr.) und über 300 ›Familiengruften‹ aus der Hallstatt-Periode (8.–4. Jh. v. Chr.) entdeckt. Die Region um Novo Mesto erlebte in der Eisenzeit eine von mediterranen Stadtkulturen inspirierte Blüte, Eisengewinnung und -verhüttung sorgten für großen Wohlstand, wie die wertvollen Schmuckstücke aus Bernstein, Gold und Glas belegen, die in den so genannten Fürstengräbern gemacht wurden. Wunderbare Arbeiten von schlichter, archaischer Schönheit sind darunter. Auch die Waffen, Helme, Brust- panzer etc. sind Zeugnisse einer überaus feinen Handwerkskunst; ihre höchste Vollendung zeigt sich in den Bronzegefäßen, den situlae, die zu den berühmtesten Artefakten der Eisenzeit in Zentraleuropa gehören. Die moderne Präsentation der Objekte macht diesen Museumsbesuch zu einem ebenso ästhetischen wie lehrreichen Vergnügen.

Ebenso interessant und sehr bewegend ist die Ausstellung NOB, die sich den Partisanen verschrieben hat. Die Wälder des *Kočevski rog* westlich von Novo Mesto waren einer der wichtigsten Stützpunkte der Widerstandskämpfer, deren Geschichte mit historischen Fotografien, mit Waffen, Uniformen, Alltagsgegenständen und provokativen künstlerischen Installationen dokumentiert wird (Öffnungszeiten Di–Fr von 8 bis 17, Sa 10–17, So 9–13 Uhr, Tel. 07/3 73 11 30, www.dolmuzej.com).

TIC, Novi trg 6, Tel. 07/3 93 92 63, www.novomesto.si. Das Büro wird 2005 voraussichtlich an den Glavni trg umziehen. Das TIC gibt eine Broschüre mit Übernachtungsmöglichkeiten in der Region heraus.

Krka 7, Novi trg 1, Tel. 07/3 94 21 00, Fax 07/3 31 30 00. Modernes Komforthotel im Herzen der Stadt. 74 Zimmer, DZ 27 000 SIT, 110 €.
Apartmaji Ravbar 8, Smrečnikova ul. 15–17, Tel. 07/3 73 06 80, Fax 07/3 73 06 81. Freundliches Haus mit fünf Appartements im Stadtteil Kandija südlich der Krka. Um 10 000 SIT, 40 €.

Breg 9, Cvelbarjeva ul. 7, Tel. 07/3 32 12 69. Alteingesessenes Restaurant in der Altstadt mit guten Spezialitäten der Region. Hauptgericht um 1800 SIT, 7,5 €.
Loka 10, Župančičevo sprehajališče 2, Mobil-Tel. 031-64 30 24. Für ein romantisches Essen an der Krka, Spezialität ist Forelle. Hauptgericht um 2200 SIT, 10 €.
Pri Vodnjaku 11, Glavni trg 3, kein Tel. *Der* Treff für junge Leute, etwas plüschig im Inneren. Es gibt kleine Snacks und Pasta-Gerichte um 12000 SIT, 5 €.

Stadtpanorama

Ein besonders schöner Blick auf die Altstadt von Novo Mesto öffnet sich dem Betrachter von der Brücke **Kandijski most** 6. Die alten Häuser mit ihren winzigen Vorgärten, in denen die Menschen etwas Salat und Gemüse ziehen, spiegeln sich im ruhigen Wasser der Krka und darüber wacht die Nikolauskirche mit ihrem schlanken Turm.

Am zentrumsnahen **Bahnhof** (hübscher Jugendstil!) an der Seidlova cesta halten nur wenige Züge.
Die wichtigen Verbindungen laufen über den **Fernbahnhof,** Kolodvorska ul. 1, Tel. 07/2 98 39 34, und den Busbahnhof, Topniška c. 1, Tel. 07/3 32 11 23.
Novo Mesto liegt an den **Eisenbahn- und Buslinien** Ljubljana–Zagreb mit zahlreichen Verbindungen in beide Richtungen.
Lokale Busse bedienen die Ziele in der Umgebung (Otočec, Dolenjske Toplice, Kostanjevica).
An der **Touristeninformation** kann man Fahrräder mieten – bis 8 Std. kostenlos, danach bis 12 Std. 500 SIT.

In der Umgebung

Otočec

Slowenien Atlas: S. 238, B 2

Sloweniens einziges **Wasserschloss** liegt auf einer schmalen, künstlich geschaffenen Insel in der Krka. 1252 wurde es erstmals beschrieben, und 1689 würdigte Valvasor in seiner ›Ehre des Herzogthums Crain‹ die militärstrategische Bedeutung der Burg im Kampf gegen die Türken, aber auch gegen Angriffe von Magyaren und Kroaten. Im 16. Jh. diente Otočec – der Name bedeutet Inselchen – als Kommandozentrale des Oberbefehlshabers Ivan Lenkovič, der die Militärgrenze gegen die Osmanen zu sichern hatte. Damals wurden auch umfangreiche Umbauten vorgenommen und das ursprünglich gotische Ensemble im Stil der Renaissance und später des Barock verschönert. Heute dient Otočec als exklusives *Schlosshotel.* Die Zimmer sind mit Stilmöbeln eingerichtet, das Café-Restaurant im Burghof verwöhnt den Gaumen mit delikaten Spezialitäten aus Dolenjska. Es gibt kaum eine romantischere Unterkunft in Slowenien, und wenn abends lodernde Fackeln den Burghof erhellen, fühlt man sich in längst vergangene Zeiten zurückversetzt.

Otočec und die meisten anderen größeren Hotels um Novo Mesto gehören dem Pharmakonzern Krka. Neben dem *Schlosshotel* unterhält das Unternehmen ein modernes *Sporthotel* am Nordufer der Krka mit breitem Freizeitangebot und Spielcasino. Auskunft und Reservierung:
Hoteli Otočec, Tel. 07/3 07 51 65, Fax 07/3 07 54 20 oder unter der zentralen Reservierungsnummer für alle Krka-Hotels, Tel. 07/3 32 23 30, www.krka-zdravilisca.si. 30 Zimmer, DZ ab 40 000, 160 €.
Turistična kmetija Šeruga, Sela pri Ratežu 15 (Otočec), Tel. 07/3 35 62 00, Fax 07/3 35 62 01. Urlaub auf einem wirklich urigen *Bauernhof.* Die Besitzer geben sich alle Mühe, den Gästen typische Dolenjska-Atmosphäre und -Küche zu bieten. Sehr sympathisch, aber häufig ausgebucht! DZ um 10 000 SIT, 40 €.

Der **Campingplatz** am Krka-Ufer gehört auch zur Krka-Gruppe; nur von Mai bis Ende September, an kühlen Tagen etwas feuchtkalt.

Golf: Auf dem Gelände des ehem. Reiterhofes Struga entsteht bis 2006 ein 18-Loch-Green; ein 9-Loch-Teilstück soll 2005 eröffnet werden.
Boote vermietet das Schlosshotel, man kann allerdings nur um das Inselchen seine Runden drehen – begleitet von Schwänen, die auf Futter hoffen.
Schwimmen: *Šmarješke Toplice,* ca. 5 km von Otočec, ist eine große Frei- und Hallenbadanlage mit Thermalwasser in unterschiedlich temperierten Becken.
Fahrrad: Räder kann man im Športhotel mieten. Das Hotel gibt eine Broschüre mit empfehlenswerten Fahrrad- und Wanderrouten heraus.
Angeln: Die in diesem Bereich bereits sehr ruhige *Krka* ist ein Anglerparadies; den Schein gibt's in den beiden Hotels.

Dolenjske Toplice

Slowenien Atlas: S. 238, A 3
Mit dem Kurort Rogaška Slatina könnte Dolenjske Toplice durchaus um den Titel des ältesten Kurortes in Slowenien konkurrieren. 1658 wurde hier das erste Thermalbad in Dienst genommen und Ende des 18. Jh. ein Badehaus errichtet. Die Heilkraft des Wassers zog schließlich um die Wende zum 20. Jh. Europas gekrönte Häupter an, in den beiden Weltkriegen waren dann Lazarette in den Hotels untergebracht und in Titos Jugoslawien wurde das Ganze dann ziemlich funktional und nicht unbedingt ästhetischen Kriterien gehorchend ausgebaut. Heute hat der Pharmakonzern KRKA das Thermalbad runderneuern lassen und ein Wellness-Center mit allen gängigen Entspannungsbehandlungen und einer wunderschönen Innen- und Außenpoollandschaft ausgebaut (Balnea Wellnesscenter, Tel. 07/3 91 94 00). Als Standort für sportlich Aktive ist das Kurbad ideal, die Wälder des Kočevski rog im Rücken, vor sich die Krka sind Unternehmungen zu Lande und zu Wasser keine Grenzen gesetzt.

Vital und Kristal wurden umfassend modernisiert und renoviert und bieten nun Vier-Sterne-Komfort. Es gibt mehrere Innen-Pools und einen wunderschön-nostalgischen Speisesaal mit Kristalllüster. Reservierung unter Tel. 07/3 91 95 00, Fax 07/3 06 56 62, www.krka-zdravilisca.si. DZ um 27 000 SIT, 110 €.

Gostilna Rog, neben den Kurhotels, Tel. 07/3 91 94 21. Slowenische und internationale Küche, an manchen Abenden Volksmusik. Hauptgerichte um 1500 SIT, 7 €.
Gostilna Štravs, Podturn, 28, Tel. 07/3 06 53 90. Deftige slowenische Spezialitäten; es gibt auch einige Gästezimmer. Hauptgerichte um 1800 SIT, 8 €.

Rafting und Kanu: K2M, Pionirska c. 2, Tel./Fax 07/3 06 68 30, www.k2m.si. Organisierte Wildwasserabenteuer.

Von Novo Mesto nach Osten

Klöster, Schlösser und die mäandernde Krka prägen das Flachland zu Füßen der Gorjanci-Berge. Inmitten dieser ländlichen Idylle gibt es immer wieder überraschende Momente, denn in und um Kostanjevica wird moderne Kunst gefördert und gepflegt.

Kloster Pleterje

Slowenien Atlas: S. 238, B 2
Das Kloster der Kartäusermönche ist umgeben von Wäldern, Weiden und Wein- und Obstgärten, die nach dem Zweiten Weltkrieg enteignet und nach der Unabhängigkeit Sloweniens den Mönchen wieder zurückgegeben wurden. Die Geschichte des Baus reicht ins 15. Jh. zurück. 1407 gaben die Grafen von Cilli (Celje) den Auftrag, ein Kartäuserkloster zu errichten; 1471 wurde es von den Türken zerstört und danach besser befestigt wiederhergestellt. Im 17. und 18. Jh. zogen Jesuiten in Pleterje ein, und nach den Josephinischen Reformen wurde das Kloster geschlossen. Die Kartäuser kauften es 1899 zurück und restaurierten die vom Zahn der Zeit schwer beschädigten Bauten. Heute ist das Anwesen durch eine knapp 3 km lange und 3 m hohe Mauer vor neugierigen Blicken geschützt. Das gotische Gotteshaus mit seinem schlichten Inneren ist das sehenswerteste und älteste Baudenkmal des Klosters, hier wird auch eine Dia-Show über die Geschichte von Pleterje gezeigt. Das Kloster selbst darf nicht besichtigt werden – schade, denn es enthält eine sehr schöne Bibliothek. (Besuchszeiten Mo–So 8–17 Uhr, Anmeldung unter Tel. 07/3 08 12 25).

Die Brüder von Pleterje betreiben einen kleinen Laden, in dem Weine, Kräutertees und andere Produkte aus dem Kloster verkauft werden. Vor allem auf die Kelterei ist man sehr stolz in Pleterje; die Weine sind hervorragend, besonders der für Dolenjska so berühmte Cviček, ein frischer, sehr saurer Rotwein, den man zum Essen trinkt. Spezialität des Klosters ist auch ein hervorragender *Slivovitz* und die *Pleterska hruška,* ein Birnenschnaps mit in die Flasche gewachsener Birne.

Am Parkplatz vor dem Kloster hat das Dolenjski muzej Novo Mesto einige traditionelle Bauernhäuser aus der Region restauriert und zu einer Art *Freiluftmuseum* zusammengestellt.

Kostanjevica na Krki

Slowenien Atlas: S. 238, B 2
Das schmucke Städtchen wird wegen seiner malerischen Lage an der Krka auch slowenisches Venedig genannt. Leider ist die unter Denkmalschutz stehende Bausubstanz lange vernachlässigt worden, so dass der Ort heute eher einen traurigen Eindruck macht. Kostanjevica wurde im 11. Jh. in einer engen Schleife der Krka gegründet, deren ›Flaschenhals‹ man mittels eines Kanals durchtrennte und so eine künstliche Insel schuf. Der Ort war dadurch schwer einnehmbar und diente, wie alle anderen historischen Siedlungen in der Region, als militärischer Vorposten an der slowenisch-kroatischen Grenze und als Bollwerk gegen die Türkeneinfälle.

Sehenswert ist neben dem historischen Stadtbild mit seinen einstöckigen Häuschen vor allem die im 13. Jh. erbaute und später barockisierte **Kirche Sv. Jakob,** in die zwei wunderbare romanische Steinportale führen. Die eigentliche Attraktion von Kostanjevica verbirgt sich aber etwas außerhalb:

Das **Schloss Kostanjevica** war ursprünglich ein Zisterzienserkloster, das die Feudalherren der Region, die Spanheimer Grafen, gestiftet haben. Der gesamte Komplex wurde nach den Josephinischen Reformen sich selbst überlassen und hat stark gelitten. Nur an der Fassade des von Rundtürmen flankierten *Eingangstores* (s. Abb. S. 45) und der Kirche wurden inzwischen die strahlenden Fresken restauriert, mit denen Kostanjevica barockisiert wurde. Schon von weitem leuchten sie dem Besucher entgegen. Die **Kirche Mariae Verkündigung** zeigt im Inneren noch ein schön erhaltenes, gotisches Kreuzgratgewölbe. Das Schloss dient heute als Kunstgalerie, in der wertvolle Gemälde ausgestellt sind, die aus dem Kloster Pleterje stammen. Dazu kommen Werke slowenischer Künstler. Arbeiten des Bildhauer-Workshops Forma Viva werden im Park des Schlosses der Öffentlichkeit präsentiert (April–Okt. 9–18, Nov.–März 9–16 Uhr).

Höhle mit See

Ein Abstecher von Kostanjevica sei Höhlenfreunden zu empfehlen: Die **Kostanjeviška jama** ist eine hübsche, kleine Tropfsteinhöhle, die erst 1932 entdeckt wurde. Über einen 80 m langen Gang erreicht man einen kleinen See und danach eine schön mit Stalagmiten und Stalaktiten geschmückte Grotte (tgl. geöffnet nur im Juli/Aug. von 10–18 Uhr, sonst nur an den Wochenenden oder nach telefonischer Vereinbarung unter Tel. 07/4 98 75 04).

Grad Mokrice

Slowenien Atlas: S. 238, C 2
Dicht an der Grenze zu Kroatien liegt **Schloss Mokrice,** das heute als luxuriöses Hotel mit 18-Loch-Golfplatz und Reitstall geführt wird. Die im 15. Jh. erstmals erwähnte Burganlage schmiegt sich an die Hügel- und Waldlandschaft der Gorjanci, die den Grenzverlauf zur Nachbarrepublik markieren, und ist vom Geist der Renaissance durchdrungen. In den slowenischen Bauernaufständen des 16. Jh. kam Mokrice die unrühmliche Rolle eines Kerkers für zwei der bekanntesten Anführer zu; der Volksmund behauptet sogar, Sloweniens Bauernheld Matija Gubec sei im Schloss gefangen gehalten worden. Auf Mokrice wurde 1882 der Schriftsteller Friedrich von Gagern geboren, der Schloss und Umgebung in seinem Roman ›Das Volk‹ verewigt hat. Auf einer gemauerten Brücke über den Burggraben erreicht man die mit vier runden Ecktürmen gesicherte Festung. Im arkadengesäumten Innenhof empfängt das Schlosscafé und -restaurant die Tagesbesucher; Hotelgäste genießen hier höchsten Komfort in mit Stilmöbeln eingerichteten Zimmern und Suiten. Reservierung unter **Golf Hotel Grad Mokrice,** 8261 Jesenice na Dolenjskem, Tel. 07/4 57 42 40, Fax 07/4 95 70 07, www.terme-catez.si, DZ ab 36 000 SIT, 150 €. Sehr romantisch wohnt man in den vier Appartements in den Schlosstürmen!

Krško

Slowenien Atlas: S. 238, C 2
Die Industriestadt Krško ist nicht unbedingt ein attraktives Ausflugsziel, doch als Standort des einzigen slowenischen Kernkraftwerkes verdient sie zumindest eine Erwähnung. 1982 wurde das Kraftwerk 2 km südwestlich der Stadt in Betrieb genommen; seit der Unabhängigkeit Sloweniens wird es als slowenisch-kroatisches Gemeinschaftsprojekt geführt, was immer wieder für Ärger sorgt. So warnen Umweltschützer beider Seiten vor dem schlechten Sicherheitsstandard des Meilers, und in Slowenien lagen bereits Pläne vor, den Reaktor stillzulegen. Dies geht aber nicht ohne die Zustimmung des kroatischen Nachbarn, der sich in punkto Umweltschutz und Sicherheit bislang nicht sehr einsichtig zeigt.

Inzwischen wird Krško wie auch einige andere Kraftwerke in Osteuropa tatkräftig von Siemens unterstützt. Die Bundesrepublik Deutschland hat dafür hohe Hermes-Bürgschaften übernommen. Da Krško allerdings in einem stark von Erdbeben gefährdeten Gebiet liegt, wird dieses Engagement der rot-grünen Regierung von Umweltschützern überaus kritisch beurteilt.

Im **Altstadtteil** von Krško gibt es einige sehenswerte historische Bauten, so das 1609 erbaute *Wohnhaus des Universalgelehrten Valvasor.* Die Kirche der Schmerzensreichen Gottesmutter im Dorf *Leskovec* besitzt einen überaus wertvollen, vergoldeten Barockaltar.

Suha und Bela krajina

Dichte Wälder, in denen Bären, Luchse und Wölfe leben, ein glasklarer, stiller und manchmal auch übermütiger Fluss, Mühlen und Burgen prägen das Grenzland zu Kroatien, das Jahrhunderte lang Mitteleuropa vor den Osmanen beschützte.

Žužemberk und Suha krajina

Slowenien Atlas: S. 237, F 2
Suha krajina, trockene Landschaft, heißt die Region westlich der Krka, weil sie keinen einzigen überirdisch fließenden Wasserlauf besitzt. Die mageren Karstböden eignen sich schlecht für Landwirtschaft, so dass die Suha krajina nur spärlich besiedelt wurde. Gen Osten begrenzt die Krka diese unberührte Landschaft. Wild und ungestüm stürzt der noch junge Fluss durch sein in die Felsen eingeschnittenes Bett, überwindet Felsstufen, bildet Wirbel und kleine Fälle und bietet erfahrenen Kajakfahrern ein fantastisches Freizeitvergnügen mit gehörigem Nervenkitzel.

Über der Krka thront knapp 25 km westlich von Novo Mesto entfernt eine der wuchtigsten Festungen Sloweniens, **Grad Žužemberk.**

1246 wurde die Burg erstmals erwähnt, im Eingang verweist die eingravierte Jahreszahl 1000 allerdings auf ein noch höheres Alter. Der mittelalterliche Kern der Festung wurde im Zweiten Weltkrieg fast völlig zerstört, erhalten ist noch die aus der Renaissance stammende Umfassungsmau-

ROUTEN FÜR KANU UND KAJAK

Dolenjska ist ein sehr schönes Kanuwandergebiet mit verschiedenen Schwierigkeitsstufen von I (ganz einfach) bis IV (sehr schwer). Der Abschnitt zwischen Krka-Quelle bei dem Dorf Krka und dem 26 km entfernten Schloss Žužemberk gilt als eine der romantischsten Kanustrecken Sloweniens, aber auch die *Kolpa,* die entlang der slowenisch-kroatischen Grenze durch die Bela krajina (Weißes Land) mäandert, hält intensive Naturerlebnisse bereit, denn sie fließt die meiste Zeit durch ein tief eingeschnittenes, von dichten Wäldern und teils fast senkrechten Felswänden gesäumtes Tal. Eine genaue Beschreibung der möglichen Flusswanderungen enthält der DKV-Auslandsführer ›Südosteuropa‹. Vor Ort bieten mehrere Veranstalter organisierte Kanuwanderungen, aber auch Raftingtouren auf wilderen Abschnitten an. Auf der Kolpa, die nicht nur Sloweniens saubersier sondern auch wärmster Fluss sein soll, veranstaltet beispielsweise *K2M* (s. S. 205) verschiedene Exkursionen. Ein Kolpa-Spezialist ist Tine von *Tine & Co.,* Srednji Radenci 2, 8342 Stari trg/Kolpi, Tel. 041/51 85 36, 031/86 37 05, www.kolpa-adventures.com. Leider sind Infos zu seinen Touren im Web bislang nur slowenisch abrufbar, aber alleine die Bildergalerie lässt sicherlich das Herz passionierter Flusswanderer höher schlagen.

er mit den vier Rundtürmen, wenngleich auch hier die Schäden drastisch sind. Die Burg wurde in den letzten Jahren behutsam renoviert und soll nach der geplanten Fertigstellung 2005 auch als Veranstaltungsort für Theater und Konzerte genutzt werden. Informationen über Besichtigungsmöglichkeiten erhält man beim TIC in Novo Mesto (s. S. 203).

Durchs Krka-Tal sind es weitere 15 km nach Nordwesten bis zur **Krka-Quelle,** die beim Dorf Krka aus einer Karsthöhle entspringt. Bei Niedrigwasser kann man dem 150 m langen Gang ins Innere bis zu einem unterirdischen See folgen, in dem sich die Wasser aus der Region sammeln und so die Krka gebären (März bis Okt. tgl. 9–19, im Winter 11–15 Uhr).

Baza 20 und Kočevski rog

Slowenien Atlas: S. 238, A 3

Die Waldregion Kočevski rog erreicht man von Novo Mesto auf der Landstraße in Richtung Straža und Žužemberk nach Westen und biegt bei Soteska in Richtung Črnomelj nach Süden ab. Nach insgesamt etwa 20 km zweigt eine Forststraße nach rechts in Richtung Baza 20 ab, der man bis zum Empfangshäuschen des nun als Denkmal geschützten Partisanenlagers folgt (s. S. 210). Von dort geht es 15 Minuten zu Fuß in den Wald hinauf. Es ist sinnvoll, den Besuch vorher mit dem TIC-Büro in Novo Mesto (s. S. 203) zu verabreden; die regulären Öffnungszeiten sind vom 1. April bis 30. Sept. von 8–16 Uhr, an den

PARTISANENKAMPF – GESCHICHTE DER BAZA 20

Der **Kočevski rog** gilt mit 500 km^2 als größtes zusammenhängendes Waldgebiet Mitteleuropas, manche sagen sogar Europas. Die sehr unwegsame Region wurde erst im 14. Jh. besiedelt, als sich deutsche Kolonisatoren in den Wäldern niederließen und Dörfer gründeten. Am Kočevski rog entstand so eine deutsche Sprachinsel, die sich dank der isolierten Lage bis ins 20. Jh. erhalten konnte; die Region um den Rog und das heutige Städtchen Kočevje wurde Gotscheer Land genannt. 1941 geriet dieser Teil Sloweniens unter italienische Oberhoheit, worauf die deutschen Familien ihre Waldheimat verließen und in die von Deutschen besetzten Gebiete an die untere Save umsiedelten. Zuvor mussten allerdings etwa 35 000 Slowenen aus ihren Häusern weichen, um für die Neuankömmlinge Platz zu machen – sie landeten in deutschen Arbeitslagern und sollten nach dem Krieg in Polen angesiedelt werden.

Seit Anfang 1942 nutzten die Partisanen die etwa 40 leerstehenden Gehöfte und Dörfer im Rog als Basis für ihre Aktionen; kurze Zeit residierte hier auch das Führungskomitee des Widerstandes. Vor einer italienischen Offensive im Sommer 1942 verließen die meisten Partisanen den Rog, kehrten aber bald wieder zurück und errichteten Krankenhäuser, Werkstätten und eine Druckerei. Am 17. April 1943 kam auch das Führungskomitee zurück und nannte die Siedlung, die inzwischen 26 Baracken umfasste, **Baza 20.** Bis Ende 1944 lebten in der kleinen, geheimen Stadt die wichtigsten Führungsmitglieder der slowenischen Partisanen und der Kommunistischen Partei Sloweniens. In Druckereien wurden Zeitungen und antifaschistische Aufrufe gedruckt, die Kinder in der lagereigenen Schule unterrichtet. Weitere Siedlungen wie Baza 21, 15, 15a, 80 und 80a wurden im unwegsamen Wald errichtet, die Krankenhäuser (24 waren es insgesamt) in den für die Karstlandschaft typischen Einsturztrichtern nahezu unsichtbar angelegt.

In der gesamtjugoslawischen Ära war Baza 20 eine der wichtigsten Sehenswürdigkeiten, zu der Prominenz, Fabrikbelegschaften und Schulklassen pilgerten, um der heroischen Jahre des Widerstandes zu gedenken. Seit der Unabhängigkeit Sloweniens wird nun offen über die mehreren tausend Opfer diskutiert, die nach der Befreiung Jugoslawiens als Kollaborateure am Kočevski rog erschossen und einfach verscharrt wurden. Natürlich betrachten die meisten Slowenen den Partisanenkampf nach wie vor als ein wichtiges Kapitel ihrer Geschichte, doch die Bevorzugung der ehemaligen Kämpfer bei der Verteilung von Posten und Geldern in jugoslawischer Zeit hat die ›Normalsterblichen‹ verbittert. So sind die früher obligaten Schul- und Betriebsausflüge zu Baza 20 zurückgegangen. Der am Partisanenkampf interessierte Besucher findet hier aber immer noch ein eindrucksvolles Zeugnis des Widerstandswillens, mit dem sich die Partisanen den Besatzern entgegenstellten.

Wochenenden nur nach Vereinbarung.

Črnomelj und Bela krajina

Slowenien Atlas: S. 238, B 3/4

Die Karstlandschaft der **Bela krajina** (Weißes Land, so genannt nach der weißen Tracht seiner Bewohner) schmiegt sich zwischen den Wäldern des *Kočevski rog,* der *Gorjanci* und des Flusses *Kolpa,* der die Grenze zu Kroatien bildet. Die Region gilt als die heißeste Ecke Sloweniens und ist stark vom kontinentalen Klima der Pannonischen Tiefebene bestimmt. Zahlreiche Karstflüsse versorgen die Böden mit Wasser, bevor sie in die Kolpa münden. Viehwirtschaft hat in der Bela krajina Vorrang vor dem Feldbau, doch werden an den sonnigen Hängen auch Weintrauben gezogen, aus denen der schwere Rotwein *Metliška črnina* gekeltert wird.

Der abgelegene Landstrich wurde stark durch die Türkenüberfälle gebeutelt. Um die Militärgrenze besser verteidigen zu können, siedelten die Habsburger entlang der Gorjanci und in der Bela krajina im 16. Jh. *Uskoken* an. So nannte man Bosnier, Serben und Kroaten, die vor der türkischen Besetzung ihrer Heimat nach Senj an der Adria geflohen waren und als Freibeuter die Adriahäfen unsicher gemacht hatten. Ihr kriegerisches Wesen sollte die Osmanen stoppen; tatsächlich wandten sich die Uskoken aber auch gegen die Landbevölkerung und verbreiteten Angst und Schrecken.

Ab dem Ende des 19. Jh. litt Bela krajina stark unter der Abwanderung seiner Bewohner; erst nach dem Zweiten Weltkrieg konnte die Landflucht durch die Ansiedlung einiger Industriebetriebe gestoppt werden. Den Besucher bezaubert die Bela krajina vor allem mit der unberührten Landschaft entlang des Flüsschens Kolpa, einem der schönsten Kanuwanderwege Sloweniens.

Črnomelj am Zusammenfluss von Lahinja und Dobličica war bereits in der Altsteinzeit besiedelt. Unter römischer Herrschaft war der Ort eines der Zentren des Mithras-Kultes (s. S. 188). Črnomelj wurde mehrmals von Türken bedrängt, aber nie eingenommen, und litt danach unter den Raubzügen von Uskoken und Magyaren. Großer Wohlstand konnte sich unter solchen Bedingungen in dieser Region nicht entwickeln, und noch heute macht das Städtchen einen eher unscheinbaren, verschlafenen Eindruck. Nur einmal in seiner Geschichte stand Črnomelj im Scheinwerferlicht: Als Verwaltungsort der befreiten Teile Sloweniens war es nach der italienischen Kapitulation 1943 eine Zeitlang Sitz der Partisanenregierung.

Recht lebhaft geht es zu, wenn in Črnomelj im Juni der *Grüne Jurij* gefeiert wird. Ursprünglich war das *jurjevanje* ein Fest, bei dem ein unter Weidenzweigen verborgener Jüngling durch die Straßen des Ortes geführt wurde. Aus dem alten Brauch, mit Prozessionen und Liedern den Sommer zu begrüßen, ist heute ein mehrtägiges Folklorefestival entstanden, zu dem sich Gruppen aus allen Teilen des Landes treffen. Über den genauen Termin informiert das Fremdenverkehrsamt.

REISEINFOS VON A BIS Z

Alle wichtigen Informationen rund ums Reisen auf einen Blick – von A wie Anreise bis Z wie Zeitungen

Extra: Ein Sprachführer mit wichtigen Redewendungen im Alltag und den häufigsten Begriffen auf der Speisekarte

Slowenien ist ein Paradies für Wanderfreunde. Am Vršič-Pass beginnen gleich mehrere anspruchsvolle Touren.

REISEINFOS VON A BIS Z

Anreise

Flugzeug

Der internationale Flughafen Ljubljana/Brnik wird von der Gesellschaft Adria Airways von Frankfurt, München, Wien und Zürich aus angeflogen. Den Flugplan kann man unter www.adria.si abrufen. Ab Berlin bietet Easyjet preiswerte Charterflüge nach Ljubljana an (www.easyjet.com).

Zug

Von Deutschland aus verkehren alle Züge über München nach Ljubljana, von Österreich gibt es zusätzlich Verbindungen von Graz nach Maribor, von der Schweiz reist man über Mailand und Triest nach Slowenien ein.

Auto

Wer die serpentinenreichen Alpenpässe zwischen Österreich und Slowenien (Wurzenpass, Loiblpass) vermeiden möchte, wählt am besten den bequemen Übergang durch den Karawankentunnel (Strecke Villach–Jesenice) und fährt dann auf Landstraße und Autobahn weiter bis Ljubljana. In den Osten Sloweniens kommt man am besten von Graz über den Grenzposten Spielfeld, den Westen (Istrien) kann man auch über Italien (Udine, Triest) ansteuern. Die Autobahnen in Österreich sind mautpflichtig (›Pickerl‹), und auch in Italien werden Gebühren erhoben. Für den Karawankentunnel wird ebenfalls Maut kassiert.

Apotheken

Apotheken, kenntlich am Schild ›lekarna‹, gibt es in allen größeren Orten; die Auswahl an Medikamenten ist ausgezeichnet. Wenn Sie allerdings spezielle Mittel benötigen (z. B. bei chronischen Krankheiten) ist es sinnvoll, diese von zu Hause mitzunehmen.

Ärztliche Versorgung

Die ärztliche Versorgung ist überall im Land sehr gut; es gibt staatliche Ambulanzen und privat niedergelassene Ärzte. Zwischen Slowenien einerseits und Deutschland und Österreich andererseits gibt es eine Vereinbarung über kostenlose medizinische Notfallhilfe; die dafür nötige Europäische Krankenversicherungskarte stellen die Krankenkassen des jeweiligen Landes aus. Schweizer Bürger müssen die ärztliche Leistung bezahlen und bekommen die Kosten von ihrer Kasse erstattet.

Autofahren

Das Straßennetz ist in durchweg sehr gutem Zustand, Tankstellen mit bleifreiem Benzin findet man überall, viele sind Tag und Nacht geöffnet. Zwischen Maribor, Ljubljana, Postojna und Koper und von Ljubljana in Richtung Jesenice wird eine Autobahn gebaut, die zum großen Teil bereits fertiggestellt ist. Autobahnen sind gebührenpflichtig, die Maut ist gering.

In Slowenien muss man auch tagsüber immer mit Abblendlicht fahren! Wer sich daran nicht hält, wird mit hohen Gebühren (bis zu 50 €) zur Kasse gebeten! Beim Überholen muss unbedingt und während des gesamten Vorgangs geblinkt werden, beim Rückwärtsfahren ist die Warnblinkanlage einzuschalten. Schul- und Kinderbusse dürfen nicht überholt werden, wenn sie zum Aus- und Einsteigen anhalten. Die Alkoholgrenze liegt bei 0,5 Promille. Folgende Geschwindigkeitsbeschränkungen sind zu beachten: in Ortschaften 50 km/h, auf Landstraßen 90 km/h, auf Schnellstraßen 100 km/h, auf Autobahnen 130 km/h.

Bei Pannen oder Unfällen hilft die Slowenische Automobilvereinigung AMZS weiter, die mit dem deutschen ADAC ein Kooperationsabkommen abgeschlossen hat. Alle Tankstellen akzeptieren Kreditkarten, einige allerdings nur American Express.

Behinderte auf Reisen

Die meisten Hotels und viele Restaurants haben behindertengerechte Einrichtungen. Im jährlich aktualisierten Hotelverzeichnis des Fremdenverkehrsamtes sind Unterkünfte mit Behinderten-Zimmer ausgewiesen.

Diplomatische Vertretungen

In Deutschland
Botschaft der Republik Slowenien
Hausvogteiplatz 3–4
D-10117 Berlin
Tel. 030/20 61 45-0,
Fax 030/20 61 45-70
E-Mail: VBO@mzz-dkp.gov.si

In Österreich
Botschaft der Republik Slowenien
Nibelungengasse 13
A-1010 Wien
Tel. 01/58 61 309, Fax 01/58 61 265
E-Mail: VDU@mzz-dkp.gov.si

In der Schweiz
Botschaft der Republik Slowenien
Schwanengasse 9/II
CH-3011 Bern
Tel. 031/31 09 000, Fax 031/31 24 414
E-Mail: VBE@mzz-dkp.gov.si

In Slowenien
Botschaft der Republik Deutschland
Prešernova 27
1000 Ljubljana
Tel. 01/4 79 03 00, Fax 01/4 25 08 99

Botschaft der Republik Österreich
Prešernova 23
1000 Ljubljana
Tel. 01/7 49 07 00, Fax 01/2 52 17 17

Botschaft der Schweiz
Trg Republike 3/VI
1000 Ljubljana
Tel. 01/2 00 86 40, Fax 01/2 00 86 69

Einreisebestimmungen und Zoll

EU- und Schweizer Bürger brauchen für die Einreise einen gültigen Personalausweis; wenn sie länger als 30 Tage im Lande bleiben wollen, einen Reisepass (bis zu 3 Monaten). Für Hunde und Katzen benötigt man den Nachweis einer Tollwutimpfung (höchstens 6 Monate, mindestens 30 Tage alt), die vom Arzt ausgestellte Bescheinigung darf höchstens 10 Tage alt sein.

Die Einfuhr von Gegenständen für den persönlichen Bedarf ist zollfrei. Außerdem können 800 Zigaretten, 10 l Alkohol über 22 Vol.-% oder 90 l Wein zollfrei eingeführt werden.

Wer mit dem eigenen Fahrzeug einreist, sollte eine Internationale Grüne Versicherungskarte vorlegen. Ausgenommen von dieser Regelung sind Reisende aus Deutschland und Österreich – allerdings hat sich dies nicht bis zu allen Grenzbeamten durchgesprochen. Nehmen Sie also sicherheitshalber Ihre Versicherungskarte mit! Empfehlenswert ist außerdem der Abschluss einer Vollkaskoversicherung für die Dauer der Reise.

Elektrizität

Die Stromspannung beträgt 220 V, besondere Adapter für die Stecker sind nicht nötig.

Feste und Feiertage

1./2. Januar (Neujahr),
8. Februar (Prešeren-Tag),
27. April (Tag des Aufstands gegen die faschistische Besatzung),
1./2. Mai (Maifeiertag),
25. Juni (Slowenientag),
15. August (Mariä Himmelfahrt),
31. Oktober (Reformationstag),
1. November (Allerheiligen),
25. Dezember (Weihnachten),
26. Dezember (Unabhängigkeitstag) sowie die beweglichen kirchlichen Festtage Ostern und Pfingsten.

Fotografieren

An wunderbaren Motiven herrscht kein Mangel und die Slowenen sind überaus geduldig und herzlich. Trotzdem gebietet es die Höflichkeit zu fragen, bevor man Menschen fotografiert.

Frauen unterwegs

Frauen können unproblematisch reisen. Wie überall gilt auch in Slowenien, dass frau nachts einsame Gegenden besser meidet.

Geld

Die slowenische Währung ist bis zur für 2007 geplanten Euro-Einführung der Tolar (SIT), unterteilt in 100 Stotin. 100 Tolar entsprechen etwa 0,42 € oder 0,68 SF. Bargeld kann man in den Banken und Wechselstuben wechseln. Geldautomaten, an denen man mit Scheckkarte und Geheimnummer Geld abheben kann, gibt es in allen größeren Ortschaften; die Gebühr beträgt zwischen 3 und 4 €. Kreditkarten der gängigen Unternehmen erfreuen sich großer Beliebtheit. In so gut wie allen Hotels, in Souvenirgeschäften und Supermärkten kann man damit zahlen. Wer aber in Privatzimmern absteigt, sollte immer ausreichend Bargeld dabeihaben (im Notfall kann man die Zimmerrechnung auch beim Tourismusbüro begleichen, das die Unterkunft vermittelt hat; dort werden Kreditkarten meistens akzeptiert).

Gesundheitsvorsorge

Es sind keine besonderen Vorkehrungen zu beachten. Wer an der Felsküste badet, tut wegen der Seeigel gut daran, Badeschuhe zu tragen.

Informationsstellen

Ausführliches Informationsmaterial, auch zu einzelnen Regionen, sowie ein jährlich aktualisiertes Verzeichnis von Hotels und Campingplätzen gibt es bei den Fremdenverkehrsämtern:

Slowenisches Fremdenverkehrsbüro
Maximiliansplatz 12 a
80333 München
Tel. 089/29161202, Fax 29161273

Slowenisches Tourismusbüro
Opernring 1/R/4/447
1010 Wien
Tel. 01/7154010, Fax 7138177

Slowenisches Verkehrsbüro
Löwenstr. 54
8001 Zürich
Tel. 01/2126394, Fax 2125266

Informationen im Internet

www. slovenia-tourism.si
Webseite des Fremdenverkehrsamtes mit Verzeichnis von Hotels, Campingplätzen, Privatunterkünften; ausführlichen Hintergrundinformationen zu Sehenswürdigkeiten und Kultur, sowie umfangreichen Infos zum Freizeit- und Sportangebot.

www.matkurja.com/engl
Linksammlung aus allen erdenklichen Bereichen Sloweniens, darunter auch Hotels, Restaurants, Kultur etc.

www.auswaertiges-amt.de
Länderinformationen, Einreisebestimmungen, Sicherheitshinweise

Karten und Pläne

Es gibt mehrere aktuelle Straßenkarten von Slowenien, beispielsweise von Freitag & Bernd (Maßstab 1 : 250000, sehr zuverlässig). Der Verlag gibt in Kooperation mit dem slowenischen Landesvermessungsamt (Geodetski zavod) auch eine Serie von Detailkarten 1 : 50000 heraus, die bei Fahrten abseits der Hauptrouten große Dienste leisten. Man kann sie im Fachbuchhandel bestellen oder in Ljublijana bei Kod & Kam, Trg francoske revolucje 7, 1000 Ljubljana, Tel. 01/2002711, Fax 20027 34 erwerben. In der Reihe sind auch sehr gute Stadtpläne (Ljubljana, Maribor) und Wanderkarten erschienen.

Literaturtipps

Cankar, Ivan, Aus fremdem Leben, Drava Vlg., Klagenfurt 1997

Cankar, Ivan, Der Knecht Jernej, Drava, Klagenfurt 1997

Hemingway, Ernest, In einem andern Land, Rowohlt, Reinbek 1957

Kosovel, Srečko, Mein Gedicht ist der Karst, Wieser, Klagenfurt 1988

Kmecl, Matjaž, Slovenija iz zraka, Slowenien aus der Luft, Slovenia from the air, Mladinska knijna, Ljubljana 1993

Kugy, Julius, Aus dem Leben eines Bergsteigers, München 1925

Kugy, Julius, Aus vergangener Zeit, Graz 1943

Levstik, Fran, Martin Krpan, Drava, Klagenfurt 1983

Parin, Paul, Untrügliche Zeichen von Veränderung, Europäische Verlagsanstalt, Hamburg 1992

Prešeren, France, Gedichte – pesmi, Hermagoras, Klagenfurt 1998

Tavčar, Ivan, Die Chronik von Visoko, Königshausen & Neumann, Würzburg 1998

Anthologien:

Europa erlesen: ›Istrien‹, ›Karst‹, ›Ljubljana‹, Wieser, Klagenfurt, 1998, 1999

Olof, Klaus D., Okuka, Milo, (Hg.), ›Traumreisen und Grenzermessungen‹, Reisende aus fünf Jahrhunderten über Slowenien, Drava, Klagenfurt 1995

Länderkunde/Reiseführer

Rehder, Petra, Slowenien, Beck'sche Reihe Länder, München 1999. Fundierte und sehr unterhaltsam geschriebene Länderkunde.

Schetar, Daniela/Köthe, Friedrich, DuMont aktiv: Wandern in Slowenien, Köln 2003. Die schönsten Wanderungen in Slowenien.

Maßeinheiten/Temperaturen

In Slowenien gilt das metrische System. Bei Getränken (Wein) wird ein Dezi, 0,1 l, ausgeschenkt. Wurst und Käse werden nach Deka (10g) verkauft. 10 Deka sind 100 g.

Notrufnummern

Die Notrufnummern lauten:

Polizei	Tel. 113
Feuerwehr	Tel. 112
Rettungsdienst	Tel. 112
AMZS (Automobilclub)	Tel. 987

Öffnungszeiten

Die meisten Geschäfte haben durchgehend von 8 bis 19 Uhr, am Samstag bis 13 Uhr geöffnet, in kleineren Orten wird mittags zwischen 13 und 15 Uhr geschlossen. An Sonn- und Feiertagen haben nur private Geschäfte in touristischen Regionen und einige große Supermärkte geöffnet.

Post

Postämter haben wochentags von 8 bis 19 Uhr, samstags von 8 bis 12 Uhr geöffnet. Briefmarken bekommt man auch in den Tabak- bzw. Zeitschriftenläden (trafika) und vielen Souvenirshops. Das Porto für eine Ansichtskarte beträgt 83 SIT.

Radio und Fernsehen

Neben den drei staatlichen Kanälen Televizija Slovenija, Kanal A und TV3 gibt es mehrere Privatsender, der größte unter ihnen ist Pop TV. Über 20 Regionalsender gehen für knapp 2 Mio. Slowenen täglich auf Sendung – eine stolze Vielfalt. Radio wie Fernsehen berücksichtigen die von der Verfassung verbrieften Rechte der Nationalen Minderheiten mit Sendungen in deutscher (im Grenzgebiet zu Österreich), ungarischer und italienischer (Primorska) Sprache. In Koper sitzt sogar ein italienischsprachiger Fernsehsender. Die meisten Hotels, Pensionen und Privathaushalte können per Satellitenschüssel auch ausländische Fernsehprogramme empfangen.

Deutschsprachige Nachrichten sendet das erste Radioprogramm täglich um 22.30 Uhr. Über Verkehrslage und Ferienwetter informieren beide slowenischen Programme im Juli und August jeweils nach den Nachrichten u.a. auch in deutscher Sprache.

Reisekasse und Preise

Slowenien ist ein preiswertes Reiseland, wenn man in Privatzimmern oder auf Campingplätzen übernachtet. Die Kosten für Essen und Trinken und zumeist auch die Eintrittspreise sind in den letzten Jahren drastisch gestiegen. Das gilt besonders für Fischgerichte: Sie sind unverhältnismäßig teuer.

Die Preise slowenischer Hotels liegen durchaus auf mitteleuropäischem Niveau, wobei Service und Ausstattung bei vielen noch nicht privatisierten Häusern nicht immer dem Preis entsprechen.

Sicherheit

Slowenien ist ein sicheres Reiseland; die üblichen Vorsichtsmaßnahmen (nichts im Auto liegen lassen, keine Wertsachen zur Schau stellen) gelten auch hier.

Souvenirs

Beliebte und sehr schöne Souvenirs sind Vasen aus Kristall aus Rogaška Slatina, Klöppelspitzen aus Idrija, Töpferwaren (s. Kranj und Koper) und Holz- bzw. Flechtarbeiten, die auf den Märkten und in Souvenirläden verkauft werden. Originelle Mitbringsel sind Weine und Schnäpse aus den großen Kellereien und Vinotheken. Naturheilmittel, Tees und selbstgekelterte bzw. -gebrannte Alkoholika gibt es auch in einigen Klöstern des Landes, so in Pleterje und Stična.

In Slowenien wird auch hervorragendes Öl hergestellt: Olivenöl kommt aus dem slowenischen Istrien, Kürbiskernöl aus Štajerska. Man kann es in Supermärkten kaufen oder auch direkt beim Erzeuger erwerben – die Bauern weisen mit Schildern (z. B. bučno olje, Kürbiskernöl) darauf hin. Naturreiner Honig (med) wird direkt von den Imkern angeboten, luftgetrockneter Schinken (pršut) und deftige Bauernwürste (klobase) gibt es in hervorragender Qualität in ländlichen Metzgereien.

Telefonieren

Telefonkarten kann man bei der Post oder in der trafika kaufen. Das Mobilfunknetz von D1 und D2 funktioniert auch in Slowenien. Ferngespräche sind zwischen 19 und 7 Uhr günstiger als tagsüber.

Die Vorwahl von Deutschland und der Schweiz nach Slowenien ist 0 03 86, von Österreich aus wählt man die 00 42. Von Slowenien aus gelten für Deutschland 00 49, für Österreich 00 43, für die Schweiz 00 41.

Trinkgeld

Das durchschnittliche Bruttoeinkommen liegt in Slowenien bei 220 000 SIT (1000 €), beträgt also deutlich weniger als das Durchschnittseinkommen in Deutschland – entsprechend sollten die Trinkgelder ausfallen: 100–200 SIT sind für den Gepäckträger im Hotel oder für den Taxifahrer ein durchaus angemessener Betrag. Je nach Höhe der Rechnung gibt man im Restaurant bis zu 10 %.

Umgangsformen

Hier gibt es keine Besonderheiten zu beachten.

Unterkunft

Hotels

Die meisten Hotels, die bis zur Unabhängigkeit in staatlichen Händen waren, werden nach und nach privatisiert. Das Preisniveau ist recht hoch, so dass es immer günstiger (und oft auch angenehmer) ist, in Privatunterkünften abzusteigen. Einige deutsche Veranstalter bieten Pauschalarrangements (z. B. an der Küste, in Bled, Bohinj, Kranjska Gora). Diese liegen preislich deutlich unter den Tarifen, die man als Individualreisender bezahlen muss (z. B. Neckermann).

Die Hotels sind mit Sternchen klassifiziert; die höchste Kategorie sind fünf Sterne. Eine Liste mit Preisangaben gibt das slowenische Fremdenverkehrsamt heraus; sie ist außerdem im Internet unter www.slovenia-tourism.si einzusehen.

Schlosshotels

In einigen Schlössern und ehemaligen Villen logieren heute Luxushotels, so in den ehemaligen Gästehäusern der jugoslawischen Regierung (Villa Bled) und in den Schlössern Otočec, Mokrice und Kendov dvorec. Ausstattung mit Originalmöbeln, hervorragender Service und Spitzenrestaurants fordern ihren Preis. Unter 30 000 SIT ist an diesen Orten kein Doppelzimmer zu bekommen. Dafür gibt es wirklich Luxusstandard, der sonst in Slowenien eher selten ist.

Campingplätze

Beim slowenischen Fremdenverkehrsamt ist auch ein Verzeichnis der Campingplätze erhältlich. Die meisten Plätze sind gut unterhalten, in den Ferienmonaten aber auch hoffnungslos überfüllt. Häufig kann man einfache Hütten oder Bungalows mieten. Besonders schön gelegene Plätze sind bei den jeweiligen Orten erwähnt.

Jugendherbergen

Mittlerweile gibt es in allen touristisch bedeutenden Orten Jugendherbergen oder Jugendhotels; Informationen findet man auf der Website des Slowenischen Fremdenverkehrsamtes oder beim internationalen Jugendherbergsverband, www.hihostels.com.

In den Ferienmonaten können Reisende aber auch in den Studentenheimen unterkommen (dijaški dom). Fragen Sie beim örtlichen Tourismusbüro nach, ob diese Möglichkeit besteht.

Privatzimmer

Schon in der sozialistischen Ära haben viele Slowenen ihre Haushaltskasse durch Zimmervermietung aufgebessert. Heute ist das Angebot an Privatunterkünften riesengroß und der Standard meist auch sehr hoch. Wer Zimmer vermietet, macht dies meist durch ein Schild sobe am Haus kenntlich. Die einfachste Möglichkeit, ein Privatzimmer oder Appartement zu finden, ist die Vermittlung durch das örtliche Tourismusbüro. Bevor man die Unterkunft anmietet, empfiehlt es sich, sie anzusehen; denn manchmal ist der Standard doch zu einfach oder die Lage ist nicht reizvoll. Die Preise beginnen bei 6000 SIT und können für schöne Appartements auf über 15 000 SIT klettern.

Ferien auf dem Bauernhof
Beim slowenischen Fremdenverkehrsamt ist eine gut kommentierte Liste aller Bauernhöfe erhältlich, die ihren Gästen ›ländliche Ferien‹ bieten. Im Internet findet man die Infos unter www.slovenia-tourism.si/touristfarms. Alte, urige Höfe sind kaum darunter, der slowenische Bauboom hat solche traditionellen (und unbequemen) Häuser weggefegt, und die modernen kmetije unterscheiden sich kaum von schmucken Einfamilienhäusern. Das Freizeitangebot umfasst Reiten, Tennis, Wandern, Kutschenfahrten, Koch- und Backkurse u. v. m. In Slowenien erteilt der Verband Združenje turističnih kmetij Slovenije, Trnoveljska 1, 3000 Celje, Tel./Fax 03/4 91 64 81, ZTKS @siol.net, Auskunft.

Verkehrsmittel

Bahn
Das Bahnnetz verbindet Ljubljana mit allen Teilen des Landes (Koper, Nova Gorica, Novo Mesto, Kamnik, Maribor). Die Fahrpreise sind sehr günstig (so z. B. Ljubljana – Bled um 800 SIT). Informationen zum Fahrplan bekommen Sie beim Tourismusbüro.

Bus
Schnell und zuverlässig verbinden die Busse der slowenischen Unternehmen auch kleinere Orte miteinander. An den Wochenenden sind die Verbindungen allerdings seltener. Eine Busfahrt von Ljubljana nach Koper kostet z. B. ca. 2500 SIT. Busfahrpläne für die jeweilige Region halten die örtlichen Tourismusämter und die Kompas-Reisebüros bereit.

Busbahnhöfe heißen avtobusna postaja, Bahnhöfe kolodvor oder železniška postaja.

Mietfahrzeug
In größeren Orten gibt es Niederlassungen aller internationalen Mietwagenfirmen sowie einheimischer Anbieter. Die Kosten für einen Mietwagen der unteren Kategorie liegen bei 50 €/Tag.

Taxi
Taxis fahren mit Taxameter; der grundpreis beträgt 150 SIT, für jeden gefahrenen Kilometer kommen 450 SIT dazu.

Zeit

In Slowenien gilt die MEZ; im Sommer wird auf Sommerzeit umgestellt.

Zeitungen und Zeitschriften

In Slowenien erscheinen mehrere Tageszeitungen, darunter die beiden meistgelesenen ›Delo‹ (aus Ljubljana) und ›Večer‹ (Maribor). ›Delo‹ ist das einzige Blatt mit einer Wochenendbeilage zu kulturellen und politischen Themen auch für anspruchsvolle Leser. Unter den Zeitschriften erfreut sich die wöchentlich erscheinende ›Mag‹ großer Beliebtheit. Sie liefert eine flotte Mischung aus Politik, Tratsch, Sensationsberichten und Sex und beschäftigt sich gerne mit der Aufdeckung ominöser Verschwörungen oder Korruptionsaffären. In englischer Sprache erscheint das regierungsnahe Wochenmagazin ›Slovenia weekly‹ mit interessanten Artikeln zu Politik und Wirtschaft des Landes.

SPRACHFÜHRER

Begrüßung und Abschied

guten Morgen	dobro jutro
guten Tag	dober dan
guten Abend	dober večer
hallo!	živjo!
Wie geht es Ihnen?	Kako se imate?
Gut	dobro
Schlecht	slabo
Auf Wiedersehen!	Na svidenje!
Tschüss	Adio
Bis später	Se vidimo

Allgemeines

Ja	da, ja
Nein	ne
Frau	gospa
Herr	gospod
Danke	hvala
Vielen Dank	hvala lepa
Bitte	prosim
Ich verstehe Sie nicht	Jaz vas ne razumem
Sprechen Sie Deutsch (Englisch)?	Govorite nemško (angleško)?
Ich möchte	Jaz bi rada (weiblich) radi (männlich)
Ich suche	Jaz iskam
Verzeihung	Oprostite
Heute	danes
Morgen	jutri
Wann	kdaj
Wer	kdo
Was	kaj
Wo	kje
Wo ist ...?	Kje je ..?
Wohin ..?	Kam ..?
Wieviel ..?	Koliko
Was kostet ...?	Koliko stane ..?
Wie spät ist es?	Koliko je ura?
Haben Sie ..?	Ali imate ..?
Gibt es hier..?	Ali je tukaj ..?
Mehr	več
Weniger	majn
Geöffnet	odprto
Geschlossen	zaprto
Eingang	vhod
Einfahrt	uvoz
Ausgang	izhod
Ausfahrt	izvoz
drücken/ziehen	pritisniti / potegniti
(Nicht-)Raucher	(ne-)kadilec
Toilette	toaleta
Damen	ženske
Herren	moški

Unterkunft

Hotel	hotel
Pension	penzion
Zimmer	soba
Mit Bad	z kopalnico
Bett	postelja
Doppelbett	dvojna postelja
Frühstück	zajtrk
Für eine Nacht	za eno noč
Für zwei Wochen	za dva tedna

Im Restaurant

Ich möchte gern	Jaz bi rada imela (weibl.), rad imel (männl.)
Wir möchten gern	Mi bi radi imeli
die Speisekarte	jedilni list
zu essen	nekaj za jesti
zu trinken	nekaj za piti
die Rechnung bitte	račun prosim

Unterwegs

Auskunft, Information	informacija
Rechts	desno
Links	levo
Geradeaus	naravnost
Bus	avtobus
Haltestelle	postajališče
Zug	vlak
Bahnhof	kolodvor
Fahrschein	vozovnica
Hin und zurück	tja in nazaj
Fahrplan	vozni red
Flugzeug	letalo
Flughafen	letališče
Ankunft	prihod
Abflug	odlet
Auto	avto
Parkplatz	parkirišče
Parkverbot	parkiranje prepovedano
Umleitung	obvoz
Geschwindigkeit	hitrost

Krankheit

Apotheke	lekarna
Arzt	zdravnik
Zahnarzt	zobozdravnik
Krankenhaus	bolnica

Ortsbezeichnungen

Stadt	mesto
Straße	cesta
Platz	trg
Markt	tržnica
Zentrum	centar
Touristen-information	turistična informacija
Treppe	stopnišče
Park	park
Garten	vrt
Rathaus	mestna hiša
Museum	muzej
Palast	palača
Burg/ Schloss	grad
Brücke	most
Turm	stolp
Leuchtturm	svetilnik
Meer	morje
Strand	plaža
Bucht	zaliv

Wochentage, zeitl. Bestimmungen

Ein Tag	en dan
Woche	teden
Ein Monat	en mesec
Jahr	leto
Montag	ponedeljek
Dienstag	torek
Mittwoch	sreda
Donnerstag	četrtek
Freitag	petek
Sonnabend	sobota
Sonntag	nedelja
Feiertag	praznik

Zahlen

0	nula
1	ena
2	dva
3	tri
4	štiri
5	pet
6	šest
7	sedem
8	osem
9	devet
10	deset
11	enajst
12	dvanajst
13	trinajst
14	štirinajst
15	petnajst
16	šestnajst

17	sedemnajst
18	osemnajst
19	devetnajst
20	dvajset
21	enaindvajset
22	dvaindvajset
30	trideset
40	štirideset
50	petdeset
60	šestdeset
70	sedemdeset
80	osemdeset
90	devetdeset
100	sto
101	stoinena
200	dvesto
1000	tisoč
10000	deset tisoč

Kulinarisches Lexikon

Predjedi	**Vorspeisen**
juha	Suppe
dnevna juha	Tagessuppe
goveja juha	Rindssuppe
krompirjeva juha	Kartoffelsuppe
fižolova juha	Bohnensuppe
gobova juha	Pilzsuppe
pršut	Schinken
omlet s sirom	Käseomlett
rižota	Risotto
špageti	Spaghetti
žlikrofi	Ravioli

Glavne jedi Meso	**Hauptgerichte Fleisch**
govedina	Rindfleisch
telečina	Kalbfleisch
svinjina	Schweinefleisch
piščanec	Hühnchen
puran	Puter
divjačina	Wild
koline	Schlachtplatte
golaž	Gulasch
zrezek	Schnitzel
dunajski zrezek	Wiener Schnitzel
zvitki	Rouladen
pečenka	Braten

Riba	**Fisch**
postrv	Forelle
brancin	Goldbrasse
kalamari	Kalamari
morski list	Seezunge
školjke	Muscheln

Priloge	**Beilagen**
žganci	Polenta
kruhovi cmoki	Semmelknödel
grah	Erbsen
fižol	Bohnen
stročji fižol	grüne Bohnen
bučka	Kürbis
špinača	Spinat
korenje	Karotten
testenine	Nudeln
krompir	Kartoffeln
ocvrti krompir	Röstkartoffeln
pomfri	Pommes frites
pire	Pürree
riž	Reis

Solate	**Salat**
mešana solata	gemischter Salat
zelena solata	grüner Salat
fižolova solata	Bohnensalat
paradižnikova solata	Tomatensalat
kumarična solata	Gurkensalat
rdeča pesa	Rote Beete

Sladice	**Nachtisch**
jabolčni zavitek	Apfelstrudel

krofi	Krapfen
palčinke	Pfannkuchen
sadna kupa	Obstsalat
sladoled	Eis
sir	Käse
Pijače	**Getränke**
mineralna voda	Mineralwasser
sok	Saft
jabolčni sok	Apfelsaft
kava	Kaffee
čaj	Tee
pivo	Bier
vino	Wein
črno vino	Rotwein
belo vino	Weißwein
domače vino	Hauswein
šnops, žganje	Schnaps

REGISTER

SLOWENIEN-ATLAS

LEGENDE

1 : 550.000

0 — 15 km

- Autobahn mit Anschlussstelle
- Schnellstraße mit Anschlussstelle
- E 70 Fernstraße mit Europastraßennummer
- Hauptstraße
- Nebenstraße
- Fahrweg
- Straße in Bau/Straße in Planung
- Eisenbahn
- Fähre
- Staatsgrenze
- Regionalgrenze
- A 2 209 Straßennr. Kroatien, Slowenien, Ungarn
- A 23 13 A 2 92 Straßennr. Italien; Österreich

- Nationalpark, Naturpark
- Grenzübergang
- Internationaler Flughafen; Flugplatz
- Schloss, Burg; Schloss-, Burgruine
- Kirche; Kloster
- Leuchtturm; Denkmal, Monument
- Sehenswürdigkeit; Höhle
- Berggipfel; Höhenpunkt; Pass
- Badestrand
- Schwimmbad; Thermalbad
- Ankerplatz, Hafen
- Aussichtspunkt
- Campingplatz; Wasserfall

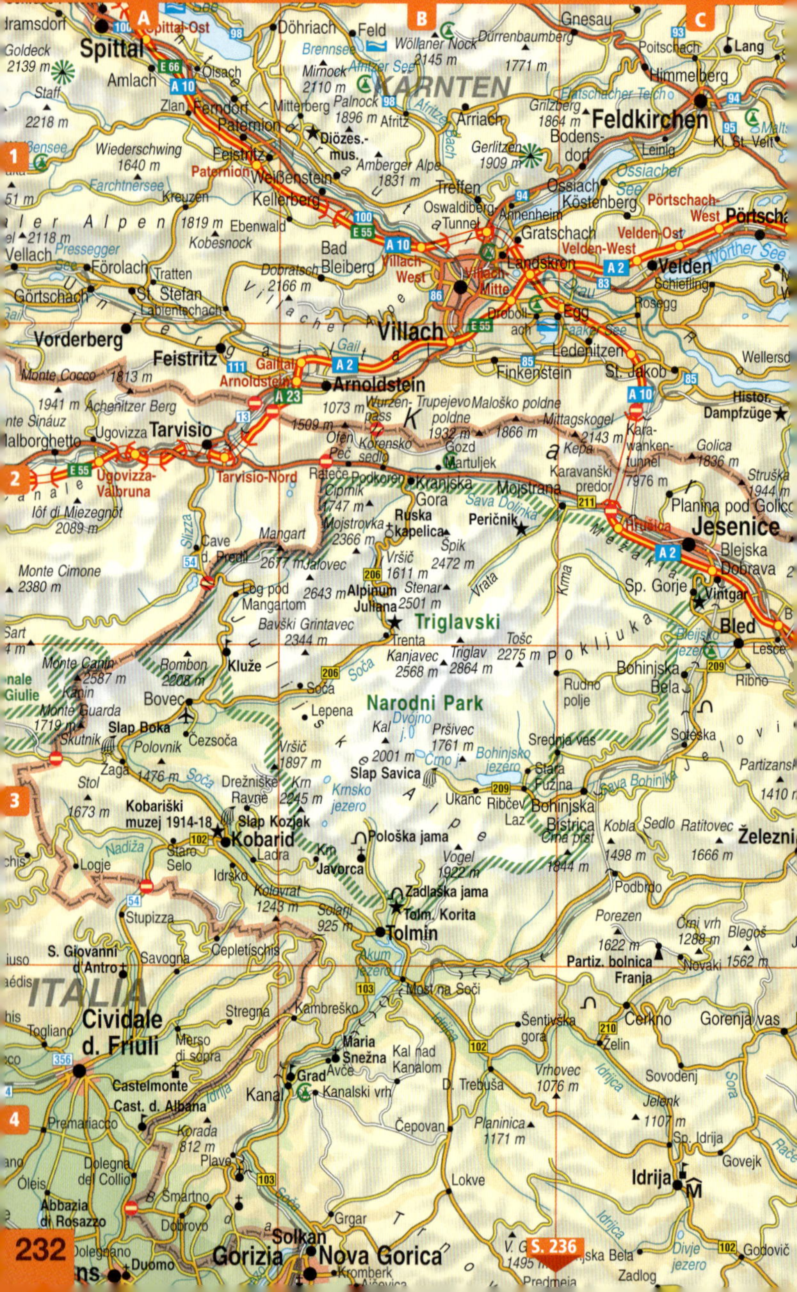
A
B
C
1
2
3
4
Spittal
Spittal-Ost
Goldeck
2139 m
Amlach
Olsach
Staff
2218 m
Zlan
Ferndorf
Paternion
Feistritz
Weißenstein
Kellerberg
Wiederschwing
1640 m
Farchtnersee
Kreuzen
Döhriach
Feld
Brennsee
Afritzer See
Mirnock
2110 m
Mitterberg
Palnock
1896 m
Afritz
Diözes.-mus.
Amberger Alpe
1831 m
Wöllaner Nock
2145 m
Dürrenbaumberg
1771 m
KÄRNTEN
Arriach
Gerlitzen
1909 m
Gnesau
Poitschach
Lang
Himmelberg
Grilzberg
1864 m
Feldkirchen
Bodensdorf
Leinig
Kl. St. Veit
Ossiach
Ossiacher See
Köstenberg
Pörtschach-West
Pörtschach
Velden-Ost
Velden-West
Velden
Wörther See
Schiefling
Rosegg
Treffen
Oswaldiberg-Tunnel
Annenheim
Gratschach
Landskron
Egg
Drobollach
Faaker See
Villach
Villach-West
Villach-Mitte
Bad Bleiberg
Dobratsch
2166 m
Villacher Alpe
1819 m
Ebenwald
Kobesnock
Pressegger See
Vellach
Förolach
Tratten
Görtschach
St. Stefan
Labientschach
Vorderberg
Feistritz
Gailtal
Arnoldstein
Monte Cocco
1813 m
1941 m
Achenitzer Berg
Tarvisio
Tarvisio-Nord
Ugovizza
Ugovizza-Valbruna
Malborghetto
Iôf di Miezegnöt
2089 m
Ledenitzen
Finkenstein
St. Jakob
Wellersdorf
Histor. Dampfzüge
Wurzen-pass
Trupejevo poldne
1932 m
Maloško poldne
1866 m
Mittagskogel
2143 m
Kepa
Karawankentunnel
7976 m
Golica
1836 m
Struška
1944 m
Ofen
Peč
1509 m
1073 m
Korensko sedlo
Gozd Martuljek
Rateče
Podkoren
Kranjska Gora
Mojstrana
Karavanški predor
Planina pod Golico
Jesenice
Hrušica
Blejska Dobrava
Sp. Gorje
Vintgar
Bled
Lesce
Bohinjska Bela
Ribno
Ciprnik
1747 m
Mojstrovka
2366 m
Ruska kapelica
Peričnik
Sava Dolinka
Špik
2472 m
Vrata
Mangart
2677 m
Cave d. Predil
Jalovec
2643 m
Log pod Mangartom
Vršič
1611 m
Alpinum Juliana
Stenar
2501 m
Triglavski
Narodni Park
Bavški Grintavec
2344 m
Trenta
Kanjavec
2568 m
Triglav
2864 m
Tošc
2275 m
Pokljuka
Rudno polje
Monte Cimone
2380 m
Monte Canin
2587 m
Kanin
Rombon
2208 m
Kluže
Soča
Bovec
Lepena
Monte Guarda
1719 m
Skutnik
Slap Boka
Polovnik
Čezsoča
Zaga
Stol
1673 m
1476 m
Vršič
1897 m
Drežniške Ravne
Krn
2245 m
Krnsko jezero
Kal
2001 m
Dvojno j.
Pršivec
1761 m
Črno j.
Bohinjsko jezero
Slap Savica
Ukanc
Ribčev Laz
Stara Fužina
Srednja vas
Bohinjska Bistrica
Soteska
Jelovica
Partizanski
1410 m
Kobla
1498 m
Sedlo
Ratitovec
1666 m
Železniki
Črna prst
1844 m
Podbrdo
Kobariški muzej 1914-18
Slap Kozjak
Kobarid
Ladra
Idrsko
Staro Selo
Logje
Nadiža
Pološka jama
Javorca
Vogel
1922 m
Zadlaška jama
Tolm. Korita
Tolmin
Kolovrat
1243 m
Solarji
925 m
Stupizza
S. Giovanni d'Antro
Savogna
Cepletischis
ITALIA
Cividale d. Friuli
Tognano
Merso di sopra
Stregna
Kambreško
Most na Soči
Akum. jezero
Porezen
1622 m
Črni vrh
1288 m
Blegoš
1562 m
Novaki
Partiz. bolnica Franja
Cerkno
Gorenja vas
Šentviška gora
Želin
Sovodenj
Vrhovec
1076 m
D. Trebuša
Idrijca
Maria Snežna
Avče
Kal nad Kanalom
Grad
Kanal
Kanalski vrh
Castelmonte
Cast. d. Albana
Premariacco
Korada
812 m
Čepovan
Planinica
1171 m
Jelenk
1107 m
Sp. Idrija
Govejk
Idrija
Plave
Dolegna del Collio
Lokve
Abbazia di Rosazzo
Šmartno
Dobrovo
Grgar
Solkan
Gorizia
Nova Gorica
Kromberk
Duomo
Dolegnano
Trnovo
S. 236
Predmeja
Zadlog
Godovič
Divje jezero
A 10
A 2
A 23
E 55
E 66

S. 236

D
E
F
1
2
3
4
St. Georgen
St. Veit
St. Johann
Hochosterwitz
Burg Hochosterwitz
Brückl
St. Ulrich
Diex
Greutschach
St. Andrä
Jakling
Messensach
Langegg
St. Jakob
Maria Rojach
Kleinalpl 1759 m
Hörzendorf
Magdalensberg
Tropfsteinhöhle
Griffen
St. Paul
St. Michael
Haimburg
St. Martin
Rabenstein
Ettendorf
Freudenburg
Pischeldorf
Weißenegg
Ruden
Maria Saal
St. Margarethen
Völkermarkt-Ost
Völkermarkt
Oberdorf
Lavamünd
Klagenfurt-Flughafen
Poggersdorf
Kimberngupf
Grafenstein
Drau
1065 m
Libeliče
Vič
Einersdorf
Strojna
Dravograd
KLAGENFURT
Klopeiner See
ÖSTERREICH
Bleiburg
Ravne na Koroškem
Ebenthal
Lambichl
Gallizien
Poljana
Prevalje
Leše
Maria Rain
Feistritz
Unterferlach
St. Margareten
Sittersdorf
Zitaravas
Kordeschkopf 2126 m
Kordeževa gora
Jesenik
Mežica
Ferlach
Freibach-stausee
Hochobir 2142 m
Obir-höhlen
Maria Dorn
Eisenkappel
1199 m
Črna na Koroškem
Uršlja gora 1696 m
Unterloibl
Freiberg 1922 m
Freibach
Olševa 1929 m
Meža
Tscheppa-schlucht
Kladivo 2094 m
Košutnikov turn 2138 m
Trögerner Klamm
Seebergsattel 1218 m
Maria Snežna
Raduha 2062 m
Komen 1695 m
Smrekovec 1577 m
Sleme
Bele Vode
Loiblpass 1369 m
Medvodje
Stegovnik 1691 m
Zg.-Jezersko
Logarska Dolina
Solčava
Robanov Kot
Igla
Savinja
Boškovec 1590 m
Mozirje
Podljubelj
Skuta 2533 m
Grintavec 2558 m
Slap Rinka
Ojstrica 2350 m
Luče ob Savinji
Ljubno ob Savinji
Tržič
Čadovlje
Storžič 2132 m
Kamniško-Savinjske Alpe
Kokra
Kamniška Bistrica
Rogatec 1557 m
Gornji Grad
Nazarje
Golnik
2394 m
Bočna ob Dreti
Krvavec 1853 m
Sv. Anton
Sp. Duplje
Tenetiše
746 m
Sv. Primož
Tolsti vrh 1077 m
Žovnesko jezero
Schloss Brdo
Kokrica
Luže
Stahovica
Nova Stifta
Kranj-Zap.
Britof
Cerklje
Mekinje
Kranj
Kranjvzhod
Kozjak 658 m
Ločica pri Vranskem
Šenčur
Brnik
Kamnik
Nevljica
Zg. Bitnje
Aerodrom/Brnik
Šmarca
Arboretum
Zlate polje
(06/2005)
Trojane
Crngrob
Praše
Moste
Radomlje
Učak 594 m
Lubnik 1024 m
Vodice
Preserje
Blagovica
Podlipovica
Trbovlje
Mengeš
Lukovica
Kisovec
Škofja Loka
Jeprca
Domžale
Moravče
Roviškovec
Medvode
Trzin
Sv. Gora
830 m
Šentlambert
Sora
Preska pri Medvodah
Šmartno
Kresnice
Hotič
Tošč 1021 m
Orljek 895 m
LJUBLJANA
Litija
Janče
Cerkev
Polhov Gradec
Zalog
Dobrova
Sostro
Velika Kostrevnica
Šmartno pri L.
Gradaščica
Ljubljana-Center
Brezovica
Horjul
Sv. Urh
Veliko Trebeljevo
Obolno 776 m
Vintarjevec
Bogenšperk
Dragomer
Molnik 582 m
Moravče
Vrhnika
Vrhnika
Vranje Gorice
Ljubljanica
Kucelj 748 m
Škofljica
Iška
Polica
Višnja Gora
Stična
Podpeč
Grosuplje
Radohova vas
Ivančna gorica
Grad
Bistra
Velika Mlačevo
Bič
S. 234
S. 237
S. 238

A
B
C
1
2
3
4
Stainz
Effendorf
Rosenkogel
1362 m
Hohenfeld
Höllberg
429 m
Preding
Wildon
Schloss Weißenegg
St. Georgen
Seibuttendorf
St. Oswald
Gams
Rassach
Mettersdorf
Wohlsdorf
Tanzelsdorf
Jöß
Tillmitsch
Sajach
Leibnitz
St. Nikolai
Deutsch-
landsberg
Frauental
Groß Sankt Florian
Kaindorf
Glashütten
STEIERMARK
Sausal-
gebirge
Gabersdorf
Schloss
Hohenegg
Schwarze Sulm
Wolscheneck
1699 m
Leibnitz
Wagna
Vogau
Vogau/ Straß
Schwanberg
Moos
St. Martin
Gleinstätten
St. Peter
Kleinalpl
1759 m
St. Katharina
Wies
Pölfing-Brunn
Kreuzberg
Gamlitz
Ehrenhausen
Gersdorf
Weiße Sulm
Gündorf
633 m
Lubeberg
570 m
Spielfeld
St. Oswald
St. Johann
Kitzelsdorf
Schloss Schön-
born-Arnfels
Šentilj
Selnica
ob Muri
St. Vinzenz
Eibiswald
Arnfels
Leutschach
Kresnica
Pößnitzbach
Ettendorf
St. Lorenzen
Radlberg
999 m
Remschnigg
754 m
Schloßberg
Jurski Vrh
Radlpass
Radelj
679 m
Remšnik
Remšnik
Sp. Kapla
Duh na
O. V.
Lavamünd
Pernice
Bistrica
Gortina
Muta
Radlje ob Drava
Brezno
Sv. Urban
924 m
Pesnica
Pesnica
Vič
Trbonje
Vuhred
Vuzenica
Hlebov vrh
913 m
Viltuš
Brestrnica
Maribor
Dravograd
Drava
Sv. Anton
Puščava
Bistrica
Laznica
Limbuš
MAR
Meža
Pameče
Ribnica na P.
Lovrenc na P.
Ruše
Betnava
Lobnica
Tezno
Kremžarjev vrh
1161 m
Josipdol
Kloppi vrh
1335 m
Slovenj
Gradec
Planinka
1392 m
Plešič
Žigartov vrh
1345 m
Pivola
Šmartno
pri Sl. Gr.
1407 m
Šumnik
Lobnica
Slivnica
Uršlja gora
1696 m
Raduše
Crni vrh
1530 m
Lovrenška
jezera
Rogla
Črno
jezero
Hotinja vas
Podgorje
Volovica
1458 m
1512 m
Veliki vrh
1347 m
Rače
Rače
Oplotnica
Šmartno
nad Pohorju
Devina
Sleme
Mislinja
G. Dolič
Pohorje
Basališče
1273 m
Dravinja
Oplotnica
Slovenske
Bistrica
Slov. Bistrica
Gaj
Ravne
Vitanje
Topolšica
Velenjsko
jezero
Zreče
Sestrže
Šoštanj
Velenje
Stenica
1092 m
Slovenske
Konjice
Slov. Konjice
Žabljek
Pečke
Mozirje
Dobrna
Kloster Žiče
Žiče
Štatenberg
Poljčane
Črnova
Loče pri
Poljčanah
Dravinjska dolina
Velika
Pirešica
Strmec
pri Vojniku
Dravinja
Boč
980 m
Šmartinsko
jezero
Vojnik
Arja vas
Ljubečna
Dramlje
Dramlje
Polzela
Gotovlje
Celje
Ponikva
Rogaška
Slatina
Rogatec
Žovnesko
jezero
Šempeter
Žalec
Trnovlje
Store
Šentjur
pri Celju
Šmarje
pri Jelšah
Prebold
Celje
Stari
grad
Ložica pri
Vranskem
Migojnice
Košnica
pri Celju
Svetina
Vogleina
Resevna
650 m
Slivniško
jezero
Pristava
pri Mestinja
Sotelsko
jezero
Javor
1133 m
Mrzlica
1122 m
Rečica
Savinja
Olimia
Olimje
Veliki tabor
Laško
Breze
Sopote
Podčetrtek
Desinić
Trbovlje
Hrastnik
Imeno
Zagorje
ob Savi
Dol
pri Hr.
Rimske
Toplice
Šentvid
pri
Lesično
Buče
Miljana
Spominski
park
Sava
Kopitnik
910 m
V. Kozje
Kum
V. Javornik
Horvatski p.
Bistrica
S. 233
S. 238
A 9
A 1
E 57
E 59
Mur
Sulm

D
E
F
1
2
3
4
Maierdorf
Bad Gleichenberg
Kapfenstein
Neuhaus
Tauka
Dreiländerecke
387 m
Felsőszölnök
Dolenci
Oriszentpéter
Felsőjánosfa
Zalalövő
Nagyrákos
Nagyfernek
Waltra
Kuzma
Spicberg
Hodoš
Šalovci
Kotormány
Stradnerkogel
609 m
Adrijanci
Bajánsenye
Stanjevci
G. Petrovci
Vel. Krka
Kercaszomor
Kerkáskápolna
Karbach
Kozmadombja
Pichla
Križevci
Kis Kerka
Magyarszombatfa
Karkafalva
Kálócfa
Moščanci
Prosenjakovci
Hürth
Kloch
Ledavsko jezero
Fokovci
Selo
Szentgyörgyi völgyi TVK
Deutsch-Goritz
Pölten
Vaneča
Sv. Nikolaj
Szentgyörgyvölgy
Márokföld
Csesztreg
Bad Radkersburg
Mura
Puconci
Kobilje
Zalabaksa
Brezovci
Moravske Toplice
UNGARN
Apače
Martjanci
Bogojina
Bukovniško jezero
Apaško polje
Černelavci
Murska Sobota
Filovci
Resznek
Bárhely
Gornja Radgona
Sicheldorf
Ledava
Dubrovnik
Zalaszombatfa
Mumor
Tišina
Renkovci
Dobronak
Gáborjánháza
Külsősárd
Lenti
Kunejev grad
Krog
Lipovci
Turnišče
Rédics
Radenci
Bakovci
Beltinci
(2008)
Dolga vas
Lendvakecskés
Sv. Trije Kralji
Negova
Kapelski vrh
Dokležovje
Mühle
Odranci
Hosszúfalu
Gomila
322 m
Sp. Ivanjci
Banovci
Veržej
Velika Polana
Lendava
Lenart v. Sl. gor.
Osek
Križevci pri Lj.
Melinci
Črenšovci
Cerkvenjak
Slaptinci
Sr. Bistrica
Hotiza
Zgornja Senarska
Blaguško jezero
Stara gora
Lukavci
Sv. Martin na Muri
Tornyiszentmiklós
Ljutomer
Selnica
Mursko Središće
Trnovska vas
Pesnica
Zagorci
Radomerje
Strigova
Prekopa
Strukovec
Vratišinec
Podturen
Juršinci
Jeruzalem
Železna Gora
Janežovci
Gabrnik
Savci
Miklavž pri Orm.
Sivica
Novo Selo Rok
Pacinje
Mestni vrh
Sodinci
Središće ob Dravi
Preseka
Belica
Dornava
Ormož
Čakovec
Spuhlja
Moškanjci
Macinec
Pribislavec
Ptuj
Cvetkovci
Nedelišće
Mala Subotica
Kanal HE Formin
Ptujsko jezero
Muretinci
Ormoško jezero
Strahoninec
Apače
Stojnci
Zavrč
Cestica
Svibovec
Totovec
Orehovica
Borl
Opeka
Gor. Vratno
Sela
Cirkulane
Arboretum
Majerje
Sračinec
Brigadirsko jezero
Gornja Voća
Gornje Ladanje
Grad
Ludbreg
Varaždin
Drava
Kozminci
Zlogonje
Vidovec
Trnovec
Višnjica
Jurketinec
Nedeljanec
Donji Kućan
Cvetlin
Drašković
Kelemen
Trakošćansko jezero
Klenovink
Beretinec
Trakošćan
Žarovnica
Varaždinsko-topličko gorje
Žetale
Gornji Macelj
KROATIEN
Straźnjevci
Beletinec
Šaša
Bednja
Ivanec
Varaždinske Toplice
Strahinšćica
847 m
Lepoglava
Ivanšćica
1061 m
Ham
678 m
Drenovec
Porutina
491 m
Krapina
Golubovec
Radoboj
Golatovec
Novi Marof
Grana
Možđenec
Kalnik
643 m
Pusti Lobor
Sv. Ana
Zajezda
Vrtari
248 m
Maria Snežna
Martinšćina
Breznički Hum
Valentinovo
Donja Šemnica
G. Konšćina
Krapina
Lepajci
Dropkovec
Šemničke toplice
Zlatar
Jarek
Krapinske Toplice
Mače
Donja Konšćina
Kula
275 m
Začretje
S. 239
Lovrečan
Zlatar
Gregurovec
Radakovišće
Bistrica
A 5
A 4
E 65
E 71
E 59

A
B
C
1
2
3
4
S. 232
Kanal
Kanalski vrh
Čepovan
Planinica 1171 m
Jelenk 1107 m
Sp. Idrija
Govejk
Idrija
Premariacco
Albana
Korada 812 m
Plave
Dolegna del Collio
Óleis
Abbazia di Rosazzo
Šmartno
Dobrovo
Lokve
Grgar
Idrijca
V. Golak 1495 m
Idrijska Bela
Zadlog
Divje jezero
Godovič
Cormons
Dolegnano
Duomo
Gorizia
Solkan
Nova Gorica
Kromberk
Ajševica
Kostanjevica
Šempas
Kucelj 1237 m
Predmeja
Črni vrh
Strmec 852 m
Javornik 1240 m
Ara Pacis
Medea
Mossa
Šempeter pri Gorici
Fratta
Gradisca d'Isonzo
Prvačina
Renče
Dornberk
Cesta
Ajdovščina
Budanje
Col
Podkraj
Romans d'Isonzo
Vipava
Vipavski križ
Branik
Grad Zemono
Trnovski gozd
Nanos
Cavenzano
Sagrado
Kostanjevica na Krasu
Trstelj 643 m
Gradišče
Predjamski grad
Lago di Doberdò
Redipuglia
Ruda
Turriaco
Sela na Krasu
Kras
Komen
Štanjel
Manče
Podnanos
Pleša 1262 m
Tamiano
Staranzano
Monfalcone
Gorjansko
Kopriva
Raša
621 m
Razdrto
Hrušev
Sistiana
S. Pelagio
Tomaj
Duino
Golfo di Panzano
Sales
Borgo Grotta Gigante
Dutovlje
Štorje
Laže
Belvedere
Fossalon
Isonzo
S. Croce
Sežana
Senožeče
Vremščica 1026 m
Golometto
Grado
S. Maria di Barbana
Bocca di Primero
Cast. di Miramare
Tabor
Divača
Gabrk
Vilenica
Škocjanske jame
Lipica
Lokev
Barka
Golfo di Trieste
Tržaški zaliv
Bárcola
TRIESTE
Villa Opicina
Basovizza
Krvavi potok
Baia di Múggia
Kozjane
Tatre
Kozina
Klanec
Múggia
S. Dorligo d. V.
Val Rosandra
Socerb
Debeli Rtič
Kopriski Zaliv
Ankaran
Osp
Materija
Prešnica
Črni kal
Mare Adriatico
Izola
Koper
Škocjan
Pridvor
Slavnik 1028 m
Gradišče
Podgorski Kras
Sv. Anton
V. Vrata 761 m
Piran
Strunjan
Rt Savudrija
Portorož
Lucija
Pomjan
Hrastovlje
Podgorje
Golič 890 m
Koštabona
Vodice
Bašanija
Volparija
Seča
Salinen
Sečovlje
Sv. Peter
Socerga
Brest
Glavica 1037 m
Krkavče
Kucibreg
Reparac
Kaldanija
Uščok 443 m
Momjan
V. Repavac 492 m
Zrenj
Buzet
Zankana jama
Umag
Petrovija
Segetl
Buje
Marušići
Pelegrin
Brtonigla
Grožnjan
Završje
Sovinjak
Mirna
Špic Fiorini
Nova Vas
Sv. Juraj
Livade
Senj
Lupoglav
Hum
Novi Kanal
Motovun
Vižinada
Jadransko More
Novigrad
Stari Tar
Mirna Quieto
Kaštelir
Kašćerga
Borut
Karojba
Paz
Tar
Višnjan
KROATIEN
Cerovlje
Luka Črvar
Pečina
Gradoselo
Sv. Anna
Jama Baredine
Sv. Marija na Škriljinama
Fojba
Cervolje
Nova Vas
Pazin
Poreč
E 70
E 61
E 751
A 4
A 1
A 8
H4

1 cm = 5,5 km 1 : 550.000
0
15 km
LJUBLJANA
Ljubljana-Center
Cerkev
Dobrova
Horjul
Brezovica
Dragomer
Vrhnika
Grad Bistra
Bistra
Ljubljanski vrh
819 m
Borovnica
Logatec
Pokojišče
Podpeč
Ig
Krim
1107 m
Želimlje
Mokrec
1058 m
Osredek
Žilce
Zavrh
Rob
Velike Lašče
Dvorska vas
Zalog
Sostro
Sv. Urh
Molnik
582 m
Janče
Trebeljevo
S. 233
Kucelj
748 m
Obolno
776 m
Šmartno pri L.
Vintarjevec
Bogenšperk
Moravče
Polica
Višnja Gora
Stična
Ivančna gorica
Radohova vas
Veliki Gaber
Treb
Trebnje
Dolenje
Lisec
565 m
Dob
Škofljica
Grosuplje
Velika Mlačevo
Vel. Račna
Muljava
Krka
Bič
Vel. Lipljene
Turjak
Zdenska vas
Rašica
Fužina
Suha Krajina
Žužemberk
S. 238
Ambrus
Dvor
Lašče
Mala gora
Laze
Planina
Unec
Rakek
Begunje
Topol
Planinska jama
Rakov Škocjan
Cerknica
Bloke
Dol. Jezero
Grahovo
Nova vas
Sodražica
Bistrica
Žlebič
Ribnica
Rapljevo
Postojna
Cerkniško jezero
Žerovnica
Križna jama
Bloška polica
Blošček
1062 m
Ravne
Nova Štifta
Nemška vas
Črni vrh
955 m
Stari log
Sv. Trojica
1106 m
Cerkniško polje
Stari trg
Hrib
Loški potok
Velika gora
Rakitnica
Dolenja vas
Kočevski rog
Petelinjsko jezero
Debela gora
1070 m
Smrečnica
Javorniki
Snežnik
Petelinov vrh
1212 m
Debeli vrh
1258 m
Stara cerkev
Želine
Rinža
Pivka
Palčje
Pálško jezero
1189 m
Juršče
Škodovnik
1260 m
Babno Polje
Prezid
Draga
Kočevje
Cvišlerji
Kočevska
Knežak
Mašun
Leskova dolina
Novi kot
Stojna
1023 m
Livold
Goteniški Snežnik
1289 m
Sembije
Ilirska Bistrica
Suhi vrh
1171 m
Snežnik
V. Ojstrica
1251 m
V. Snežnik
1796 m
Cabar
Kočevska Reka
Štalcerji
Kozlek
997 m
Koseze
Reka
Zatrep
1458 m
Belica
1354 m
Tršće
Don. Žagari
Osilnica
Cerk
1192 m
Ribjek
Gor. Žaga
Bukova gora
1431 m
Buča
1113 m
Mali Lug
Gerovo
Kupa
Kostel
Nova sela
Gomance
Zabiče
Veliko Brdo
Škurina
1470 m
Šegincek
1148 m
Špičasti vrh
1008 m
Vas
Brod Mo
Sušak
Sapjane
Lipa
Trstenik
1243 m
Obruč
1376 m
Nacionalni Park Risnjak
Tisovac
922 m
Brod na Kupi
Vražji prelaz
Klana
Rimski zid
Gorski Kotar
Fratar
1350 m
Platak
1111 m
Panorama
1528 m
Crni Lug
Marija Trošt
Zeleni Vir
Ravna G
Šija
241 m
Zvoneće
Veli Brgud
(2005)
Marčelji
Avtomptodrom Rijeka
Podhum
Sleme
1333 m
Kikovica
Gor. Jelenje
Tisovac
1172 m
Lokvarska špilja
Delnice
Zalesina
Delnice/ Lučice
Stari Laz
Jušići/ Jurdani
Kastav
Rukovac
Planik
Grande
Viškovo
Dražice
Suhi vrh
548 m
Čavle
Rečina
Lokvarsko jezero
Lokve
Debeli vrh
1137 m
Spilja Vrelo
Vrata
Sunger
Višnjevica
1367 m
Matulji
Veprinac
Opatija
RIJEKA
Sušak
Trsat
Grehovica
Oštrovica
Tuhobić
1106 m
Bajer
Jezero Bajer
Fužine
Bitoraj
Mrkopalj
Učka-Tunnel
5000 m
Vepri
Bakar
Meja-Gaj
1385 m
Tuk Mrkopaljski
Razdo
Lovran
Lič
Marija Snježna
Višević
1428 m
Medvedak
1027 m
Nacionalni Park Bijelel Stijene Samarske Stijene
Lovranska Draga
Riječki zaljev
Bakarski zaljev
Kraljevica
Most Krk
Voz
Tenka punta
Vinodol
Kobiljak
1119 m
Kostelj
Smo
1279
Mošćenice
Učka
Ruinik
D
E
F
1
2
3
4
A 1
A 2
A 6
A 7
A 8
E 57
E 61
E 70
E 63
E 65
E 751
H 1
10
106
212
213
214
216
32
6
8
21
40
501
3
102
203

A
B
C
1
2
3
4
S. 234
S. 233
S. 237
Vranskem
Javor
1133 m
Mrzlica
1122 m
Rečica
Košnica
Celju
Laško
Savinja
grad
Svetina
Resevna
650 m
Breze
Slivniško
jezero
Mestinja
Sotelsko
jezero
Olimia
Olimje
Sopote
Podčetrtek
Imeno
Velik
Trbovlje
Hrastnik
Zagorje
ob Savi
Dol
pri Hr.
221
108
Sava
Rimske
Toplice
Kopitnik
910 m
V. Kozje
987 m
Lisca
948 m
Kum
1219 m
Orljek
895 m
Radeče
Loka pri
Zid. m.
Šentvid
pri Planini
Lesično
Spominski
park
Trebče
Buče
Miljana
219
Bistrica
ob Sotli
Kozjansko
V. Javornik
1023 m
Bohor
Kamen
Podsreda
Orlica
Grad
Podsreda
Svibno
Jatna
Sevnica
Senovo
Šentjanž
Dolenji Boštanj
215
Blanca
Brestanica
Arto
Sava
Krško
Spodnja
Pohanca
Županeleveč
Dobrava
Leskovec
pri Krškem
220
219
Šentrupert
Mirna
Tržišče
Mokronog
Mirna
Raka
5
Veliki
Podlog
Brežice
Čatež
toplice
Veliki
Gaber
Trebnje
215
Dolenja
Nemška
vas
Radulja
Škocjan
Gmajna
Cerklje
ob Krki
Krška
vas
Brežice
E 70
H1
Trebnje
E 70
H1
Dolenje Ponikve
M. Mraševo
Bušeča
vas
Mokrice
Lisec
565 m
Dobrnič
Temenica
Družinska
vas
Krka
Kostanjevica
na Krki
Goli Cirnik
821 m
Bregana
Šmarješke
Toplice
Šentjernej
Formaviva
Kostanjeviška jama
Sadinja vas
pri Dvoru
Prečna
Otočec
Grad
Otočec
Šmarje
Orehovec
Crneča
vas
Krka
Pleterje
Vilinska jama
Dvor
214
Grad
Soteska
NOVO
MESTO
Velike
Brusnice
Gabrje
Gorjanci
Žumberačka gora
Jarušje
Lašče
G. Straža
Trdinov vrh
1178 m
Sošice
Žumberak
Japetić
871 m
Meniška
vas
Dolenjske
Toplice
Stranska
vas
105
Birčna vas
Dolž
Žumberak
Volavica
Draga
Podturn
505
Goljak
Slavetić
Kočevske
Poljane
804 m
Jugorje
Šula
Gor. Oštrc
Podstenice
Uršna sela
Baza 20
Kočevski rog
V. Rog
1099 m
Pešćenik
834 m
Bušinja vas
Radovica
569 m
Jastrebarsko
Črmošnjice
105
Štrekljevec
Metlika
Vivodina
Krašić
Novaki
Partizanska
bolnica
Bela krajina
Kolpa
KROATIEN
Mirna gora
1048 m
Vrčice
Semič
Kamanje
Kopa
1074 m
Jurovski
Brod
505
Vrh Draga
Cvišlerji
Planina
Gradac
Lahinja
6
Vodenica
537 m
Podgraj
Budrovci
Ovčjak
852 m
Koprivnik
Mali
Erjavec
Vukoder
Kočevska Mala gora
Ribnik
Novaki
Jaškovo
A 1
Mozelj
Nemška
loka
Črnomelj
Gribije
464 m
Lipnik
Kupa
Mahično
E 65
Štalcerji
Kanižarica
E 71
Kanal Kupa
Poljanska gora
Griče
Dobra
Novaki
36
Dolenjci
Jelsa
Gradac
Čeplje
Netretić
6
Karlovac
Dragatuš
A 1
Dubovac
Karlovac
Laze
Marindol
Kostel
Ladešići
3
1
Sr. Radenci
Izgornik
325 m
Novigrad
na Dobri
Gornje Polje
Mrzlo
Blaževci
Vinica
216
Preloka
E 65
Mrežničko
Brod Moravice
Razdrto
Lipovac
710 m
Bosanki
204
Vukova
gorica
Novigrad
Dubravci
23
E 71
Cerova
Tušilov
Okrugljak
886 m
Kupa
Učakovci
Duga
Resa
Belaj
E 65
Lukovdol
Bosiljevo 1
Moravice
Bosiljevo
Korana
Vir
3
Močile
Privis
461 m
Barilović
Brezova
Glava
6
Osojnik
Bosiljevo 2
Tomašići
Vrbovsko
Vrbovsko
Komarica
Grabrk
Siča
Donji
6

D
E
F
1
2
3
4
Radoboj
Pusti Lobor
Sv. Ana
Maria Snežna
Martinšćina
Golubovec
Golatovec
Novi Marof
Možđenec
S. 235
A 4
Kalnik
643 m
Kalnik
Breznički Hum
Donja Šemnica
Šemničke toplice
Lepajci
Krapina
Začretje
Mače
Zlatar
G. Konšćina
Donja Konšćina
Lovrečan
Zlatar Bistrica
Jarek
Jarek
Kula
275 m
Dropkovec
Gušćerovec
Križevci
Gregurovec
Radoišće
242 m
Gornja Velika
Martin
Veliki Raven
G. Tkalec
Repinec
Bedekovčina
A 2
E 59
Zabok
Selnica
Podgorje Bistričko
Drenova
574 m
Gornje Orešje
Komin
Salnik
Krušljevec
Hruškovica
Hrastje
Zelina
Andraševec
Zabok
Oroslavje
Stubičke toplice
Donja Stubica
Krč
418 m
Laz Bistrički
Sv. Ivan
Gornje
Glavnica
Moravče
Rakovec
Gradec
Cugi
Potočec
Planina
Jakovlje
Gornja Bistra
Hunjka
887 m
Rog
709 m
Čučerje
Kašina
Sv. Helena
Luka
Vrbovec
Korita
Brčevec
Poljana
Dubr
Majkovec
204 m
Prikraj
Slančić
Jablanovec
Medvednica
Lužnica
Zaprešić
Medredgrad
ZAGREB
Remete
Dubrava
Popovec
Popovec
A 4
Kobiljak
Sesvete
Dugo Selo
Kusanovec
Zvekovac
Zaprešić
Spilja Veternica
Susedgrad
Podsused
Kaptol
Zagreb-istok
Kraljevec
Sesvetski
Lupoglav
Ostrna
Zelina
Čemernica
Glogovnica Kanal
Strmec
Jankomir
Trešnjevka
Zitnjak
Ivanja Reka
A 3
HRVATSKA
Rakitje
Lučko
Blato
Novi Zagreb
Sv. Klara
A 3
E 65
Crnkovec
Čista Mlaka
E 70
Todorovec
Predavec
Kloštar Ivanić
Sovari
Stupnik
Lučko
Botinec
E 70
E 71
Strmec
Novaki
Greda
Graberje Ivaničko
Rakov Potok
Hrvatski Leskovac
Brezovica
Odra
Hrašće
Velika Mlaka
Velika Gorica
Ivanić-Grad
E 70
A 1
Obrež
Donja Lomnica
30
Novo Čiče
Oborovo
Posavski Bregi
Prevlaka
Klinča Sela
A 3
E 65
Kraljevec Kupnički
Lomnica
Donji Dragonožec
Mraclin
Kuče
Topolje
Mala Buna
Rakitovec
Odra
Velika Buna
Buševec
Kanal Sava-Odra-Sava
Suša
Desno Željezno
Lonja
Šumazutica
Okol
Pupinec
Turopolje
Šiljakovina
Podvornica
Pešćenica
Crna Mlaka
Bratina
Vukomeričke gorice
Kozjača
Velika Jamnička
Jamnica
Kravarsko
Cvetković Brdo
Lekenik
Mahovo
Pisarovina
Poljana
Cerje
Tišina
Jamnička Kiselica
Donja Kupčina
Greda
Odra Sisačka
Hrastelnica
Sela
Žažina
Hotnja
Šišljavić
Nebojan
Sisak
Galdovo
Mala Gorica
Dugo Selo Lasinjsko
Banski Moravci
Pokupsko
Stari Farkašić
Brest Pokupski
Kupa
Gornja Bučica
Stipan
Pračno
Blinja
Kavac
Petrinja
Ostrožin
Glinska Poljana
Gornje Komarevo
Roknić grad
Donji Sjeničak
Cremušnica
Stankovac
Taborište
Utinja
Golinjsko brdo
202 m
Hrvatski Čuntić
Letovanci
Trnjani
Novo Selo Glinsko
Kozarac
Gorrnji Viduševac
Prekopa
Gvozd
Prnjavor
Glina
Vlahović
Kraljevčani
Jošavica
Kokirevo
Utinja

Abbildungsnachweis
Alle Fotos: **Friedrich Köthe,** München, außer:
Rainer Hackenberg, Köln Abb. Seite 34
Slowenisches Fremdenverkehrsamt SLO Abb. Seite 62, 192

Kartografie
DuMont Reisekartografie, Puchheim
© MAIRDUMONT, Ostfildern

Abbildungen
Umschlagvorderseite: Bled, Ausflugsboot zum Burgberg
Umschlagklappe vorn: Pleterje, Gewinnung von Birnenschnaps
Umschlagklappe hinten: Seminarbibliothek in Ljubljana
Vignette S. 1: Drachenbrücke in Ljubljana, Detail
S. 2/3: Piran, Blick auf die Altstadt

Danksagung
Die Autoren danken Herrn Repanšek vom Slowenischen Fremdenverkehrsamt für Rat und Unterstützung sowie Frau Maria Schetar für ihre Anregungen und ihre Hilfe.

2., aktualisierte Auflage 2005

Grafisches Konzept: Groschwitz, Hamburg
Druck: Rasch, Bramsche
Buchbinderische Verarbeitung: Bramscher Buchbinder Betriebe

Printed in Germany ISBN 3-7701-5991-8